黄 山 风 景 区 管 理 委 员 会
中国地质大学（武汉）地理学科培育经费　资助

黄山教科文多重名录遗产地协同管理方法及实践

刘超　陈润泽　缪鹏　彭红霞 等　著

参与专题研究的其他人员名单（按姓氏拼音排序）：

景观关注度专题：程璜鑫　廖启鹏　王晓荣　曾　杰　周欣田

目的地形象感知：胡梦晴　彭　熔　沈　越　温彦平

游客认知及情绪：蔡伟娜　孟彩娟　宋思彤

居民认知及心态：李佳倩　王　睿　吴　俊　张绍山

协同理论与方法：蒋泓私　李　维　许乐天

协同实践与案例：方　媛　胡心亭　李　维

参与制图人员名单（按姓氏拼音排序）：

凡雨平　郭垚灿　潘佳滢　周欣田

WUHAN UNIVERSITY PRESS
武汉大学出版社

图书在版编目(CIP)数据

黄山教科文多重名录遗产地协同管理方法及实践/刘超等著. —武汉:武汉大学
出版社,2024.6
ISBN 978-7-307-24345-3

Ⅰ.黄…　　Ⅱ.刘…　　Ⅲ.黄山—文化遗产—保护—管理方法—研究　　Ⅳ.K928.3

中国国家版本馆 CIP 数据核字(2024)第 068985 号

审图号:GS(2024)1132 号

责任编辑:王　荣　　　责任校对:李孟潇　　　版式设计:马　佳

出版发行:**武汉大学出版社**　　(430072　武昌　珞珈山)
　　　　　(电子邮箱:cbs22@ whu.edu.cn　网址:www.wdp.com.cn)
印刷:湖北恒泰印务有限公司
开本:787×1092　1/16　印张:15.5　字数:289 千字
版次:2024 年 6 月第 1 版　　2024 年 6 月第 1 次印刷
ISBN 978-7-307-24345-3　　定价:89.00 元

黄山教科文多重名录遗产地协同管理方法及实践

策划委员会

总　策　划：杨新虎

策　　　划：郑修发　王潮泓

编撰策划：黄　辉　洪　英

委　　　员：王昱松　水　兵　徐　俊　吴渝娟

　　　　　　方　媛　周晨峰　杨　绯　柯伯行

　　　　　　黄宏星　缪　鹏　陈润泽　吴　俊

学术委员会

主　　　任：李　维

副　主　任：方　媛　胡心亭　陈润泽

委　　　员：缪　鹏　杨　海　程婧铭　胡降临

　　　　　　汤明霞　安有成　吴渝胜

前　言

"名录遗产地的协同管理"研究议题起源于 2017 年 7 月的一次常规研讨。在"名山名校"合作框架下，中国地质大学(武汉)地理系地质公园研究团队与黄山风景区管理委员会办公室的几位同志商讨"世界地质公园再评估"工作时，很想从科室的工作任务和事项协作角度厘清、理顺世界地质公园和世界遗产相关人员的"守土责任"。于是，有了第一个层次的协同管理——部门间的工作协作。

在"黄山世界地质公园扩园规划"项目的社区调研中，我们发现周边社区居民的发展意愿深刻影响他们对地质公园的认知度和好感度。是居民个体性格或学识原因，还是家庭经济状态或是村落业态，抑或是其他什么地方因素在发挥作用？虽然这背后的理论逻辑和深层次原因依然难以表达，但谭家桥镇与汤口镇都展现出：地方与公园是一个相互作用的"互馈系统"。即我们需要从名录遗产所在地，从地方视角去研讨协同管理，于是，设立了"名录遗产地的协同管理"这个探索性课题。

关于名录遗产地的协同管理，起初分别从居民、游客、企业、政府等不同群体或管理部门进行"认知-意向"分析，后来又将"地质遗迹""文化遗产""生态系统"等非人类要素作为主体纳入多方行动者网络，形成名录遗产地第二个层次的协同管理——地方多主体的利益协调。当然，超越地质公园和周边社区，还有更大范围的"所在地"——黄山市、安徽省，甚至扩大到国家。此时面向名录遗产地的协同管理，需要不同地域层级的空间协治——更高层次的协同管理。

为了实现名录遗产所在地的"部门工作协作、地方利益协调、区域空间协治"这一宏愿，《黄山教科文多重名录遗产地协同管理方法及实践》尝试向前迈进一小步。以拥有世界遗产、世界地质公园、世界生物圈保护区三项桂冠的黄山为例，探索多重名录遗产地的协同管理，主要工作进展及理论成果包括：①梳理并界定了名录遗产、名录遗产地、教科文名录遗产协同管理等概念；②从联合国教科文组织相关指南、公约、法定框架出发，分析并总结了世界地质公园、世界遗产、世界生物圈保护区的联系与区别；③收集整理了国内外教科文多重名录遗产地协同管理方面的资料，提炼出不同的组织框架和管理模式；④用扎根理论和文本挖掘方法，建构了基于绿色名录全球标准的多重名录遗产地的协同管理体系，并基于"事务-岗位"分工提出了黄山多重名录遗产地的部门协同管理方案；⑤从游客对黄山景观的关注类型及强度、情绪空间特征和感知形象等角度，再现了游客视角的名录遗产价值和情感体验；⑥从品牌认知、旅游影响、用地类型等角度，分析了居民对黄山多重名录遗产地的态度和行为方式；⑦以黄山世界地质公园扩园方案的制定为例，构建了基于多方利益协同的行动者网络框架。

"黄山教科文多重名录遗产地的协同管理"课题，整体研究框架、理论与方法由刘超负责，与地方政府和周边社区协管机制的验证及总结由缪鹏负责，国际案例及部门协作内容的整理由陈润泽负责。刘超、缪鹏、陈润泽、彭红霞共同起草了专著大纲。各项专题研究历时六年，根据实施过程中的具体贡献，各章节撰写分工如下：第一章由刘超、陈润泽、缪鹏、蒋泓私撰写，第二章由陈润泽、李维、彭红霞、吴俊、彭熔撰写，第三章由陈润泽、李维、缪鹏、彭红霞、沈越撰写，第四章由刘超、彭红霞、胡梦晴、廖启鹏、蔡伟娜、王晓荣、孟彩娟撰写，第五章由刘超、陈润泽、李佳倩、王睿、宋思彤撰写，第六章由刘超、彭红霞、许乐天、陈润泽、张绍山、程璜鑫撰写，第七章由缪鹏、刘超、李维、陈润泽、方媛、胡心亭撰写。

"多重名录遗产地协同管理"研究议题方兴未艾，得益于黄山风景区管理委员会提供的国际平台。2020年12月，"黄山世界遗产三十周年"学术会议广邀遗产、生物圈、地质公园各领域学术大家和部门管理者齐聚黄山市屯溪区，共同审议团队的研究报告，得到各媒体的广泛宣传。2021年、2022年，黄山风景区管理委员会连续举办协同管理国际论坛。2023年6月，第四届联合国教科文组织名录遗产与可持续发展黄山对话会，更是设置了专门的协同管理分会场。

《黄山教科文多重名录遗产地协同管理方法及实践》得以写作成书，并交付出版，要感谢中国地质大学(武汉)和黄山风景区管理委员会的持续支持和资助。在课题研究过程中得到北京大学李江海老师、宋峰老师，清华大学庄优波老师，云南财经大学明庆忠老师，安徽农业大学黄成林老师，武汉大学孔雪松老师，中国人与生物圈国家委员会王丁秘书长，国家林草局世界遗产专家委员会刘保党副秘书长，联合国教科文组织世界地质公园理事会张建平副主席，世界自然保护联盟(IUCN)中国代表处张琰主任、联合国教科文组织驻华代表处自然科学部钱俊霏女士、世界地质公园网络办公室张志光先生等的帮助，还有天柱山世界地质公园黄雯主任以及其他多位专家，他们的提问和建议让研究思路更加清晰，在此一并致以衷心感谢！

虽努力为之，然力有不逮。仅以案例整理的形式展现研究目标、思路、方法和方案，希望所提问题能有益于地方发展，所提方法能启迪后续研究，所拟方案对名录遗产地的保护有所裨益。不足之处还请读者批评指正，不妥之处敬请海涵。

希望黄山教科文多重名录遗产地的具体做法能成为"协同管理"的一个开端，让与名录遗产相关的部门事务会协作，各方利益能协调，空间功能得协治。

著作团队

2024 年 1 月 8 日

目　　录

第一章 多重名录遗产地现状

第一节 关键术语的梳理及界定

一、黄山：地名、山名、景区名

黄山，既是地市、区县两级行政区划的名称，又是著名山岳。

黄山市是安徽省辖地级市，地处皖浙赣三省交界处，位于东经 117°02′—118°55′、北纬 29°24′—30°24′，总面积 9807km²。黄山市下辖屯溪区、黄山区、徽州区 3 个区，歙县、黟县、休宁县、祁门县 4 个县；西南与江西省景德镇市、上饶市交界，东南与浙江省杭州市、衢州市为邻，东北与安徽宣城市相邻，西北与安徽池州市毗邻，如图 1.1 所示。

图 1.1　黄山市区位图

截至 2022 年末，黄山市常住人口 132.3 万人，其中城镇的人口 78.6 万人。2022年黄山市地区生产总值（GDP）1002.3 亿元，三次产业结构比例为 7.8：35.4：56.8；按常住人口计算，人均地区生产总值 75505 元，比上年增加 3574 元。截至 2022 年末，黄山市有 A 级及以上旅游景点（区）56 家 61 处，其中 5A 级景区 3 家 8 处；星级酒店 32 家，其中四星级及以上酒店 24 家；旅行社 230 家。

黄山区隶属于安徽省黄山市，辖 9 镇 5 乡：甘棠镇、汤口镇、谭家桥镇、太平湖镇、仙源镇、焦村镇、耿城镇、三口镇、乌石镇、新明乡、龙门乡、新华乡、新丰乡、永丰乡，见图 1.2。黄山区面积为 1775km²，西南与休宁县、黟县交界，东连旌德县、绩溪县，东南与徽州区毗邻，西接石台县、青阳县，东北同泾县相依。黄山区是安徽省"两山一湖"（黄山、九华山、太平湖）黄金旅游区的集散地。2020 年第七次人口普查结果显示，黄山区常住人口为 14.7 万人。2020 年，黄山区地区生产总值 119.61 亿元，其中第三产业完成增加值 73.34 亿元。

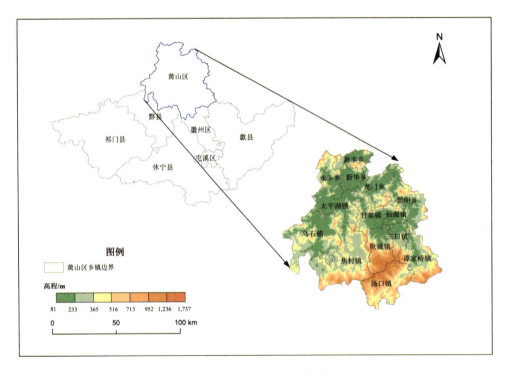

图 1.2　黄山市行政区划图

黄山风景区位于安徽省黄山市黄山区境内，在黄山区内的位置见图 1.3。黄山风景区以美丽绝伦的自然景观、典型丰富的地质地貌、种类繁多的珍稀生物、影响深远的文学艺术而闻名于世。1982 年，国务院批复设立黄山风景名胜区，规划面积160.6km²。黄山风景区于 1990 年被联合国教科文组织列入《世界遗产名录》，2004 年加入世界地质公园网络，2018 年成为世界生物圈保护区。

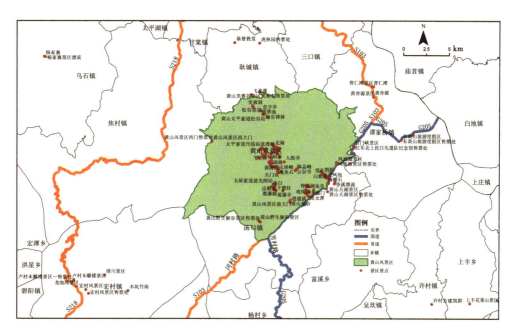

图 1.3　黄山风景区及周边乡镇示意图

黄山是新中国和中华民族的地方意象与民族形象来源地之一，传说是轩辕黄帝得道之处①，可谓集万千宠爱于一身。古人素有"五岳归来不看山，黄山归来不看岳"的说法，曾有"四绝""三奇五绝"等美景流传于世。其中最经典的总结要数黄山"五绝"：奇松、怪石、云海、温泉、冬雪。时光流转、技术革新，廖启鹏等[1]通过网络游记，分析 2000—2017 年最受关注的景观类型，基于游客记忆视角提出黄山的"新五绝"为名峰、奇松、怪石、云海、日出。

黄山是我国著名的山岳景观地，先后取得国家级风景名胜区、国家 5A 级旅游景区等国家级品牌，同时拥有联合国教科文组织世界遗产、世界地质公园与世界生物圈保护区三大国际品牌，是全球 8 处三重名录遗产地之一，是多重名录遗产地的典型代表。与其他多重名录遗产地类似，多重认定给黄山带来显著的品牌效益和价值增益的

———————————

① 相传黄帝是在黄山修炼得道、羽化升仙的。宋本《黄山图经》载："黄山旧名黟山，当宣、歙二郡界，在歙之西北，高一千一百七十丈。东南属歙县，西南属休宁县，各一百二十里，即轩辕黄帝栖真之地。"

同时，也使黄山面临工作职责交叉、管理成本增加等现实挑战。

二、名录遗产与名录遗产地

1. 名录遗产

借鉴联合国教科文组织名录遗产与可持续发展黄山对话会的会议成果，把联合国教科文组织为实现保护环境和促进可持续发展目标而认定的，具有特殊价值的世界遗产、世界生物圈保护区、世界地质公园三个品牌置于一个体系之下，将其统称为"联合国教科文组织名录遗产"，简称为"教科文名录遗产"。当包含其他类型名录(如国家公园、国家森林公园)时，统称或泛称"名录遗产"。本书后文如无专门说明，特指教科文组织认定的名录遗产。

"名录遗产"的概念起源于黄山，又随着历届黄山对话会的开展而得到发展。"名录遗产"的概念及功能也因人们对其理解的加深而逐步得到深化(表 1.1)。

表 1.1　名录遗产主要会议成果

时间	事件	价值(成果)
2014 年	第一届联合国教科文组织名录遗产与可持续发展黄山对话会	首次提出"名录遗产"概念
2016 年	第二届联合国教科文组织名录遗产与可持续发展黄山对话会	强调了名录遗产在实现全球目标、制定可持续发展目标的指标方面所能发挥的作用
2018 年	第三届联合国教科文组织名录遗产与可持续发展黄山对话会	提出要加强名录遗产地之间的交流合作，并以此为平台促进不同国家、不同文化之间的交流
2020 年	联合国教科文组织名录遗产协同管理专家论证会	确立名录遗产的概念内涵，论证黄山名录遗产协同管理研究成果
2023 年	第四届联合国教科文组织名录遗产与可持续发展黄山对话会	中国地质大学(武汉)刘超副教授提出名录遗产地协同管理的三层意思：多部门的事项协作、多主体的利益协调、多层级的空间协治

2. 名录遗产地

"名录遗产地"体现了资源与资源所在地的双重属性。首先，作为联合国教科文组织认定的一种具有特殊价值的区域，其本身是作为"遗产"价值的承载空间和展示空间而存在的；其次，从价值源的角度来考虑，指定地域空间内所包含的各种别具特色的自然资源和文化资源是形成经济价值、美学价值和社会价值的基础，而这也是该地域被认定为具有特殊价值的原因所在。从这个意义上说，对于名录遗产的保护不仅是对地域空间内所包含的各种自然资源和文化资源的保护，更强调了对资源所在地——认定地域空间的整体性保护和综合治理。

从管理角度来看，"名录遗产地"指拥有遗产认定的地域空间或行政区划，是不同层级地方政府管辖的领域范围。同一地域空间获得联合国教科文组织的重复指定，则被称为多重名录遗产地。为了在名录遗产地体系内加以区别，将同时被两项名录遗产认定的名录遗产地称为"双重名录遗产地"，同时被三项名录遗产认定的名录遗产地称为"三重名录遗产地"。

三、多重名录遗产地的协同管理

目前"多重认定"已成为全球客观存在的普遍现象，大量存在国家品牌多重认定[2,3]、国际品牌多重认定[4,5]、国家品牌与国际品牌多重认定的现象[6]。多重名录遗产地是指同时被列入多个名录遗产的地方。由于多重名录遗产地中的各品牌认定区域存在空间交叉或重叠，在各自品牌适用条例或标准存在差异或冲突时，地方管理或空间治理就有了矛盾或挑战。

如何在挑战与发展中求取平衡，已经成为名录遗产地管理的热点所在。以往学者的研究大多集中在单一名录遗产属性对于地方的影响，以及如何利用品牌来实现对于保护地的可持续保护与管理。如 2007 年，Falco-Mammone 等则以北昆士兰州作为案例地，研究了热带世界遗产地的旅游价值[7]。2014 年，Tatsuto Aoki 等对世界地质公园和世界生物圈保护区的联合管理进行研究，为两者和谐共存提出相关建议[8]。2015 年，Geun Sik Chung 等研究了韩国济州岛：世界生物圈保护区、世界遗产、世界地质公园和拉姆萨尔湿地这四个国际保护区，认为每个区域都有不同的评估频率和管理标准，并就济州岛的国际保护区管理现状整合提出高效的管理体系和制度[9]。2017 年，Heidi Elisabeth Megerle 等通过研究世界地质公园与大型保护区(如自然公园、国家公园或世界生物圈保护区)的重叠情况，认为保护地的区域重叠给地质公园带来了机遇和风险，机遇是由于在大型保护区的一般保护状态下自动整合了地形，风险在很大程度上取决于潜在的竞争情况，或由于较高级别的大型保护区的知名度而导致能见度降低[10]。Marine Deguignet 等测量了保护区的名称重叠程度，记录了多达八个重叠的名称，保护区名称重叠在陆地和海洋领域广泛存在，但在陆地领域和某些地区(尤其是欧洲)更常见，认为多名称是一种普遍现象，而其含义尚未得到很好的理解；该文章首次确定了指定类型的多个指定区域，这是了解如何管理这些领域的关键步骤[11]。Robert

McInnes 等通过案例，对比研究了拉姆萨尔和世界遗产多头衔管理的情况，指出两者通过约定可以有很好的管理协同作用[12]。2018 年，Toshinori Tanaka 等分析了日本生物圈保护区的治理结构，对比研究保护区的其他国际头衔，认为多重国际指定地（MIDAs）比生物圈保护区受到保护界的更多关注[13]。2019 年，Irina Pavlova 就世界地质公园和世界生物保护圈面临的各种自然灾害进行了研究，阐述为减少灾害所进行的一系列活动，并指出多重国际指定地至少会暴露于一种自然灾害的威胁中[14]。

2023 年，在第四届联合国教科文组织名录遗产与可持续发展黄山对话会上，中国地质大学（武汉）刘超副教授提出名录遗产地协同管理在不同空间层级上的三层含义：其一，黄山风景区管理委员会管辖的空间范围内，管委会多部门面向不同"名录"标准的工作事项的协作；其二，风景区、周边社区及相关乡镇或区县范围内，政府部门、游客群体、企业业主、社区居民及广大服务人员等多主体的利益协调，以及国家、民族长远利益与产业发展短期利益的协调；其三，国家、省/市、区/县和风景区等多层级的国土空间管控与区域协治。

第一个层级侧重部门间的协作：名录遗产地通常涉及多个领域和部门，例如文化遗产、自然遗产、旅游、城市规划等。为了有效管理和保护这些遗产地，各个部门需要进行协作，共同制定政策、规划和实施措施。这种跨部门的协作可以确保各个方面的需求得到充分考虑，并加强遗产地的整体管理和保护。

第二个层级侧重利益协调：名录遗产地的管理涉及多个利益相关者，包括旅游企业、地方政府及管理机构、旅游者、社区居民等，这些不同的主体可能有不同的利益诉求和观点。在协同管理过程中，需要进行利益协调，相互兼顾各方利益，达成共识。通过平衡各方利益，可以确保遗产保护和遗产地的可持续发展，即长远利益的实现。

第三个层级侧重管理机构纵向间的协治：名录遗产地管理涉及不同层级的管理机构和地方政府，具体内容既包括产业布局、用地规划，又包括环境保护、文化传承，为实现管辖区域的长治久安，需要分析的实在是一个复杂的巨系统。不同层级的管理机构需要充分沟通和合作，共同制定政策、规划和管理措施。通过多层级的空间协治，实现空间功能管控的区域协同，可以提高遗产地管理的效率和协调性，确保管理工作的连续性和一致性。

第二节　教科文名录遗产

一、教科文三大名录遗产现状

联合国教育、科学及文化组织（United Nations Educational，Scientific and Cultural Organization，UNESCO），中文简称"联合国教科文组织"，进一步简化后称为"教科文组织"或 UNESCO（后文不再赘述）。教科文组织成立于 1945 年 11 月 16 日，致力于推动各国在教育、科学和文化领域开展国际合作，其主要机构包括大会、执行局和秘书处，官网为 http：//www. unesco. org/。教科文组织是一个致力于保护文化遗产、促进文化多样性及提高教育水平等目标的国际组织。

世界遗产（World Heritage，WH）、世界地质公园（UNESCO Global Geopark，UGGp）、世界生物圈保护区（Biosphere Reserve，BR）是联合国教科文组织为实现环境保护和促进可持续发展目标而认定的具有特殊价值的区域，统称为"联合国教科文组织名录遗产"，简称"教科文名录遗产"[15]。世界遗产注重突出普遍价值，其核心是保护[16]；世界地质公园更关心地质遗迹的保护、利用及区域的可持续发展[17]；世界生物圈保护区更强调保护生物多样性[18]。

（一）世界遗产

世界遗产（WH）是指由 UNESCO 世界遗产委员会确认的具有突出普遍价值的文化景观和自然景观，分为世界文化遗产、世界自然遗产、世界文化和自然混合遗产（简称"混合遗产"）三类。世界遗产的设立旨在确认、保护、保存、展示具有突出的普遍价值的文化遗产和自然遗产，并将其代代相传。1972 年联合国教科文组织通过《保护世界文化和自然遗产公约》（以下简称《世界遗产公约》），作为世界遗产的纲领性文件，该公约制定了遗产列入《世界遗产名录》的标准和条件，以评估遗产是否具有突出的普遍价值，指导缔约国保护和管理世界遗产。1977 年在第一届世界遗产大会上通过《实施保护世界文化与自然遗产公约的操作指南》（以下简称《操作指南》），旨在促进《世界遗产公约》的实施。

遗产所在范围内分为核心区和缓冲区，以明确遗产的保护和开发界线，促进遗产地可持续发展。列入《世界遗产名录》的遗产必须具有突出的普遍价值，并至少满足

《操作指南》所列 10 个标准(其中包括 6 个文化遗产标准和 4 个自然遗产标准)中的 1 个。

随着各国对遗产保护意识的增强,纳入《世界遗产名录》的遗产地越来越多。截至 2023 年 6 月,在全球范围内有 167 个缔约成员国,共有世界遗产 1157 处,其中文化遗产 900 处,自然遗产 218 处,世界文化和自然混合遗产 39 处。此外,文化和自然遗产的定义开始相互渗透,产生了在内涵和价值定义上更丰富的遗产类型,如文化景观等,也出现了诸如农业遗产、工业遗产、文化线路等遗产种类;遗产的联合捆绑申报也成为新的趋势,越发重视对世界遗产周围环境保护的关注。

(二)世界生物圈保护区

世界生物圈保护区(BR)是由所在国设立、由联合国教科文组织"人与生物圈计划"认定的特定场所,是"可持续发展的学习场所",包括陆地、海洋和沿海生态系统。每个保护区都提倡将生物多样性保护与可持续利用相协调的解决方案,其保护对象主要包括生物多样性与生态环境。1971 年联合国教科文组织在"人与生物圈计划"中提出建立生物圈保护区,旨在当地社区努力和充分科学依据的基础上,促进地区的可持续发展,它通过在人与自然之间建立伙伴关系,调解生物多样性与文化多样性、保护与社会经济发展之间的矛盾。人与生物圈计划将通过其世界生物圈保护区网络(WNBR)及区域网络和专题网络,与所有社会部门合作,在生物圈保护区内共同实施可持续发展行动,从而从战略角度促进实现可持续发展目标(SDG),确保人类福祉和环境安康。

1984 年在白俄罗斯明斯克举行的第一届国际生物圈保护区大会促成了《生物圈保护区行动计划》。1995 年召开的联合国教科文组织大会批准了《塞维利亚战略》和《世界生物圈保护区网络法规框架》这两部文件。2008 年马德里第三届世界生物圈保护区大会会议商定了《马德里生物圈保护区行动计划》(MAP)。2015 年人与生物圈计划国际协调理事会第 27 届会议上通过了《2015—2025 年人与生物圈计划战略》,并由联合国教科文组织第 38 届大会批准。2016 年第 4 届世界生物圈保护区大会召开并发布了《利马行动计划(2016—2025)》,它是联合国教科文组织专门针对"人与生物圈计划战略(2015—2025)"而组织拟定的具体行动方案。

生物圈保护区的准入条件强调该区域被认为是主要生物地理区域的代表性场地,《世界生物圈保护区网络法定框架》阐述了生物圈保护区必须满足的 7 个标准。生物圈实行的是开放式保护,它把一个保护区分为三种功能区:核心区、缓冲带、过渡区。核心区受到严格保护,旨在保存自然景观、生态系统、物种和基因库;缓冲区环绕或毗邻核心区,用于采取良好生态实践的科学研究、监测、培训和教育活动;过渡区是社区用于发展社会、文化和环境可持续的人类活动的区域。

截至 2023 年 6 月,在 131 个国家有 727 个生物圈保护区,包括 22 个跨界保护区。生物圈保护区在世界范围内得到认可,积累了生物多样性保护经验,缓和了人与自然的冲突。

(三)世界地质公园

世界地质公园,是指具有特殊地质科学意义、稀有的自然属性、较高的美学观赏价值,具有一定规模和分布范围的地质遗迹景观,由联合国教科文组织组织专家实地考察并经专家组评审通过,经联合国教科文组织批准的地质公园。联合国教科文组织世界地质公园网络是国际地球科学和地质公园计划的一部分,是一项国际合作机制。凭借该机制,具有国际价值的地质遗迹的地区可采用自下而上的办法开展保护,并通过当地社区的参与来宣传保护地质遗迹的重要性和必要性。具体而言,世界地质公园以保护珍贵的地质遗迹、促进科学普及和区域可持续发展为宗旨,致力于提高人们对地质灾害(火山、地震、海啸等)、气候变化及自然资源可持续利用的意识,并制定缓解策略,并通过地质旅游促进当地的可持续发展。

联合国教科文组织与地质公园的合作始于 2001 年。2004 年初,在联合国教科文组织支持下,由 8 个中国国家地质公园和 17 个欧洲地质公园在巴黎联合国教科文组织总部正式成立世界地质公园网络(Global Geoparks Network,GGN),世界地质公园建设拉开了序幕。2015 年 11 月举行的第 38 届联合国教科文组织大会正式批准《国际地球科学与地质公园计划(IGGP)》及其章程和《联合国教科文组织世界地质公园操作指南》,并将已有的所有世界地质公园纳入该计划,成为联合国教科文组织世界地质公园。其准入条件主要为《联合国教科文组织世界地质公园操作指南》中包含的 8 条标准。

世界地质公园一贯秉承"颂造化之神奇、谋区域之常兴"的理念,成为区域经济发展、提高当地民众生活水准的有效手段,受到国际社会的广泛关注和高度赞誉,越来越多的国家和地区希望加入世界地质公园大家庭。截至 2023 年 6 月,联合国教科文组织世界地质公园网络共有 195 个成员,分布在全球 48 个国家和地区。

二、名录遗产空间叠置状态

截至 2023 年 6 月 30 日,联合国教科文组织在全球批准建立了 1157 处世界遗产、

727 处世界生物圈保护区、195 处世界地质公园。其中，有 8 处三重名录遗产地和 100 多处双重名录遗产地。联合国教科义组织多重名录遗产地主要分为两类：一类为三个品牌地重叠或交叉，为"世界遗产-世界生物圈保护区-世界地质公园"叠置型；一类为两个品牌地重叠或交叉，包括"世界遗产-世界地质公园"叠置、"世界遗产-世界生物圈保护区"叠置、"世界生物圈保护区-世界地质公园"叠置三个亚类。

(一)三重名录遗产分布现状

三重名录遗产地共计 8 个，分布在亚洲、非洲及欧洲。亚洲地区有中国的黄山、神农架，韩国的济州岛；非洲为坦桑尼亚的恩戈罗恩戈罗保护区；欧洲包括葡属亚速尔群岛，意大利的多洛米蒂山脉、奇伦托国家公园，以及法国和西班牙交界的比利牛斯-珀杜山，如图 1.4 所示。

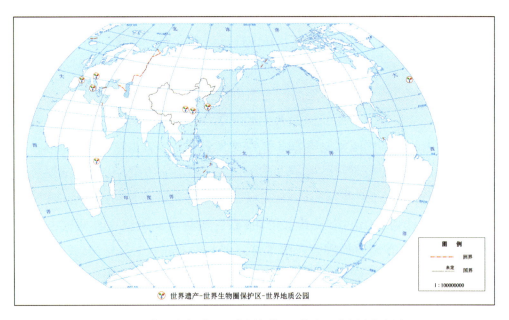

图 1.4　世界遗产-世界生物圈保护区-世界地质公园分布图

世界地质公园网络成立的时间晚于世界遗产，这影响着包含世界地质公园的多重名录遗产地出现的时间和数量。比利牛斯-珀杜山是世界上第一个三重名录遗产地，于 2006 年成为同时拥有联合国教科文组织世界遗产、世界生物圈保护区和世界地质公园三个品牌的区域。自此以后，尽管三重名录遗产地的数量增长速度较慢，但是其发展基础强大(图 1.5)。众多的双重名录遗产地都有可能发展成为三重名录遗产地。世界遗产-世界生物圈保护区双重名录遗产地成为三重名录遗产地的机会大于其他两类双重名录遗产地，因为其数量最多，分布范围最广。

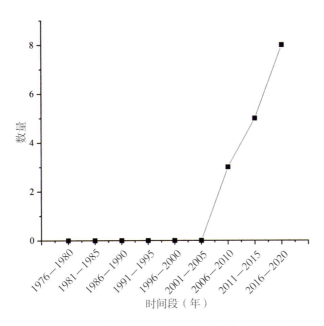

图 1.5　世界遗产-世界生物圈保护区-世界地质公园三重名录遗产地发展历程

(二)双重名录遗产地现状

目前，世界遗产-世界地质公园双重名录遗产地共计 14 个，仅分布在亚洲和欧洲。中国囊括了亚洲范围内此类双重名录遗产地，共计 12 个，分别为泰山、石林、张家界、丹霞山、龙虎山、泰宁、三清山、庐山、嵩山、敦煌、延庆以及房山。欧洲有两个世界遗产-世界地质公园双重名录遗产地，分别是德国的梅塞尔坑化石遗址和斯洛文尼亚的伊德里贾亚矿遗址。世界遗产-世界地质公园双重名录遗产地的具体分布如图 1.6 所示。

世界遗产-世界地质公园双重名录遗产地整体上发展缓慢，其发展历程可分为 2 个阶段(图 1.7)。2004—2015 年，世界遗产和世界地质公园两个品牌在同一保护地出现重叠的现象不断增加；2015—2020 年，同时兼具世界遗产和世界地质公园两个品牌的保护地数量有所减少。世界地质公园网络成立于 2004 年，因此 2004 年是一个重要节点。2004 年之后，一部分地质遗迹所在地(遗产地)申报创建世界地质公园，因此兼具世界遗产-世界地质公园的双重名录遗产地数量在不断增加；2015—2020 年，此类双重

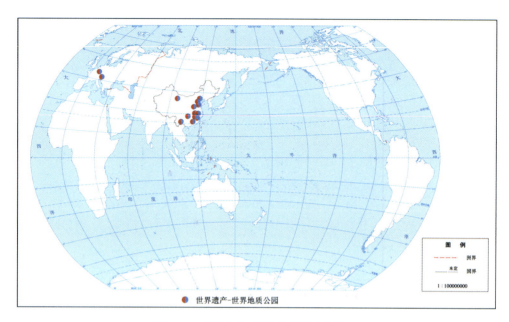

图 1.6　世界遗产-世界地质公园分布图

名录遗产地数量减少的原因在于，黄山于 2018 年加入世界生物圈保护区，同时兼具联合国教科文组织三大品牌，由双重名录遗产地升级为三重名录遗产地。

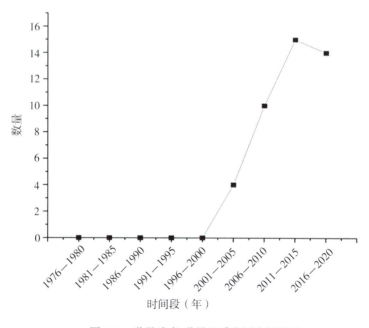

图 1.7　世界遗产-世界地质公园发展历程

世界遗产-世界生物圈保护区双重名录遗产地是联合国教科文组织多重名录遗产地中数量最多、分布范围最广的重叠类型，美国黄石国家公园是全球第一个双重名录遗产地。除南极洲外的六大洲均分布世界遗产-世界生物圈保护区双重名录遗产地：亚洲地区有 26 个，其中中国有 8 个，俄罗斯亚洲区域有 8 个，印度有 3 个，菲律宾有 2 个，哈萨克斯坦、日本、越南、印度尼西亚以及斯里兰卡各有 1 个；欧洲地区共计 23 个，其中德国有 4 个，匈牙利有 3 个，斯洛伐克和保加利亚分别有 2 个，西班牙、法国、荷兰、奥地利、罗马尼亚、黑山、斯洛文尼亚、捷克、波兰、乌克兰、白俄罗斯、俄罗斯欧洲区域各有 1 个；南美地区共 21 个，墨西哥分布有 7 个，巴西有 5 个，秘鲁有 2 个，古巴、危地马拉、巴拿马、洪都拉斯、哥斯达黎加、厄尔多瓜及阿根廷各有 1 个；非洲地区共计 19 个，其中南非有 4 个，塞内加尔有 2 个，坦桑尼亚、肯尼亚、喀麦隆、贝宁、布基纳法索、尼日尔、也门、科特迪瓦、几内亚、突尼斯、阿尔及利亚、葡属亚速尔群岛以及西属加那利群岛各有 1 个；北美地区共计 10 个，其中美国有 9 个，加拿大有 1 个；大洋洲地区澳大利亚有 2 个。分布状态如图 1.8 所示，变化趋势如图 1.9 所示。

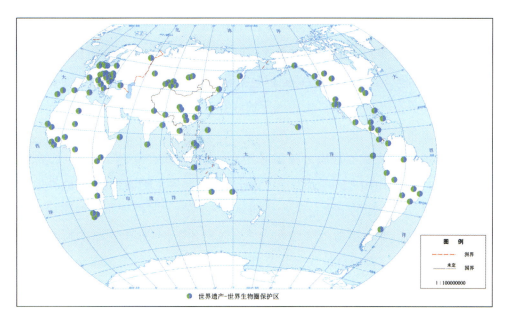

图 1.8　世界遗产-世界生物圈保护区分布图

世界遗产和世界生物圈保护区成立的时间早，此类双重名录遗产地较其他类双重名录遗产地更普遍，其发展历程整体上可以分为 3 个阶段：1976—1995 年处于稳步增

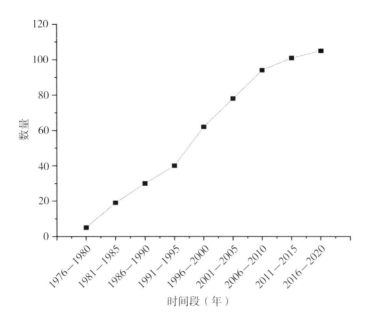

图 1.9　世界遗产-世界生物圈保护区发展历程

加阶段；1996—2010 年处于加速增长阶段，数量增加速度大于第一阶段，此种变化与 20 世纪 90 年代末对突出普遍价值的理解逐渐从"最好"的含义转向"代表性"概念有关，由此带来了世界遗产标准的全面修订，世界遗产创建数量不断增加；2011—2020 年处于减速增加阶段，增加速度放缓原因包括单个世界遗产和世界生物圈保护区增加的数量减少，部分世界遗产-世界生物圈保护区双重名录遗产地成功加入世界地质公园网络升级为三重名录遗产地。

　　世界生物圈保护区-世界地质公园双重名录遗产地分布在亚洲、非洲、欧洲及北美洲，共有 8 个，如图 1.10 所示。亚洲地区仅有一个世界生物圈保护区-世界地质公园双重名录遗产地，即中国的五大连池；非洲地区有两个，即处于西属加那利群岛的耶罗岛和兰萨罗特岛、奇尼霍岛；欧洲大陆上有西班牙卡博-加塔-尼哈尔自然公园及其周边地区，塞维利亚北部山脉地质公园及其周边地区，德国的施瓦本山，法国的吕贝隆；北美地区为加拿大石锤世界地质公园。

　　世界生物圈保护区-世界地质公园双重名录遗产地发展历程和世界遗产-世界地质公园双重名录遗产地发展历程基本相似，如图 1.11 所示。2004 年出现世界生物圈保护区和世界地质公园重叠的地区。2005—2015 年此类双重名录遗产地数量处于缓慢增加状态。2016—2020 年数量减少，原因为我国神农架于 2016 年成功申报世界遗产，获得联合国教科文组织第三块品牌，由双重名录遗产地升级为三重名录遗产地。

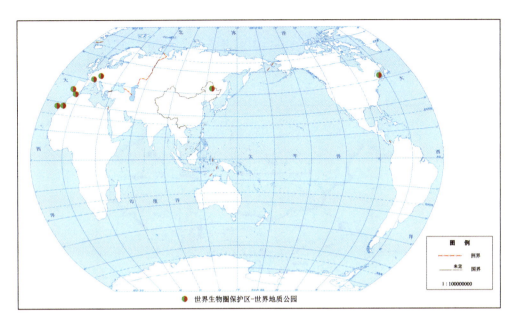

图 1.10 世界生物圈保护区-世界地质公园分布图

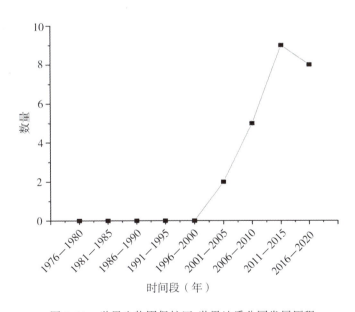

图 1.11 世界生物圈保护区-世界地质公园发展历程

(三)教科文多重名录遗产地在中国的分布

从教科文组织的官网上分别获取了世界遗产、世界地质公园和世界生物圈保护区三类教科文名录遗产名单,并对涉及重复认定的区域按照国别进行了筛选整理后,统计得出我国境内共存在 23 处教科文多重名录遗产地。在图新地球中拾取每个多重名录遗产地各自的空间坐标后，利用 ArcGIS 10.2 进行了可视化，其位置分布如图 1.12 所示。

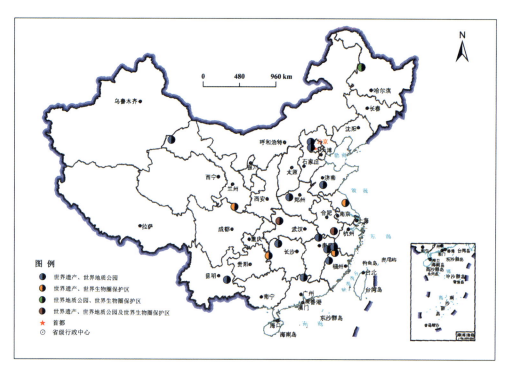

图 1.12　重复指定地分布状态

我国境内的双重名录遗产地有 21 个，三重名录遗产地有 2 个。在双重名录遗产地中，世界遗产-世界地质公园双重名录遗产地有 12 个，世界遗产-世界生物圈保护区双重名录遗产地有 8 个，世界地质公园-世界生物圈保护区双重名录遗产地仅有 1 个。我国 23 处教科文多重名录遗产地面积统计如表 1.2 所示。

表 1.2　中国的多重名录遗产地类型和面积统计表

序号	名称	世界遗产（km²）	世界地质公园（km²）	世界生物圈保护区（km²）
1	黄山	650.6	160.6①	425.58
2	神农架	1250.14	1022.72	704.67

① 因统计、制表早于黄山世界地质公园扩园核准、公布时间，所以此表及表前我国多重名录遗产重叠面积相关统计都沿用 160.6km²。

序号	名称	世界遗产（km²）	世界地质公园（km²）	世界生物圈保护区（km²）
3	泰山	250	158.63	/
4	张家界	390.8	398	/
5	丹霞山	2183.57	292	/
6	龙虎山	579.8	996.63	/
7	三清山	398	433	/
8	泰宁	234.87	492.5	/
9	庐山	802	548	/
10	嵩山	42.63	564	/
11	敦煌	368.51	2180.75	/
12	延庆	69.61	620.38	/
13	房山	4.888	1045	/
14	石林	350	350	/
15	茂兰	730.16	/	212.85
16	梵净山	775.14	/	383
17	武夷山	1472.14	/	565.27
18	盐城	2686.99	/	2472.6
19	九寨沟	1320	/	1060.9
20	黄龙	1180	/	1380
21	卧龙	14516	/	2000
22	博格达	802.86	/	1286.9
23	五大连池	/	790.11	1060
合计		31058.708	10052.32	11551.77

注：世界遗产数据来自联合国教科文组织世界遗产官网，其面积分为核心区面积和缓冲区面积。本书考虑到表格的美观性，将核心区和缓冲区面积之和作为某世界遗产地的面积。

就名录遗产重复的类型而言，世界遗产的数量最多，世界地质公园次之，世界生物圈保护区最少。具体来说，截至2023年6月①，在中国境内总计23家的教科文多重名录遗产地中，世界遗产与其他类型的名录遗产在空间上出现重叠或交叉的现象有19个，占中国世界遗产总数的33.93%；世界地质公园与其他类型的名录遗产在空间上出现重叠或交叉的现象有15个，占中国世界地质公园总数的36.59%；世界生物圈

① 截至2023年6月，中国共有世界遗产56处，世界地质公园41处，世界生物圈保护区34个。

保护区与其他类型的名录遗产出现重叠现象有 9 个，占中国世界生物圈保护区总数的 26.47%。

三、名录遗产关联分析

(一)共同的愿景：可持续发展

世界遗产、世界生物圈保护区、世界地质公园作为联合国教科文组织旗下的三大名录遗产，虽然在设立初衷上有所差异，但这些品牌都是在联合国教科文组织的基本框架范围内，其内在原则均服从于联合国教科文组织的相关精神。因此，尽管在品牌内容上存在区别，但是这些品牌在联合国教科文组织的统一领导下表现出共同的愿景。

无论是名录遗产中的哪一个品牌，其体现的精神内核均与联合国教科文组织的宏伟蓝图相一致，即通过国际范围内教育、科学和文化领域的通力合作构筑一个和平的世界。而在发展成为主旋律的当下，为了充分发挥出名录遗产在教育、科学和文化方面的人文使命，各个品牌开始致力于通过各种技术、经济手段实现地区的可持续发展，从而最终推动联合国可持续发展目标(Sustainable Development Goals, SDGs)的实现。

联合国可持续发展目标，于 2015 年 9 月在第 70 届联合国大会上正式通过的《变革我们的世界：2030 年可持续发展议程》中提出。它包含 17 个全球发展目标，旨在以综合方式彻底解决社会、经济和环境三个维度的发展问题，转向可持续发展道路。环境保护和可持续发展是教科文三项名录遗产的共同目标，三项名录遗产在资源禀赋和产业结构上尤其适合发展绿色经济，在防火减灾、减少贫困、提升素质等方面具有独特的优势，为实现联合国 2030 年可持续发展目标提供支持。

以 UNESCO 世界地质公园为例，对可持续发展目标的贡献表现在以下几点：

(1)目标 1：在全世界消除一切形式的贫困。特别针对其中的 1.5 条：到 2030 年，增强穷人和弱势群体的抵御灾害能力，降低其遭受极端天气事件，其他经济、社会、环境冲击和灾害的概率及易受影响程度。防灾减灾是消除贫困和促进可持续发展的基本保障。世界地质公园凭借自下而上的管理方式，通过积极开展灾害意识和自然恢复知识的培训，增强当地社区应对极端情况、各种灾害的能力。

(2)目标 4：确保包容和公平的优质教育，让全民终身享有学习机会。特别针对其中的 4.7 条：到 2030 年，确保所有进行学习的人都掌握可持续发展所需的知识和技能，具体做法包括开展可持续发展、可持续生活方式、人权和性别平等方面的教育、弘扬和平和非暴力文化、提升全球公民意识，以及肯定文化多样性和文化对可持续发展的贡献。世界地质公园对当地社区和所有年龄段的游客积极开展教育活动。世界地质公园是可持续发展、可持续生活方式、文化多样性和促进和平的户外教室和孵化器。

（3）目标5：实现性别平等，增强所有妇女和女童的权能。特别针对其中的5.5条：确保妇女全面有效参与各级政治、经济和公共生活的决策，并享有进入以上各级决策领导层的平等机会。世界地质公园非常注重通过教育项目或女性合作项目增强女性的能力。这种合作为女性提供了以她们自己的能力在家乡获得额外收入的机会。

（4）目标8：促进持久、包容和可持续的经济增长，促进充分的生产性就业和人人获得体面工作。特别针对其中的8.9条：到2030年，制定和执行推广可持续旅游的政策，以创造就业机会，推广地方文化和产品。通过可持续地学旅游促进当地经济可持续发展是世界地质公园主旨之一。发展旅游、推广当地文化和产品，可以为当地社区创造就业机会。

（5）目标11：建设包容、安全、有抵御灾害能力和可持续的城市和人类住区。特别针对其中的11.4条：进一步努力保护和捍卫世界文化和自然遗产。保护、保障、珍惜我们的文化与自然遗产是整个世界地质公园概念的基础。世界地质公园致力于增强当地人民的地区自豪感和地区认同感。

（6）目标12：采用可持续的消费和生产模式。特别针对其中的12.8条：到2030年，确保各国人民都能获取关于可持续发展及与自然和谐的生活方式的信息并具有上述意识；开发和利用各种工具，监测能创造就业机会、促进地方文化和产品的可持续旅游业对促进可持续发展产生的影响。世界地质公园培养和教育对可持续发展和可持续生活方式的意识，教育当地社区和游客与自然和谐相处。

（7）目标13：采取紧急行动应对气候变化及其影响。特别针对其中的13.3条：加强气候变化减缓、适应、减少影响和早期预警等方面的教育和宣传，加强人员和机构在此方面的能力。所有世界地质公园都存有过去的气候变化记录，是现在气候变化的教育者。通过教育活动，提升人们对气候变化问题的意识，为人们提供减缓和适应气候变化的相关知识。

（8）目标17：加强执行手段，重振可持续发展全球伙伴关系。特别针对其中的17.6条：加强在科学、技术和创新领域的南北合作、南南合作、三方区域合作和国际合作，加强获取渠道，加强按相互商定的条件共享知识，包括加强现有机制间的协调，特别是在联合国层面加强协调，以及通过一个全球技术促进机制加强协调。17.9条：加强国际社会对在发展中国家开展高效的、有针对性的能力建设活动的支持力度，以支持各国落实各项可持续发展目标的国家计划，包括通过开展南北合作、南南合作和三方区域合作。17.16 条：加强全球可持续发展伙伴关系，以多利益攸关方伙伴关系作为补充，调动和分享知识、专长、技术和财政资源，以支持所有国家，尤其是发展中国家实现可持续发展目标。世界地质公园的伙伴关系与合作，不仅限于当地利益相关者之间，还包括通过地区和全球的世界地质公园网络分享知识、想法、最佳实践经验。有经验的地质公园会指导新的地质公园挖掘它们的潜力。

(二) 相同的价值基础：生命共同体

"山水林田湖草沙"是一个生命共同体，人与自然是生命共同体的两个认知维度。从世界遗产、世界生物圈保护区、世界地质公园的核心价值来看，三大品牌是相互关联的。

1. 理念目标相近

联合国教科文组织是致力于促进全球和平与自由，实现可持续发展的机构，一直在保护地球资源方面作出努力。为阻止地球的退化，以可持续的方式进行消费和生产，管理地球的自然资源，使地球能够满足今世后代的需求，联合国教科文组织制定了各项对地球资源保护的计划。其中以《保护世界文化和自然遗产公约》《人与生物圈计划》及《国际地球科学和地质公园计划章程》为代表，三个计划分别对应了世界遗产、世界生物圈保护区与世界地质公园三个品牌。在行动目标方面，三大品牌都致力于保护地球资源与环境，推动人类可持续发展，在保存生物基因、传承与展示自然与文化遗产，保留具有国际意义的地质遗迹并向人类传播、科普地球的发展演化等方面作出杰出贡献。三者都具有"保护"理念，但各自侧重点存在区别，且发展路径不同[19]。

1972 年联合国教科文组织通过《保护世界文化和自然遗产公约》，作为指导世界遗产申报评定及日常管理维护的纲领性文件，其第 4 条提出：遗产所在国将为领土内的文化和自然遗产的确定、保护、保存、展示和传承竭尽全力，最大限度地利用该国资源，必要时利用所能获得的国际援助和合作。该条款对保护与保存作为世界遗产的主要理念给与高度的重视，该理念超越国家层面，成为国际以及全人类的任务。《世界遗产公约实施操作指南》第 6 条，将保护遗产能力建设、提高民众意识与参与度、遗产活化等作为目标。总体而言，遗产以保护为基础理念，以展出与流传作为发展目标。

《世界生物圈保护区网络法规框架》第 3 条提出保护、发展和后勤支持三项功能。保护功能主要面向景观和生态系统（包括土壤、水和气候）层面，保护区域内物种多样性和遗产文化多样性，并在保护功能的实现中着重考虑人类活动对其的影响。另外，发展目标为以旅游、农业等经济活动为载体，促进经济与人类在社会文化与生态方面可持续发展，后勤支持功能则体现为生物圈保护区内的监测、基础设施建设、民众科普及对生物圈网络的贡献。相比之下，生物圈保护区更像是作为一个更广泛、更基础的外部屏障，在为区域内生境与生物多样性提供保护的同时，努力谋求人类与生物圈的和谐永续发展。

在《国际地球科学和地质公园计划章程》中，将世界地质公园标准第 1 条阐述为：应依照统一的保护、教育和可持续发展概念对区域内具有国际意义的地点和景观进行管理。同时，联合国教科文组织世界地质公园通过给予重要地质遗迹国际认可，并通过当地社区的积极参与，以提高人们对保护地质多样性的重要性的认识。保护地质遗迹是其首要任务，促进社区参与和推动科普教育是其重要的发展目标。

由此可见，三者都强调保护和可持续发展的理念，均重视对范围内现有的珍稀动植物资源、地质遗迹以及罕见的自然与人文景观的保护。但不同点在于世界遗产注重自然与文化遗产的特殊保护理念，世界生物圈保护区保护理念中更加注重对生物资源的可持续利用；世界地质公园采用"管理"一词，将具有国际意义的地质遗迹作为科学研究或科普展示的载体，在保护中增强人类对地球发展演化的认知。

2. 保护对象交叉

在上一部分中，阐述了各品牌在保护理念方面的联系与区别。这种联系与区别在三大品牌各自的保护对象上也有所体现。具体而言，三大品牌保护对象之间存在着不可分割的联系，彼此之间具有较深的交融度，但各自又具有不同侧重点。

世界遗产主要保护具有突出普遍价值的文化和自然遗产，并将其代代相传，且必须满足完整性与真实性条件。突出普遍价值是世界遗产评估标准的重要指标，即为罕见的、超越了国家界限的、对全人类的现在和未来均具有普遍的重要意义的文化价值或自然价值。遗产的完整性要求申报对象的物理构造或重要特征都必须保存完好，且侵劣化过程的影响得到控制，能表现遗产全部价值的绝大部分必要因素，遗产的真实性取决于该价值信息来源的真实度或可信度。《世界遗产公约实施操作指南》中第 77～95 条对其进行了详细的阐述。

世界生物圈保护区则需要对区域内生物多样性与生态环境进行养护。

世界地质公园的保护对象为区域内具有国际意义的地质遗迹，需要能够让各群体从不同层面更高程度地认识我们所处的地球，了解地球地质过程的演变、气候变化、生命进化过程，并从人与自然互动的角度对待地球环境，理解可持续利用地球资源的必要性。

名录遗产各自保护的对象，特别是对象所在的地理空间存在互相交叉的情况。例如在《世界遗产公约》中，规定世界遗产的保护对象之一为能够代表地球进化历史中某一阶段独特的地貌景观类型，世界地质公园标准中又明确规定"申报世界地质公园必须满足园区内具有专家独立核实的、具有国际意义的地质遗产"。例如，黄山具有绮丽的花岗岩山峰、怪石的地貌类型，不仅是珍稀罕见的地质遗迹，也满足世界遗产标准中第 7 条："绝妙的自然现象或具有罕见自然美的地区"。因此，世界遗产的保护对象在某些条件下也有可能是世界地质公园的组成部分。另一方面，世界遗产中的自然遗产，如黄山松等，其载体不仅是世界地质公园所保护的花岗岩地质遗迹，也是能够表现生物进化、人类和生态环境互相影响的生态过程，以及具有全人类价值的物种栖息地与生物多样性的保护基地。

三大品牌保护对象的交叉融合决定了以保护工作为主的三大品牌在具体落实各自保护理念的过程中，会存在工作任务上的交叉，因此三大品牌之间需要进行协同管理，从体制机制与事项任务方面进行优化整合。

3. 管理机构相关

各品牌在保护理念、保护对象上的联系与区别，也造就了品牌审核机构和多品牌地具体工作部门之间更加深度的业务往来。从品牌授予机构看，世界遗产、世界生物圈保护区及世界地质公园同属联合国教科文组织旗下品牌，是联合国教科文组织领导的三大地球家园保护计划中的重要组成部分，在国际上有着重要影响力。联合国教科文组织旗下设秘书处负责主持三个品牌的日常工作(图 1.13)，并设世界自然保护联盟(International Union for Conservation of Nature，IUCN)同时为三者提供咨询服务。除世

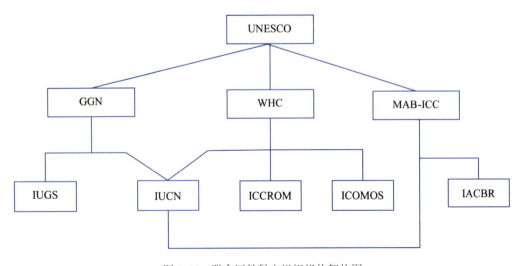

图 1.13　联合国教科文组织机构架构图

界自然保护联盟之外，三者还具备各自专属的咨询机构。世界遗产和国际文物保护与修复中心(International Centre for the Study of the Preservation and Restoration of Cultural Property，ICCROM)、国际古迹理事会(International Council on Monuments and Sites，ICOMOS)有长期合作关系。世界地质公园以国际地质科学联合会(International Union of Geological Sciences，IUGS)为咨询机构，旨在促进和鼓励世界地质公园进行地质科学的研究，加强地质科学及有关学科研究的国际合作。世界生物圈保护区日常咨询机构在国际层面为世界生物圈保护区国际咨询委员会(International Advisory Committee for Biosphere Reserves)，其主要职责为协助审查生物圈保护区的申报提名及参与评估工作。

因三项名录遗产保护和管理的价值载体有所差别，对应的管理面积和范围也存在交叉和重叠。针对具体情况，后文将以当前全球8个三重名录遗产地为案例进行分析。

4. 办事程序不同

三大品牌在申报、评估以及日常事务的处理中，都需要遵循各自既定的规则。

(1)申报程序不同。

世界遗产的申报需进行"上游程序"，即申报之前为了减少申报项目评估阶段遭遇重大问题而提前开展建议、咨询和分析。准备申报时可以申请"预备协助"，在世界遗产咨询机构和世界文化遗产中心的帮助下，确定申报区域内遗产拥有兼具完整性和真实性的突出普遍价值。此外，还需要通过召开听证会或采取公共协商等方式确保当地原住民知晓相关信息。

遗产申报可以在全年任何时段向秘书处提交申报材料，但只有在2月1日或此前递交的材料，才能在当年被世界遗产委员会审核，并决定是否批准其次年加入《世界遗产名录》。申报文件格式在《世界遗产公约实施操作指南》附件5中有详细模板与标准。此外，跨境遗产与系列遗产具有特殊申报程序。秘书处在收到申报文件后提交给咨询机构进行评估，并上传到世界遗产中心官网，申报周期通常为一年半，在世界遗产委员会作出决定将其列入《世界遗产名录》时，申报过程才算完成。

世界地质公园要求通过教科文组织全球委员会或者与教科文组织联系的国家机构等正式渠道(在我国为国家林草局)向教科文组织提交全面的申请材料，且需要证明该区域内的地质遗迹已发挥了世界地质公园的作用至少一年时间，并提供国家林草局支持的函文件，在负责人与教科文组织秘书处进行通信往来中，确定是否授予世界地质公园品牌。生物圈保护区申报需要填写《生物圈保护区提名表》，表内包括摘要与描述及附件三大部分，涉及申报地区对生物圈保护区功能和标准的满足情况，以及区域内人类、物理和生物特征及制度等方面；附件内容用于更新生物圈保护区名录和提供宣传。提名表需要国家林草局签名，且以英文、法文或西班牙文填写，通过硬拷贝的形式，将提名表正文与附签名原件、推荐信、分区图及相关证明文件提交给教科文组织秘书处。

（2）评估周期和内容不同。

世界遗产每6年向世界遗产委员会提供定期报告进行审查，定期报告包含本国针对世界遗产保护方面通过的法律和行政条款及本国领土内特定世界遗产的保护状况。世界遗产委员会就其中的问题为相关区域的世界遗产提出建议。按照阿拉伯国家、非洲、亚太地区、拉丁美洲和加勒比地区、欧洲和北美洲的顺序逐个区域进行报告。在首个6年周期后，新周期开始前，会留出一段时间对定期报告机制进行评估和修正。

世界地质公园每4年接受一次详细的再评估，需通过国家林草局等正式渠道向教科文组织秘书处提供一页纸摘要、进展报告。评估结果有以下三种：继续作为教科文组织世界地质公园的绿牌；在两年内采取整改措施以达到地质公园标准，并重新进行评估的黄牌；两年内未能整改并达到标准，则失去教科文组织世界地质公园地位及相关权益的红牌。

世界生物圈保护区每10年进行一次再评估，由专家咨询顾问小组负责，对10年内的管理计划实施效果进行评估，评估顺利通过则将结论计入保护区工作自评报告内，并上报到中国人与生物圈国家委员会秘书处；若发现需要整改部分，则由保护区主管机构负责，对相关职能部门进行整改监督，将整改结果报备中国人与生物圈国家委员会秘书处并作为下一阶段评估依据，对于评估中管理计划需要修改的内容，由保护区管理机构在全体大会上讨论后形成修订案。

（三）近年来一些重大变化：名录遗产趋向于协同发展

1.《世界遗产公约实施操作指南》

《保护世界文化与自然遗产公约》（下称《公约》）是由联合国教科文组织制定的，具有普遍性的国际文化和自然遗产保护工具之一。但如果仅仅以《公约》为评判标准，世界遗产的概念会受到一定的限制，难以满足不同时代的特殊需求。但是，作为国际公认的法律文件，《公约》的规定需要具有连贯性，不能任意修改。因此，针对世界遗产保护运动的具体细节，制定了《世界遗产公约实施操作指南》（以下简称《世界遗产操作指南》），并通过不断修订，赋予公约新的活力。

从1977年至今，《世界遗产操作指南》多次修订，本节参考史晨暄（2008）对世界遗产标准演变的研究，以时间为脉络，以《世界遗产操作指南》中的评价标准为对象，从标准的主要变化、真实性的变化、自然遗产与文化遗产关系变化这几个方面简要阐述世界遗产评价标准的发展变化。

1978—1986年，处于评价标准实施的初始阶段，为解决实施过程中遇到的各种问题，对评价标准进行了较大的修订。例如，对评价文化遗产突出的普遍价值的6条标准及真实性条件全部进行了修订，还增加了城镇建筑群作为特殊类型的申报条例。早期的世界文化遗产标准侧重"国际视角""最突出"等含义，强调一种绝对的、统一的比较。1980年对《世界遗产操作指南》进行了修订，其中增加了原来不存在的关于真实性检验的条件，即在"设计，材料，工艺和环境方面符合真实性检验"，特别提及了重建可以被接受。这一时期，通过评价标准的不断修订，《公约》定义的文化遗产类型被扩大，加之《公约》定义中的文化与自然的割裂，自然遗产名录与文化遗产名录出现了严重的不平衡。

1987—1991年，伴随文化景观类型的出现，在这一阶段委员会对评价标准进行了全面修订，几条标准同时增加了对景观类型的适用性，以及增加了对文化传统的考虑。对真实性的条件也进行了修订，即"在设计，材料，工艺和环境以及在文化景观的特色品质及组成方面符合真实性检测。委员会强调：重建只在它的实施是基于完全的和细节的原物的档案，并且没有推测的扩展的情况下才被接受。"文化景观被片面归入文化遗产类别，并将自然遗产标准中"文化与自然因素的特殊结合的地区"删除。此外，针对文化景观这种特殊类型的大尺度文化遗产，将原来针对自然遗产的完整性条件也应用于文化景观。整个这一系列改变都使得世界遗产的10条标准严重向文化遗产倾斜。

1992—1999年，对突出的普遍价值的理解发生了变化。突出的普遍价值逐渐从"最好"的含义转向"代表性"概念，包容了文化多样性，反映了教科文组织提出的"普遍性寓于多样性之中"的理论，这也带来了标准的全面修订。1998年，真实性检验考虑到《奈良文件》的结论，考察的因素更加宽泛，包括了"使用和功能，传统和技术"等因素，也提及了对于当地社区的精神和情感等方面，强调在特定文脉中遗产所表达的文化价值。文化与自然遗产标准在这一阶段进行了合并，总共10条，不再分为"文化遗产"与"自然遗产"标准，这打破了《公约》定义对文化和自然遗产的割裂，是整个标准修订历程中的根本性转折。

进入21世纪之后，条文尚未发生很大的变化。标准对"突出的普遍价值"的理解以"独特性"为核心，强调由于独特而"超越了民族界限"，并且从全人类发展的角度考虑到对"当代和后代"共同的重要性。为尊重不同文化的独特性，2005 年对《操作指南》中真实性的检验进行了再次修订，新版内容强调了文化之间的差异，以及将文化和自然遗产置于特定文脉中考虑的必要性。教科文组织通过《文化多样性宣言》承认了价值观的相对性，强调文化的整体性，试图发展对于文化与自然、有形与无形遗产的整体保护方法。

回顾标准的修订历程，标准修订较多的时期是制定初期的 1977—1980 年，以及全球战略制定的 1994 年以后。总体而言，文化遗产标准的修订多于自然遗产修订，说明了评价文化价值的复杂性。

2. 生物圈保护区大会

自 1971 年联合国教科文组织发起"人与生物圈计划"（MAB）以来，为应对不断变化的人口、资源、环境问题，通过召开国际会议将各个国家聚集在一起，对 MAB 已取得的成果，面临的挑战和机遇作全方位的交流和探讨，致力于改善人与环境的关系。每次会议讨论之后所形成的共识性文件即成为之后一段时间内各个国家进行生物圈保护区申报及制定相关管理标准的指南。所以，本小节将以时间为脉络，梳理历届生物圈保护区大会的关注点及其所发布的文件，并对 MAB 关注点的变化作简要分析。

1983 年联合国环境规划署、联合国粮食及农业组织、世界自然保护联盟在白俄罗斯明斯克召开第一届国际生物圈保护区大会。大会研讨主要聚焦三个专题：生物圈保护区对全球生物地理的覆盖和代表性，生物圈保护区遴选和管理指标体系以及与其他保护区类型的关系；从关键物种到群落的研究、模型、预测和全球监测；生物圈保护区代表性的社会经济文化职能，包括本地群众参与、区域发展规划及环境教育。经由此次大会，"生物圈保护区行动计划"于 1984 年产生。上述三个专题在之后的 10 年间对 MAB 的发展发挥了重要的影响，尤其是"自然保护与经济社会文化发展的结合"逐渐成为生物圈保护区的核心内容。

1995 年在西班牙塞维利亚召开了第二届生物圈保护大会，大会讨论最根本的问题是人类社会如何能够有效协调生物多样性——生物资源的保护和经济发展的关系，提出了面向 21 世纪的"塞维利亚战略和世界生物圈保护区法律架构"，并首次将生物多样性和文化多样性的保护作为目标并列提出。

2008 年在西班牙马德里举行了第三届生物圈保护区世界大会，大会特别关注了三个重要的新挑战：①全球气候变化正在加快，给社会和生态系统带来各种恶果；②生物和文化多样性的加快流失影响到生态系统继续为人类福祉提供重要服务的能力；③迅速的城市化进程成为环境变化的一个突出推动因素。在此次大会上，以"塞维利亚战略"为基础，《马德里行动计划（2008—2013）》获得通过，并进一步强调了生物圈保护区在探索可持续发展方面的作用。

2016年3月，在秘鲁利马召开的第四届世界生物圈保护区大会，落实了2030年可持续发展计划、目标及巴黎气候大会协定的相关议题，制定了《人与生物圈计划战略（2015—2025）》及《利马行动计划（2016—2025）》。

纵观MAB发展历程，其基本理念具有一贯性，即通过"保护""发展""后勤支持"致力于改善人与环境的关系。而最新提出的《利马行动计划（2016—2025）》与之前的行动计划相比有所不同：首先，《利马行动计划》顺应时代发展潮流，更加强调在保护的基础上要有更多的发展；其次，对可持续发展有了更多的结合，形成一些明确的指标体系；最后，更加重视科研，要求推动保护区管理的智能化、信息化。

3. 世界地质公园操作指南

《联合国教科文组织世界地质公园操作指南》（以下称《世界地质公园操作指南》）为有意加入由教科文组织支持的地质公园网络的国家地质公园提供指导性原则。教科文组织的地质公园工作始于2001年，2002年发布了首版《世界地质公园操作指南》之后，又在2008年和2015年分别进行了两次修订。本节仍然以时间为脉络，以《世界地质公园操作指南》中的评价标准为对象，梳理其发展变化。

虽然三个版本的《世界地质公园操作指南》中标准都是围绕规模与设置、管理与地方参与、经济发展、教育、保护等，但每一版标准的条目数仍有较大差别。2002版的《世界地质公园操作指南》共有10条标准；而2008版的《世界地质公园操作指南》共有6大标准、25条细则；到2015年，《世界地质公园操作指南》中标准条目降为8条。若仅从评价标准的数量变化来看，世界地质公园评价的严格程度似乎呈先增后减的态势。

相较于2002版的《世界地质公园操作指南》，2008版和2015版将部分指标更加明确化。体现在：其一，对于地质遗迹的品位，在后两种版本的指南中明确是要具有国际意义的地质遗迹，这是世界地质公园与其他品牌的根本区别，而国际意义的地质遗迹的认定由教科文组织地球科学方面的合作伙伴——国际地质科学联合会负责；其二，对于销售活动，后两种版本的指南中明确指出"管理机构不得直接参与地质物品的售卖活动"，因为地质物品售卖行为有悖于联合国教科文组织世界地质公园保护地质遗迹的宗旨。

在三个版本指南的某些标准呈现出渐进的发展态势。①尽管从一开始，地质公园就采取"自下而上"的方法，即"社区主导型"，但每版指南中对于社区主导的程度要求是有差异的。在2002版中，要求"加强当地居民对其居住区的认同感，促进文化的复兴"；在 2008 版中要求"充分尊重当地居民的习惯""进行广泛的民意征询""激发当地居民的积极性"；而在 2015 版中要求"促使地方社区和土著居民作为关键的利益攸关方积极参与管理地质公园"。②随着世界地质公园的不断发展及全球化的不断加强，对地质公园的合作交流也提出新的要求。在 2002 版指南中要求"负责管理地质公园的机构，应对被指定为由联合国教科文组织支持的地质公园的属地进行适当的宣传和推介，应使联合国教科文组织定期了解地质公园的最新进展和发展情况"；2004 年，在教科文组织的支持下创建了世界地质公园网络(GGN)，于是在 2008 版指南中用 1 大标准、5 条细则来介绍 GGN 及约束条件；在 2015 版的指南中对这一标准进行了简化，即"鼓励各个教科文组织世界地质公园分享经验，交流意见，并在世界地质公园网络的范围内开展联合项目。世界地质公园网络实行强制会员制。"

通过梳理《世界地质公园操作指南》中的评价标准，可以看出教科文组织世界地质公园越来越重视并鼓励拥有具有国际价值的地质遗产的各个地区彼此开展国际合作与交流，越来越强调要在地方社区和当地居民的支持与参与下，采用自下而上的办法保护这些地区的遗产，实现其可持续发展。

第三节　黄山多重名录遗产地域概况

一、行政区划及管理部门

(一)黄山市人民政府

黄山市位于安徽省南部，是我国著名的旅游城市，以壮丽的黄山风景区而闻名于世。黄山市的建市时间可以追溯到 1987 年 11 月。早在 20 世纪 50 年代初，黄山地区就成立了黄山地委和黄山行署，随后逐渐发展为地区性政府机构。经过多年的发展和整合，1987 年 11 月，国务院批准黄山地区撤地设市，正式建立黄山市。1988 年 4 月，地级黄山市正式成立，辖屯溪区、徽州区、黄山区、歙县、休宁县、黟县、祁门县三区四县。

随着黄山风景区的知名度不断提升，黄山市的旅游业得到快速发展。为了更好地保护和管理黄山风景区，1993 年黄山风景区管理局划归黄山市直辖，成为直属于市政府的部门，并负责黄山风景区的日常管理工作。1999 年黄山风景区管理局更名为黄山风景区管理委员会。

如今，黄山市是一个充满活力的旅游目的地，吸引着来自世界各地的游客。除了著名的黄山风景区外，黄山市还拥有众多的历史文化遗迹和自然景观，如宏村、西递、牯牛降等具有独特魅力的村落和景点。

(二)黄山风景区管理委员会

1. 管理委员会的沿革

黄山之盛名，在于其绮丽的自然风光，也在于其传世的禅宗、隐世文化，二者互相加持，赋予了这座山岳独特的美感。纵观历史，黄山的开发建设大抵也是源自古人这种寓于山水的文化情思及寄予神明的对美好生活的向往。1911 年之前，黄山上仅有寺庙，居民村落甚少。由于没有景区的概念，也没有设立相对应的管理机构来对黄山进行保护管理，山内的大小事务基本由寺院主持，大多数筹措来的资金被用来修缮寺庙及修建登山步道。这种依附宗教而进行开发的模式长期存在，是黄山开发建设的伊始。

民国时期，在现代化思想浪潮的冲击下，一批以许世英为代表的能人志士开始以现代化的思维模式来考虑黄山的开发建设，从旅游方式、旅游经营服务，尤其是旅游规划管理等方方面面推进了黄山旅游开发建设的进程[20]。1934年4月，在许世英等同仁的不懈努力下，黄山建设委员会宣告成立，并颁布《黄山建设委员会组织章程》。该委员会主要负责黄山建设方针的制定落实及工程款项的筹措安排，下设黄山办事处、驻沪办事处及南京问讯处、杭州通讯处、芜湖通讯处，负责外联沟通事宜。1935年春，在黄山建设委员会的主持下，经实地勘探及与地方讨论，明确将黄山风景区的范围划定为：南起歙县汤口镇，北至太平县甘棠镇，东起太平县的谭家桥，西至太平县之栗溪坦[21]，并报至安徽省政府和行政院内政部核准备案。1936年，变更驻黄山办事处为黄山管理局筹备处，形成了黄山风景区的第一个行政管理机构。此后该机构又历经几次改组，最终于1943年宣布撤销建制，并成立隶属安徽省政府的黄山管理局，下设总务、工程、农林3科，形成了黄山保护管理体系的初步架构。

1949年，黄山解放，皖南人民行政公署派专员接管黄山。同年7月，成立黄山人民管理处，为科级建制，直属皖南徽州区行政督察专员公署，下设文教课、林业课和温泉招待所等机构。此后，黄山人民管理处的名称依次变更为皖南区黄山管理处、安徽省黄山文物管理处、安徽省黄山管理处，其间变更为县处级建制，并于1956年改属省人民委员会办公厅领导，其后又于1963年改属省机关事务管理局领导。之后，黄山的行政管理机构几经更迭，最终于1976年宣布撤销原有组制，启用安徽省黄山管理处新印章，确立政治工作科、行政管理科、接待科、林园科、办公室、公安分局(4科1室1局)的机构设置。其后，为了适应旅游发展的需要，又增设了供应科、财务科和卫生科。黄山的保护管理工作由此迈入正轨。

1979年7月，邓小平副主席视察黄山，鼓励重点打造黄山这一块旅游品牌。安徽省委随即召开专题会议，共同商议黄山当前工作和发展规划、建设方针、管理体制等事项。同年10月8日，黄山管理处变更为黄山管理局，属正厅级建制，下设办公室、接待处、后勤处(后改称为财务供应处)、林园管理处、计划基建处和公安局等处/室。随后又增设卫生科(后改组为卫生处)、门诊部、政治处。此后，黄山管理局在内部机构设置、建制等方面又作出数次调整。1988年颁布的《黄山风景名胜区总体规划》中确立风景区管理范围为：东起黄狮岭，西至小岭脚，北起二龙桥，南至汤口，共计154km²。同年12月5日，为了对接中央文件精神，安徽省政府决定撤销黄山管理局，成立黄山风景区管理委员会，由黄山市人民政府直接领导，负责区内的保护管理工作。黄山管理局原内部机构、直属单位及人员编制划归黄山风景区管理委员会管理和领导，级别、待遇不变。该管理架构一直沿用至今。

2. 管理委员会的部门架构及其变革

由于黄山风景区管理委员会(以下可简称"黄山管委会")是在黄山管理局基础上发展而来的，并且将后者的内部结构、人员编制等原封不动地纳入自己的管理体系，因此最初的部门配置基本是以后者为雏形进行架构的，即保留了原有的政治处、旅游处、规划基建处、计划财务处、园林管理局、办公室、工会委员会等基本职能科室。

1989 年颁布的《黄山风景名胜区管理条例》，以法律形式对黄山风景区的管理体制作出安排：由市长兼任管委会主任，并设一名管委会副主任(副厅级)兼管委会党委书记在山主持黄山风景区工作。1994 年，黄山管委会增设经营管理处，为县级事业单位，随后于 2003 年撤销。2003 年，管委会在系统内确定了机构调整方案，确定"1 局 1 办 1 室 3 处"——办公室、政治处、园林局、规划土地处、计财处(内设审计室)、综治办的基本部门架构，工会、共青团按章程设置，由政治处管理。2003 年下半年，管委会启动机关"三定"(定职能、定机构、定编制)工作，经过缜密讨论制定了"三定"方案，对各处室局的职能配置、机构设置和人员编制进行了重新调整。该方案获得直属领导机构——黄山市委批准实施。按照此方案，管委会内设二级机构 14 个。其中内设 6 个处/室/局(办公室、政治处、园林局、规划土地处、计财处、综治办)以及 2 个正科级直属机构交通局、松谷管理处。此外，按照相关章程及上级规定设置了机关党委、工会、共青团、纪委/监察室、公安局、人武部。随后，于 2020 年 9 月 30 号颁布的相关文件中，又将内设二级机构调整为 16 个，具体如图 1.14 所示。

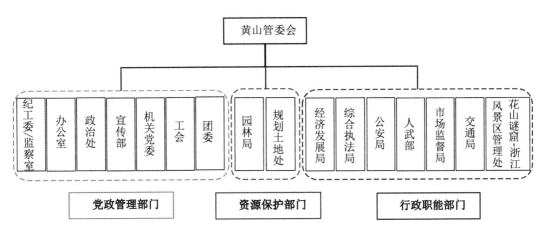

图 1.14 黄山管委会部门架构图

3. 名录遗产管理部门及职责

黄山名录遗产的管理，分别由三个三级部门负责，分别是黄山世界遗产管理办公室、黄山世界生物圈保护区管理办公室、黄山地质公园管理办公室。其中，世界遗产和世界地质公园的管理部门同属于一个二级管理单位，世界生物圈保护区的管理部门，属于另外一个二级单位。

黄山世界遗产管理办公室，编制 3 人，主要负责组织编制实施黄山文化与自然遗产保护规划；开展黄山风景区世界遗产的保护、监测、宣教和管理工作。

黄山地质公园管理办公室，编制 3 人，职能负责组织编制和实施《黄山地质公园规划》，开展黄山地质遗迹有关的保护、科研、宣教和地质公园的交流、管理等工作。

黄山世界生物圈保护区管理办公室，编制 6 人，主要负责黄山世界生物圈保护区范围内的资源保护、监测和管理等工作。

此外，管委会还设立了黄山地质公园博物馆，是一个三级部门，同时为三个品牌服务，主要负责开展黄山科普教育、科学研究、研学服务等工作事项。

在黄山风景区管委会内部，平时负责黄山名录遗产管理的三个部门，都在黄山风景区管委会的统一管理下开展工作，每年各部门的工作计划和资金预算都要经过管委会同意讨论和审核。为进一步加强三项名录遗产工作的整体协同性，管委会制定了名录遗产协同管理机制，提升了内部的协调性。

(三) 黄山地质公园管理局

黄山地质公园管理局，挂牌在黄山风景区管委会规划土地处，从人员隶属关系看属于管委会内设二级机构。人员编制共 40 名。其中，处长 1 名，副处长 2 名，总工 1 名；内设机构人员编制共 33 名，直属机构人员编制共 3 名。

黄山地质公园管理局下设 7 个职能科室。

办公室，主要负责综合性文件材料的起草和审核工作；负责会议组织、公文处理和宣传、保密、保卫、信息、督查、档案、信访、接待及机关行政管理工作；负责机关人事、财务管理工作。

规划管理办公室 (规划土地建设综合执法大队)，主要负责黄山风景区规划管理工作。参与承担指导《黄山风景区总体规划》、详细规划及专项规划的修编编制工作，组织实施《黄山风景区总体规划》和详细规划；做好毗邻黄山风景区乡镇的规划协调与衔接工作；依法对黄山风景区范围内的各项建设实行规划管理。

国土资源管理办公室，主要负责黄山风景区国土资源管理工作。负责黄山风景区国土资源的调查、统计工作；组织编制黄山风景区国土资源利用总体规划；协同做好黄山风景区地质灾害的监督管理和技术指导工作，编制地质灾害防治预案和应急预案。

工程建设管理办公室(城建档案馆)，主要负责管理黄山风景区的建筑活动；组织实施黄山风景区投资项目全程监督管理及工程变更管理工作；负责景区建设项目施工的现场管理；负责黄山风景区建设工程竣工验收备案工作；负责黄山风景区城建档案管理工作；负责黄山风景区规划、土地、建设综合执法检查工作。

黄山风景区防汛抗旱指挥部办公室(水务管理办公室、自然灾害防灾减灾应急管理中心)，主要负责组织黄山风景区防汛抗旱工作；负责黄山风景区水资源的保护管理工作；负责黄山风景区自然灾害防灾减灾工作的业务指导和协调工作；负责协调管理黄山风景区防震减灾工作。

遗产管理办公室，主要负责按照《世界文化与自然遗产公约》要求，开展黄山风景区世界遗产的保护、监测和管理工作；建立健全黄山风景区世界遗产数据库。

黄山地质公园管理办公室，主要负责黄山世界地质公园地质遗迹的保护、监测、研究工作，编制和实施《黄山地质公园规划》。

除此以外，设置1个直属事业单位——黄山地质公园博物馆，主要负责黄山世界地质公园国土资源科普基地和研学旅行基地的建设；负责制定和实施地质公园年度科普计划。

二、黄山的教科文名录遗产

黄山位于安徽省黄山市境内，地处皖浙赣三省接合部，地理坐标为北纬30°01′—30°18′，东经118°01′—118°17′，是我国著名的山岳景观地、中华文明的形象地之一，也是享誉中外的风景名胜区，更是中国旅游的出发地。

作为中国典型山岳型景观的黄山，很早就开始培育自己的国际品牌。黄山作为中国旅游"走出去"的发源地①，1990年被列为世界自然与文化遗产名录，从而拥有了第一个真正意义上的国际品牌，打响了品牌知名度，品牌效应开始逐步扩张。2004年，黄山国家地质公园与17个欧洲地质公园网络成员及其他7个中国地质公园共同创建了世界地质公园网络(GGN)。2015年，教科文组织大会第38次会议决定设立联合国教科文组织世界地质公园，并将当时的世界地质公园网络成员纳入这一保护地体系之

---

① 1979年，邓小平同志在黄山观瀑楼发表"黄山谈话"，吹响了黄山乃至中国现代旅游业发展的"动员令"："要有点雄心壮志，把黄山的牌子打出去"。

下，黄山因此正式拥有了教科文第二个品牌。2018 年 7 月，在联合国教科文组织"人与生物圈计划"第 30 届国际协调理事会上，黄山被批准加入世界生物圈保护区网络，成为中国"唯二"同时兼具三个国际知名品牌的保护地之一。

已取得的 UNESCO 世界遗产、世界地质公园与世界生物圈保护区三大品牌，游客视之为"国际品牌"的空间范围，在黄山这片区域高度重合，如图 1.15 所示。世界遗产和世界地质公园扩园前的边界一致，面积为 160.6km²。2023 年，世界地质公园扩园成功后，面积从原有的 160.6km² 扩大到 173.43km²。世界生物圈保护区面积为 425.58km²，涵盖了世界遗产和世界地质公园的范围。以黄山作为研究区，探索教科文组织名录遗产地三大品牌之间的协同管理问题，具有显著的典型性和代表性；针对黄山案例提出的协同管理建议，具有重要的启发意义，能够应用于当前诸多自然公园（或风景名胜区）空间重叠的实际困境。

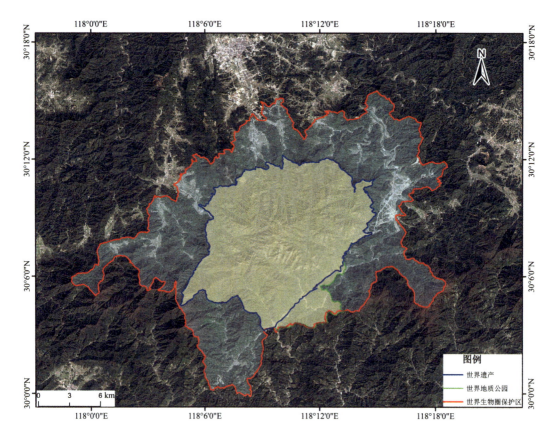

图 1.15　黄山三品牌重叠范围示意图

黄山是中国唯一同时拥有 UNESCO 世界混合遗产、世界地质公园、世界生物圈保护区三块品牌的保护地(图 1.15)。如果不考虑世界遗产的类别差异，那么黄山是中国第二个同时拥有 UNESCO 世界遗产、世界地质公园、世界生物圈保护区三块品牌的保护地(第一个是神农架，为世界自然遗产、世界地质公园、世界生物圈保护区)。

(一)黄山世界遗产

黄山于 1990 年 12 月列入《世界遗产名录》，是中国第 2 个双遗产。黄山世界遗产核心区与黄山风景名胜区边界重合，面积 160.6km²，外围缓冲区包括毗邻乡镇一共 490km²，即黄山风景区和与景区相邻的五镇一场(黄山区汤口镇、谭家桥镇、三口镇、耿城镇、焦村镇和洋湖林场)的行政边界。

世界遗产委员会的评价意见为：黄山，在中国历史上文学艺术的鼎盛时期(16 世纪中叶的"山水"风格)曾受到广泛的赞誉，以"震旦国中第一奇山"而闻名。今天，黄山以其壮丽的景色——生长在花岗岩石上的奇松和浮现在云海中的怪石而著称，对于从四面八方来到这个风景胜地的游客、诗人、画家和摄影家而言，黄山具有永恒的魅力。按照当时的标准，黄山符合文化遗产第 2 条，自然遗产第 3 条和第 4 条。2005 年，新版《世界遗产公约实施操作指南》，将原来文化 6 条标准与自然 4 条标准整合为 10 条。黄山符合新标准中的第 2 条、第 7 条和第 10 条。

标准(ⅱ)：体现了在一段时期内或世界某一文化区域内重要的价值观交流，对建筑、技术、古迹艺术、城镇规划或景观设计的发展产生过重大影响。自公元 747 年唐朝皇帝敕令改名为黄山以来，黄山以其奇峰云海吸引无数的隐士、诗人和画家前来创作，留下了丰厚的文学艺术瑰宝，在中国的山水文化中占有重要的地位。黄山是黄山画派的发祥地。黄山画派对中国传统山水画的发展产生了积极而深远的影响，至今仍在传承。到元朝时，黄山已有 64 座寺庙，至今还有 14 座保存完好。公元 1606 年，普门和尚修建了有代表性的法海禅院(慈光寺前身)和文殊院，开凿登山简易步道，沟通了全山寺庙之间的联系。

标准(ⅶ)：绝妙的自然现象或具有罕见自然美的地区。黄山以生长在花岗岩石上的奇松和浮现在云海中的怪石而著称，展现了独特的自然美景。黄山复杂的地质史塑造了秀丽壮美的景观，包括无数峻峭的花岗岩山峰、众多的奇石、瀑布、湖泊和温泉等，其中有 88 座山峰海拔在 1000m 以上，以莲花峰最高，海拔 1864.8m，蔚为壮观。

标准(ⅹ)：是生物多样性原地保护的最重要的自然栖息地，包括从科学或保护角度具有突出的普遍价值的濒危物种栖息地。黄山适宜的气候条件和独特的地形地貌，为多种珍稀濒危动植物提供了理想的栖息地。黄山拥有丰富的植物种类，目前已查明的有 1805 种，在这里可以找到占全国 1/3 的苔藓类植物和 1/2 的蕨类植物，黄山特有物种包括 13 种蕨类植物和 6 种高级植物。黄山还拥有脊椎动物 300 多种，其中哺乳类动物 48 种，鸟类 170 种，爬行动物 38 种，两栖动物 20 种，鱼类 24 种。有 13 种动物属于国家保护动物，如云豹和东方白鹳等(数据来源：黄山申遗文本)。

(二)黄山世界地质公园

2004 年黄山加入"世界地质公园网络"，成为全球首批世界地质公园。黄山世界地质公园以中生代花岗岩的陡峭山峰而闻名，岩石主体部分是由燕山期的花岗岩组成的复式岩体，年龄在距今 1.35 亿~1.24 亿年，包括黄山花岗岩岩体、太平花岗闪长岩体及其他岩体。燕山时期的花岗岩广泛分布在太平洋西海岸，但像黄山这样形态优美的花岗岩地貌很少见。

黄山世界地质公园最初的边界与黄山风景名胜区重合，原面积 160.6km^2。2019 年，根据上一轮"再评估"提到的扩大公园范围、惠及社区居民的意见，实施"扩园"规划及申报，并于 2023 年获批。扩大之后的公园面积为 173.43km^2，"扩园"前后范围对比如图 1.16 所示。

黄山世界地质公园的地学价值主要体现在三个方面。

(1)黄山花岗岩地貌空间分布——经典的分布模式：同心状模式。

黄山以花岗岩地貌景观为主要特色。花岗岩穹状峰、塔状峰、箱状峰、柱状峰、锥状峰、石墙、石蛋、石锥、石柱、石岭、石棚、一线天、峡谷等几乎所有的花岗岩地貌景观形态，在黄山都能见到。黄山花岗岩地貌呈同心状分布模式，从中心区到外围的围岩区可划分五部分：①光明顶、贡阳山、狮子林、丹霞峰等"中心区"以平顶峰为主，缓丘起伏，相对高差约为 200m。②"中心边沿圈"呈现出"堡状"山峰环绕，有裂点群围绕中心区，石蛋散布在中心区四周，包括天都峰、莲花峰、莲蕊峰、玉屏峰等。③"近外缘圈"以岭脊状向外延伸，岭脊上并列"堡峰"和"尖峰"，也有石柱(如始信峰岭脊)。其中，岭脊可分为两类，一类岭脊与中心区仍相连(如始信峰—贡阳山一线)，另一类岭脊与中心区脱离(如九龙峰岭脊)。④"远外缘圈"以尖峰为主，渐远渐低，多属一、二期花岗岩体，曾遭受长期剥蚀，山峰保存不多，海拔多在 1300~1400m。⑤"非花岗岩低山区"为一期花岗岩体与围岩交界处以外地区，多为变质岩和沉积岩低山。

(2)黄山花岗岩地貌演化过程——经典的演化模式："地貌回春"。

黄山花岗岩地貌演化经历了三个阶段。①几千万年前的黄山地貌(第一阶段)：黄

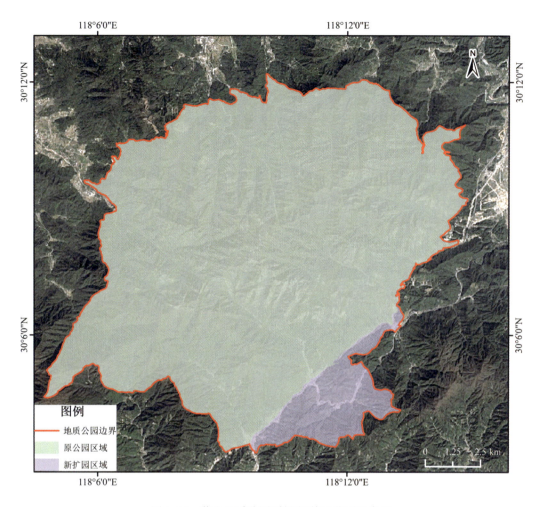

图 1.16 黄山地质公园"扩园"前后范围示意图

山花岗岩体在第三纪后期出露地表，呈穹形山体，发育夷平面和风化壳，四周被围岩山地包围。②几百万年前的黄山地貌(第二阶段)：上新世(距今 500 万~250 万年)轻度构造隆起，产生轻度切割，穹形山体顶部和缓起伏，周边有明显切割并出现花岗岩山峰。③今日黄山地貌(第三阶段)：第四纪(距今 250 万年)开始强烈地壳抬升，古夷平面被强烈分割，河流裂点向中心溯源，产生峡谷和高峰。(地貌演化过程参照《黄山世界地质公园申报书》)

(3)怪石、云海和奇松相结合，塑造出独特景观——经典的美学价值。

登上黄山，望山峰陡峭挺拔，云雾缭绕，给人超凡脱俗之感。一览前山、后山，纵观春夏秋冬，集变幻云海与奇松怪石美景于一身。

黄山的怪石以其形态多样、奇特诡谲而著称。这些石头经历了亿万年的风雨侵蚀和地壳运动，形成了各种奇妙的形状。它们或挺拔峻峭，或婀娜多姿，或雄浑壮观，或精致玲珑。每一块怪石都仿佛是大自然赋予黄山的独特印记，展现了地貌的多样性和丰富性。以"猴子观海"这一著名景点为例，一块巨石形似猴子，面朝云海，仿佛在凝望着无边无际的云海。云海在山间流淌，时而平静如镜，时而波涛汹涌，与怪石的形态相互呼应，构成了一幅动人心魄的画面。这种云海与怪石的完美结合，不仅展现了地貌的动态美，更在流动中赋予了静态的怪石以生命力和活力。

而黄山奇松生长在悬崖峭壁之上，枝干扭曲盘旋，形态各异，与周围的怪石、云海形成了一幅幅完美、和谐的国画。奇松经历了无数次的风雨洗礼，却依然顽强地生长着。奇松的存在不仅展示了生命的顽强和毅力，更体现了地貌的韧性和生命力。

黄山的怪石、云海和奇松通过其独特的形态和特征，展现了地貌的多样性、动态性和生命力。它们是大自然赋予黄山的独特美学价值，也是人们欣赏和领略黄山地貌美学的重要载体。在黄山的怀抱中，人们可以深刻感受到大自然的神奇之处和地貌美学的无穷魅力。

（三）黄山世界生物圈保护区

2018 年 7 月黄山被批准加入世界生物圈保护区网络，成为我国第 34 个、安徽省首个世界生物圈保护区，也是我国唯一以风景名胜区名义加入世界生物圈保护区网络的保护地。联合国教科文组织人与生物圈计划国际协调理事会的评价是：黄山在保护生态资源和促进区域经济发展方面发挥了非常重要的作用，并且为探索和尝试该地区的可持续发展提供了解决方案。

根据世界生物圈保护区的规范将保护区划分为核心区、缓冲区、过渡区。为体现保护优先的原则，将原黄山风景名胜区目前还没有开发、开放旅游的区域作为世界生物圈保护区的核心区和缓冲区，将环绕黄山风景名胜区毗邻的 5 镇 1 场 12 个行政村按照行政边界划定为生物圈的过渡区。

黄山世界生物圈保护区的核心区有 3 块，第一块核心区面积为 2924.04hm^2，第二块核心区面积为 1506.33hm^2，第三块核心区面积为 3313.47hm^2，合计核心区面积为 7743.84hm^2，占生物圈保护区总面积的 18.20%。核心区内无不良因素干扰和影响，自然资源和自然环境未遭人为干扰，地形地势复杂，森林植被和森林生态系统呈原始状态，是珍稀濒危动植物资源集中分布的区域。

对应 3 个核心区，在其外围 110~2730m 的范围内设置了 2 块缓冲区。第一块缓冲区是围绕在第一块核心区周边的，面积为 1315.43hm^2；第二块缓冲区围绕在第二、第三块核心区周边，面积为 3642.92hm²。缓冲区面积合计 4958.35hm²，占总面积的 11.65%。该区植被与对应的核心区基本相似，是阻隔外界干扰核心区的重要屏障。缓冲区同样保存完好的原生性森林植被受人类干扰和破坏很小。

将紧邻两个缓冲区的外围区域划定为黄山世界生物圈保护区的过渡区，其范围是：黄山市黄山区围绕黄山世界生物圈保护区核心区和缓冲区外围村的行政边界，包括 5 镇 12 行政村 1 场，即耿城镇的辅村、沟村，焦村镇的陈村村、上岭村、汤刘村，三口镇的汪家桥村，谭家桥镇的中墩村、新洪村、长罗村，汤口镇的冈村、山岔村、汤口社区和黄山国家林场。总人口 24782 人，2015 年黄山林场人均收入 21216 元，12 个行政村的人均收入 8000~18000 元，其中超出 2015 年安徽省农村常住居民人均可支配收入 10821 元的人数达 17716 人，占总人数的 71.5%。过渡区面积 29856.29hm²，占总面积的 70.15%。

三、黄山名录遗产的保护对象

(一)黄山世界文化与自然遗产

黄山以其独特的地质特征和丰富的生物多样性而闻名。黄山山峰独特陡峭，气势雄伟，许多峰峦经过漫长岁月的形成，形态各异，如莲花峰、光明顶、天都峰等。同时，黄山还有许多壮观的自然景观，如飞来石、云海、温泉、瀑布等。这些景观与山林生态相互交织，形成了独特的自然景观。

黄山承载着悠久的历史和深厚的文化底蕴，有许多具有历史、艺术和文化价值的文物，包括建筑物、雕塑、石刻、碑碣、壁画、寺庙等。这些古建筑以精湛的建筑技艺和独特的设计风格，体现了辉煌的中国古代建筑艺术，代表着古代建筑、雕刻和绘画艺术的精髓，展示了中国古代文明的瑰宝。其中一些文物还具有重要的历史意义，记录了黄山地区的发展和演变过程，部分文物清单如表 1.3 所示。

表 1.3　黄山风景区第三次全国文物普查不可移动文物统计表 (部分)

序号	名称	分类	地址	时代	面积 (m²)	保存状况
1	德圆和尚墓	近现代重要史迹及代表性建筑	黄山风景区玉屏景区立雪台与送客松之间凹地	民国	20	较好

序号	名称	分类	地址	时代	面积（m²）	保存状况
2	渡仙桥	古建筑	黄山风景区玉屏景区"一线天"下方	清代	6.3	较好
3	立马亭	近现代重要史迹及代表性建筑	黄山风景区温泉景区立马桥下山道路旁山坡上	民国	25	好
4	月牙亭	近现代重要史迹及代表性建筑	黄山风景区慈光阁至半山寺步行道边	近现代	20	一般
5	从容亭	近现代重要史迹及代表性建筑	温泉景区慈光阁票房步行入口旁山坡上	近现代	30	一般
6	邀月亭	近现代重要史迹及代表性建筑	温泉至汤岭关古道"醉石"对面	近现代	20	较好
7	汤岭关	古建筑	黄山风景区温泉景区云际峰-云门峰山谷间	清代	120	好
8	炼玉亭	近现代重要史迹及代表性建筑	黄山风景区桃花峰下大花园内	近现代	40	较好
9	白龙桥	近现代重要史迹及代表性建筑	温泉景区白云溪与桃花溪汇合处	近现代	109	较好
10	翼然亭	古建筑	黄山风景区温泉景区汤泉溪上	清代	54	较好
11	温泉汤池	古建筑	黄山风景区温泉景区大好河山石刻下方	明代	34	好
12	罗汉级磴道	古建筑	黄山风景区温泉景区人字瀑中间山壁上	明代	35	好
13	观瀑亭	近现代重要史迹及代表性建筑	黄山风景区温泉景区温泉-云谷公路边	近现代	40	一般
14	檗庵大师墓	近现代重要史迹及代表性建筑	黄山风景区云谷景区云谷山庄西侧	近现代	80	一般
15	庵慧和尚墓	古墓葬	云谷景区污水处理站东侧山坡上	清代	85	差
16	丞相桥	近现代重要史迹及代表性建筑	黄山风景区云谷景区丞相源上	近现代	120	较好

续表

序号	名称	分类	地址	时代	面积（m²）	保存状况
17	嗣下普同和尚墓	古墓葬	黄山风景区云谷景区紫云路旁树林内	清代	49	差
18	观瀑楼	近现代重要史迹及代表性建筑	黄山风景区温泉景区桃花峰下	近现代	626	好
19	慈光阁	古建筑	黄山风景区朱砂峰下 U 型谷地内	明代	600	较好
20	普门和尚塔	古墓葬	黄山风景区慈光阁后侧	明代	55	好
21	桃源亭	近现代重要史迹及代表性建筑	黄山风景区温泉-慈光阁公路边	近现代	120	一般
22	回龙桥	近现代重要史迹及代表性建筑	黄山风景区人字瀑南侧	近现代	37	较好
23	名泉桥	近现代重要史迹及代表性建筑	黄山风景区温泉景区汤泉溪上	近现代	107	好

此外，黄山还有丰富的文化传统和民俗风情，如著名的黄山毛尖茶文化、戏曲表演、传统手工艺等。这些都是黄山地区丰富多彩的文化遗产，代表了古代中华文明的瑰宝。

(二)黄山世界地质公园的地质遗迹

黄山世界地质公园是一个地质奇观，拥有多个世界级的地质遗迹，如表 1.4 所示。这些世界级的地质遗迹使黄山成为地质学家和自然爱好者的天堂，同时也吸引着众多游客前来探索和欣赏这些令人惊叹的地质奇观。

表 1.4　黄山世界地质公园 8 个世界级的地质遗迹

序号	名称	说　明
1	天都峰	花岗岩穹状山峰，位于黄山西北部，海拔 1810m，是黄山第三高峰。峰顶花岗岩共轭节理发育，经风化剥蚀形成一座穹峰。为黄山三大峰中最险峻者，因为四周雾气环绕，古称"群仙所都"，意为天上都会，所以被命名为"天都峰"

序号	名称	说　明
2	猴子观海	花岗岩石蛋，是球形风化作用的产物。位于狮子峰北一座平顶的山峰上，属于象形石类景观。形如灵猴蹲坐，静观云海起伏，人称"猴子观海"
3	莲花峰	花岗岩穹状山峰，位于登山步道玉屏楼到鳌鱼峰之间，海拔 1864.8m，是黄山风景区境内第一高峰。莲花峰山体形态浑圆高耸，气势雄伟。因主峰突兀，小峰簇拥，俨若新莲初开，仰天怒放，故名"莲花峰"
4	迎客松	迎客松在黄山玉屏楼右侧、文殊洞之上，破石而生，高 10.2m，胸径 0.64m，地径 75cm，枝下高 2.5m，树龄至少有 1300 年，是黄山"五绝"之一。其一侧枝丫伸出，如人伸出一只臂膀欢迎远道而来的客人，另一只手优雅地斜插在裤兜里，雍容大度，姿态优美。 迎客松是黄山的标志性景观，也是安徽省的象征之一，从人民大会堂铁画《迎客松》至车站码头都有它的身影。迎客松已经成为中国与世界人民和平友谊的象征
5	飞来石	花岗岩石蛋，位于平天矼西端的群峰中。一块巨石耸立在岩石平台上，巨石高 12m、长 7.5m、宽 2.5m，其下的岩石平台长 12~15m、宽 8~10m。上、下两大岩石之间的接触面很小，似从天外飞来，故名"飞来石"。因入镜 1987 版电视剧《红楼梦》的片头场景，又称《石头记》中的"灵石"
6	西海大峡谷	西海大峡谷是黄山最具特色的峡谷之一。它位于黄山北部，是黄山主峰群中最险峻的地区之一。峡谷两侧墙缝壁立，谷内怪石嶙峋，集中展现了花岗岩尖峰-深谷地貌形态。在西海大峡谷中，游客可以欣赏到壮丽的峰岭、深邃的沟壑和清澈的溪流，以及悬崖峭壁上生长的奇松怪石。正因美景如斯，才被游客称为"梦幻峡谷"
7	光明顶	穹状山峰，顶部平缓，海拔 1860m。光明顶以其宽敞开阔的山顶平台和卓越的视野而闻名。从光明顶上，游客可以俯瞰周围山峦、峡谷、云海等壮丽景色。光明顶上还有光明殿和光明塔等传统建筑，是游客休息、观景的理想场所
8	百丈泉	百丈泉是黄山地质公园内最具代表性的瀑布景观之一。位于紫石峰、清潭峰之间，高近百米，宽约 50m。水流沿着悬崖倾泻而下，形成百丈瀑布而得名"百丈泉"

（三）黄山世界生物圈保护区的关键物种

　　黄山适宜的气候条件和独特的地形地貌，为多种珍稀濒危动植物提供了理想的栖息地。黄山世界生物圈保护区是一个生物多样性丰富的自然保护区。黄山是植物宝库，有高等植物 2385 种，其中以黄山命名的植物达 34 种，模式标本采自黄山的植物共有

27 种；黄山是动物天堂，有野生高等脊椎动物 417 种，其中鱼类 38 种，两栖动物 28 种，爬行类 52 种，鸟类 224 种，哺乳类 75 种，其中以黄山命名的动物有 4 种。黄山部分关键物种如表 1.5 所示。

表 1.5　黄山世界生物圈保护区关键物种

中文名	拉丁学名	特征	栖息地
黄山短尾猴	*Macaca thibetana* Milne-Edwards，1870	国家二级保护动物，身体粗壮，体被疏而长的毛发，背部色泽较深，腹部较浅，头顶长毛从中央向两侧披散开，面颊和下巴有浓密的须毛	栖息地海拔高度 1500～2500m，主要在高山深谷的阔叶林、针阔叶混交林处
大鲵	*Andrias davidianus* Blanchard	《世界自然保护联盟》(IUCN) 2004 年濒危物种红色名录 ver3.1，中国二类野生保护动物。两栖动物，因其夜间的叫声犹如婴儿啼哭而得名"娃娃鱼"	主要生活在 200～1500m 海拔水质清澈、水流湍急的溪流中
黑麂	*Muntiacus crinifrons*	国家一级重点保护野生动物。黑麂毛呈褐棕色，头顶部和两角之间有一簇长达 5～7cm 的棕色冠毛。性格胆小怯懦，恐惧感强。大多在早晨和黄昏活动，白天常在大树下或在石洞中休息	主要栖息于海拔为 1000m 左右的山地常绿阔叶林及常绿、落叶阔叶混交林和灌木丛中，比其他麂类栖息的位置较高
白颈长尾雉	*Syrmaticus ellioti* Swinhoe，1872	国家一级保护动物。俗称"长尾野鸡"，又叫"地鸡"。身体大小近似野鸡，但尾羽极长，雄鸟的尾羽长 1.2～2.0m，羽色绚丽。主要以植物叶、茎、芽、花、果实、种子为食	终年栖息在海拔 500～1000m 的山地稀疏阔叶林中
云豹	*Neofelis nebulosa* Griffith，1821	国家一级保护动物，数量稀少。喜夜间活动，善爬树，常从树上跃下捕食猴、鸟、鼠、野兔、小鹿等小型动物，偶尔偷吃鸡、鸭等家禽	栖息于亚热带和热带山地及丘陵的原始常绿林，但也见于次生林中，以及红树林沼泽、落叶林、干旱林地和林草交错的生境

中文名	拉丁学名	特征	栖息地
灯笼树	*Enkianthus chinensis* Franch., 1895	杜鹃花科，枝叶扶疏，叶簇生枝顶，形似一串串灯笼垂挂在枝梢	生长于黄山海拔 1200m 以上的灌丛或杂木林中
南方红豆杉	*Taxus wallichiana* var. *mairei*	国家级重点保护野生植物，为优良珍贵树种，红豆杉科，其主根不明显，侧根发达，是世界上公认濒临灭绝的天然珍稀抗癌植物，在地球上已有 250 万年的历史	耐荫树种，喜温暖湿润气候，通常生长于山脚腹地较潮湿处。自然生长在海拔 1000m 或 1500m 以下的山谷、溪边、缓坡腐殖质丰富的酸性土壤中
黄山松	*Pinus hwangshanensis* W. Y. Hsia, 1911	松科松属乔木，因在黄山首次发现，所以用"黄山松"来命名。黄山四绝之首	耐瘠薄，对环境适应性强，是水土保持、土壤改良的重要树种
黄山杜鹃	*Rhododendron maculiferum* subsp. *anwheiense* D. F. Chamberlain, 1978	又名安徽杜鹃，杜鹃花科，高可达 6m，被誉为"花中西施"，是安徽省级重点保护植物，是黄山松的主要伴生树种	分布于安徽、浙江、江西、湖南及广西等地区。生于海拔 750~1700m 的林缘、绝壁上以及山谷旁或密林中
木莲	*Manglietia fordiana* Oliv., 1953	木兰科，叶革质，5 月上旬琼花绽放，花形似莲花	最大的两株被列入安徽古树。一株在黄山干部疗养院，树高 18 米，树龄约 500 年；另一株在松谷庵大门侧，树高 15m，树龄约 400 年
黄山龙胆	*Gentiana delicata* Hance, 1883	又名华东异蕊龙胆，龙胆科，高 5~20cm。茎直立，紫红色，密被乳突，不分枝或有少数分枝	常见于黄山海拔 1300m 以上山坡林下及草丛中

四、黄山的国家级名录遗产

黄山的国家级名录遗产包括国家级风景名胜区、国家森林公园、国家地质公园、国家 AAAAA 级旅游景区。将其认定时间、认定机构、面积等内容，与教科文名录遗产一起列表统计如表 1.6 所示。

不同层级名录遗产在价值代表性方面具有区域性差异，认定机构有地域性，决定因素和价值传承也存在地域特征和范围差异。世界遗产与其他层级名录遗产在普遍价值等方面的关系可用图 1.17 表示。

表 1.6 黄山各类名录遗产一览表

时间	名录遗产名称	级别	面积（km²）	认定机构	备注
1982 年	国家级风景名胜区①	国家级	160.6	原国家建设部	现由国家林业和草原局统一管理
1984 年	国家森林公园		116.87	原国家林业部	
2002 年	国家地质公园		160.6	原国土资源部	现由国家文化和旅游部、国家住房和城乡建设部管理
2007 年	国家 AAAAA 级旅游景区		—	原国家旅游局	
1990 年	世界文化与自然遗产	世界级	160.6+490.0	联合国教育、科学与文化组织	—
2004 年	世界地质公园		173.43		
2018 年	世界生物圈保护区		425.6		

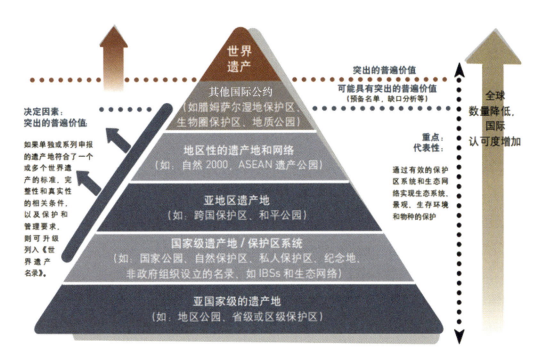

图 1.17 世界遗产与其他名录遗产在突出普遍价值与代表性等关键因素方面的关系

（图片来源：根据 Margin，Chape，2004 修改）

---

① 原称"国家重点风景名胜区"，2007 年起改称为"国家级风景名胜区"。

（一）风景名胜区

1978 年 3 月 6 日，国务院召开的第三次城市工作会议提出，要加强风景名胜区和文物古迹的管理。1979 年国家城市建设总局提出了建设全国风景名胜区体系的建议。1982 年 11 月 8 日，国务院审定公布了第一批 44 处国家重点风景名胜区。至此，中国风景名胜区的建设与管理正式纳入了国家管理序列。此后的 30 多年里，国务院先后审定公布了九批风景名胜区，其中第二至第六批原称国家重点风景名胜区，自 2007 年起全部改称为中国国家级风景名胜区。截至目前，我国已有国家级风景名胜区 244 处，外加大量的省级风景名胜区。已有定义均认为风景名胜区应分为国家、省和市（县）三级，但根据 2006 年 9 月 6 日国务院第 149 次常务会议通过的《风景名胜区条例》第八条，风景名胜区以后只分为国家级和省级，故在此遵照后者的规定。

第一批国家重点风景名胜区都是我国历史悠久、闻名遐迩的风景名胜之地，黄山就位列其中，由当时政府外事接待办管理。1985 年 6 月国务院颁布了《风景名胜区管理暂行条例》（以下简称《暂行条例》）。《暂行条例》明确了风景名胜区的基本概念，认为：凡具有欣赏、文化或科学价值，自然景物、人文景物比较集中，环境优美，具有一定规模和范围，可供人们游览、休息或进行科学、文化活动的地区，应当划为风景名胜区。

20 世纪 90 年代，随着我国经济不断发展及国家双休日制度的实行，国民的出游需求越来越强烈。1996 年，黄山率先进行经营体制改革，成立了黄山旅游发展股份有限公司，这是我国第一家既发 A 股又发 B 股的最早上市的旅游股份公司，业务范围涵盖景区开发管理、酒店、索道和旅行社等领域。黄山股份的成功上市，不仅为黄山风景名胜区的发展筹措了建设资金，更重要的是开创了风景名胜区创办公司自主经营的先例。这在当时风景名胜区自主经营非常困难、各景区的门票收入远远不能满足建设资金的情况下，利用股票上市的社会资金发展景区建设，无疑成了雪中送炭的好方法。黄山的游客接待量和旅游收入不断攀升，根据《2019 年黄山市统计年鉴》，1996 年接待游客 84.7 万人次，实现旅游收入 2.1 亿元，而 1997 年游客接待量就达到 107.8 万人，旅游收入达到 3.2 亿元，仅一年时间，游客接待量就同比增长了 27.3%，旅游收入同比增长了 52.7%。

在发展旅游经济的同时，黄山也始终坚持维护生态安全。黄山管委会以"严格保护，统一管理，合理开发，永续利用"为指导方针，并从黄山管理局成立之初就将"山上游，山下居"作为协调旅游与保护这一矛盾的首要的基本方式，力求将旅游对黄山的破坏降到最低程度。黄山在管理方面取得的成果也受到国家和国家社会的认可，多次被国家建设部评为国家级风景名胜区先进单位；1998 年，黄山被中央文明办、国家建设部、国家旅游局列为"全国十大文明风景旅游区示范点榜首"；1999 年，获得首届"梅利娜·迈尔库里文化景观保护管理国际荣誉奖"。

（二）国家森林公园

黄山国家森林公园成立于 1987 年，位于黄山国家风景名胜区外围和太平湖国家湿地公园南北两岸，是安徽省旅游热线"两山一湖"的重要组成部分。黄山国家森林公园由黄山、太平湖两个国有公益林场组成，面积 11687 hm^2。其中：黄山公益林场位于黄山风景名胜区外围，面积 5754.6hm^2；太平湖公益林场位于太平湖国家湿地公园南北两岸，面积 5932.07hm^2。

森林公园范围内有乔、灌木树种 41 科、900 余种。现保存的次生常绿、落叶阔叶混交林和沟谷中常绿阔叶林，以壳斗科、山茶科、金缕梅科、无患子科植物为主。其中常见阔叶乔木有青冈栎、苦槠、石栎、麻栎、小叶栎、栓皮栎、紫楠、大叶楠、山茶、油茶、枫香、南酸枣、黄连木、化香、黄山木兰、檫木、厚朴、青檀、桂花等。针叶林主要有黄山松、马尾松、桧柏、杉木，珍贵观赏树有香果树、三尖杉、红楝子、青钱柳、银杏、马褂木、金钱松等。目前，黄山国家森林公园境内野生动物主要有兽类 48 种，两栖类 20 种，爬行类 38 种，鸟类 170 种，鱼类 248 种，国家保护动物有梅花鹿、黑麂、毛冠鹿、苏门羚、短尾猴、白鹇、白颈长尾雉等 10 多种。

（三）AAAAA 级景区

2004 年，《旅游景区质量等级的划分与评定》（GB/T 17775—2003）正式发布，代替了原有的《旅游景区质量等级的划分与评定》（GB/T 17775—1999）。新标准引用了十多种国家相关标准，对旅游景区的资源价值、产品品质、功能配置环境保护等方方面面都提出具体的条款规定，将旅游景区质量等级划分为五级，从高到低依次为 AAAAA、AAAA、AAA、AA、A 级旅游景区，可以说"国家 A 级旅游景区"的招牌是衡量景区质量的一项重要标志。其中，"5A"级景区作为一种稀缺的资源，更是一个地区旅游的"金字招牌"，它代表着中国景区最高标准，代表着中国顶级旅游及市场资源，是旅游景区中的龙头和标杆。

2007 年，黄山就入选原国家旅游局首批公布的 AAAAA 级旅游景区（以下简称"5A 级景区"）。作为我国最热门的旅游景区之一，黄山每年都要接待数以百万的游客，为了满足游客需求，黄山在不破坏生态环境的前提下，建设各类旅游基础设施及服务设施。在旅游发展上，黄山不仅在"量"上做文章，更是在"质"上下功夫，不断提高管理和服务质量，以求带给游客更加舒适的体验。在游览设施方面，为让游客"乐游而不是苦游"，黄山管委会在景点间建成了规整而完善的石阶步行道系统。在餐饮住宿管理上，为了尽可能减少污水排放量与固体废弃物排放量，黄山管委会在山下的汤口镇建立"洗涤中心"，统一洗涤景区旅馆的床上用品，还在山下开设了一个净菜中心，统一向景区旅馆提供经过加工的清洁蔬菜和禽肉、鱼等。在景区秩序方面，黄山大力开展"智慧旅游"，提供多端口如微信公众号、小程序、官网 PC 端等进入黄山旅游官方平台，为游客提供门票预订、酒店住宿、电子导览等多种服务。旅游还带动了社区经济发展，而且极大地促进了当地特殊技艺的传承和文化的交流。随着黄山游客增加，更多的当地人通过开办企业、开设饭馆酒店、从事导游服务等参与旅游交通、餐饮、住宿、游览的各环节，为地区经济发展作出一定贡献。

第二章　名录遗产地协同管理

第一节　协同学及其理论运用

一、协同理论的内涵

关于"协同"的定义，《说文》中提到"协，众之同和也。同，合会也"。合是协同（Synergetics）的基调。1970 年，德国教授赫尔曼·哈肯在研究激光形成中子系统时受到启发，在耗散结构理论的基础上，提出"协同学"这一概念，之后又对协同学做了更加系统深入的研究，建立了协同学的理论框架，提出成熟完善的协同学微观理论[22-24]。

协同学具有普适性的特征，所揭示的结构形成的一般原理和规律，不仅为我们研究自然现象，而且为我们研究一些复杂性事物的演化发展规律提供了新的原则和方法[25]。所以，自 20 世纪 70 年代协同学被提出，越来越多的学者加入协同学的研究，其理论不仅延伸到地质学[26]、生物学[27]、物理学[28]等自然科学领域，而且在社会学[29]、教育学[30]、经济学[31]等社会科学领域也被广泛应用。

在旅游领域方面，以协同学原理为基础的研究也取得了一些成果，从研究内容上主要可以分为三部分：①旅游业与其外部环境的协同发展研究，如有学者对旅游和历史街区[32]、历史文化名城保护[33]协同发展进行了探索，也有学者从不同尺度出发，对旅游与城镇化协同发展进行研究[34-37]；②旅游业内部协同发展机制研究，包括对旅游产业整体协同发展进行研究[38-41]以及对城市旅游[42]、生态旅游[43]、滨海旅游[44]、民俗旅游[45]、体育旅游[46]等这些旅游产业细分领域内协同发展机制展开的研究；③对于旅游中某一具体事项协同的研究，如对世界遗产地无形资产协同运营机制[47]、旅游扶贫协同发展机制[48]、文化旅游品牌构建[49]、景区协同发展建设[50]等进行探究分析。

　　协同是现代管理发展的必然要求，如果一个管理系统内部人、组织、环境等各子系统之间相互协调配合，共同围绕目标齐心协力地运作，那么就能产生 1+1>2 的协同效应。反之，如果一个管理系统内部相互掣肘、离散、冲突或摩擦，就会造成整个管理系统内耗增加，致使整个系统陷于一种混乱无序的状态。潘开灵和白列湖注意到这一现象，从协同学的角度提出"管理协同"这一概念，并建立了管理协同机制的过程模型[51]。在管理协同实现的过程中，识别协同机会、预先评价要素协同价值和整合要素是不可或缺的步骤。

　　识别协同机会是实现管理协同的突破口，只有及时、准确地识别协同机会，才能围绕协同机会采取各种管理措施和方法。协同机会识别要把握识别条件和识别原则等内容。对于整体系统而言，识别协同机会首先要把目光锁定在那些运转不畅或不稳定的系统。系统处于不稳定状态只是识别协同机会的前提条件，协同机会的识别还需把握以下原则：适应性原则、互补性原则、利益共生原则、诚信原则、成本最小化原则和价值补偿性原则。

　　在完成机会识别的基础上，还需要对要素协同价值进行预先评价，这对保证要素协同的顺利进行具有重大作用。要素协同价值进行预先评价一般用模糊数学来评价，步骤包括：建立因素评价集，确定因素权重系数，确定评价等级集，确定因素评价矩阵，模糊综合评价这五个部分。

　　在完成要素协同价值预先评价后，就需要通过综合、联系、沟通、交叉、渗透和关联等方式，把不同要素、部分结合为一个统一的有机整体。对于整体系统而言，如何整合有利于实现系统目标所需的各种分散资源，使它们充分配合来完成共同的目标。在要素整合上可以对系统内的要素进行整合，也可以对外部环境之间的要素进行整合。在进行要素整合的过程中需围绕一致性、系统性、创新性和过程性这四大原则[52]。

　　本书以协同学理论为基础，主要采用扎根理论的研究方法。扎根理论的主要分析思路是比较，在资料和资料之间、理论和理论之间不断进行对比，然后根据资料与理论之间的相关关系提炼出有关的类属及其属性。从操作过程来看，主要包括：①从资料中产生概念，对资料进行逐级登录；②不断地对资料和概念进行比较，系统地询问与概念有关的生成性理论问题；③发展理论性概念，建立概念和概念之间的联系；④理论性抽样，系统地对资料进行三级编码；⑤建构理论，力求获得理论概念的密度、变异度和高度的整合性[53]。结合管理协同相关原理与机制，我们总结黄山多品牌管理的相关经验，期望提出一套适用于多品牌保护地协同的管理方式，为其他园区提供借鉴。

二、"1+1>2"的协同效应

协同理论作为一种系统的理论，广泛应用于多元主体实现共同目标的实践中，在政府工作、地方治理、企业经营管理等方面显示出"1+1>2"的协同效应。

(一)政府工作的协同

在政府政务服务与职能履行中，协同管理能够大大提升管理效能。例如，兰州市城管委通过"政府主导、部门协同、公众参与"构建共治共管城市管理新格局，市城管委围绕 28 项工作目标和 78 项具体任务，协调市住建、公安、交通、林业、生态环境等部门及县区政府，统筹推进规划引领、精品工程建设、交通快捷保障等 4 大行动，组织开展精致街巷等"十大精致项目"创建活动，促进城市品质逐步提升、城市环境持续改善。通过邀请市民作为志愿者，开展垃圾分类、城市管理等宣传活动，邀请市民及服务对象代表参与政策制定，听取采纳合理意见建议，市民参与管理意识进一步增强。实现了公共服务效能明显增强，城市人居环境不断改善。

(二)地方治理的协同

在地方治理与乡村建设中，协同管理能够促进地方可持续发展。例如，义乌市政府邀请高校专业团队开展调研和顶层规划，找准"中国众创乡村"的主题定位，科学提出义乌市美丽乡村提升的发展战略，对于美丽乡村项目建设、财政支出、基础设施建立等制定了大量的政策和具体措施。为了提高村级集体经济收入，让更多村民共享发展红利，部分班子战斗力强的村庄先行先试，发动农民众创众筹发展农村产业，成为义乌美丽乡村建设中亮眼的新星。在社会参与上，义乌市探索建立了八大市属国有企业结对共建美丽乡村的机制，其他国有企业、民营企业也纷纷投身美丽乡村建设的热潮，一些社工团体、舌尖巧娘、旗袍会等俱乐部性质的民间组织则通常以项目和活动参与农村社区治理。当前，义乌的美丽乡村建设主题是"中国众创乡村"，在实践中总结的"国企+精品线"的乡村建设新模式已经入选了第一批国家新型城镇化综合试点经验，在多元主体参与美丽乡村建设方面已有一定的现实基础。

再如，陕西省礼泉县烟霞镇袁家村，作为"中国文旅第一村"，是乡村现代化建设和社区参与的典型代表。以村集体为主导和以村民为主体的创新发展理念为袁家村的乡村旅游增添了新的活力，而"参与-反馈-响应"行动逻辑下的多元主体自治的实践则更是其乡村旅游治理取得成功的关键。社区增权、产业共融、利益联结、协同共治……袁家村各利益主体以"共同富裕"为总体目标，追求个体与集体的价值共创，用一系列具体行动实现了村民群体与乡村的共生关系，它不仅深入贯彻了新发展理念，也在持续激励着乡村旅游治理在协同治理思想下的创新与发展，形成了独特的治理机制和良性发展模式。

(三)企业经营管理的协同

在企业经营管理中，协同管理能够实现运营利益最大化。举个例子，阿里巴巴集团目前已经在电子商务、物流、互联网金融和云计算等众多领域搭建或投资了多个异质性平台，是一家典型的多平台企业。2009 年之前阿里巴巴集团多个平台业务之间的资源相对独立、较难协同，例如，2008 年阿里巴巴集团推出的面向第三方品牌零售商的交易平台淘宝商城(后改为天猫)与淘宝，这两个平台彼时基于两套不同且相互独立的技术体系，无法共享资源形成合力。2008—2009 年，阿里巴巴集团完成了"五彩石"技术大调整项目，尽管启动这一项目最初的目的仅仅是打通淘宝和淘宝商城的数据和系统，却成为阿里巴巴集团培育多平台协同能力的起点。基于此，2009 年以后，在"大淘宝""大阿里""阿里商业操作系统"等战略性理念的指导下，阿里巴巴集团不断地培育和发展高效协同的多平台业务能力，形成了"资源相关性-协同效应-竞争优势"的机理模型。

第二节 多主体的地方管理策略

一、管理视角下的多方协同

管理有狭义和广义之分。广义的管理，是指应用科学的手段安排组织社会活动，使其有序进行。具体而言，就是指在特定的环境条件下，以人为中心通过计划、组织、指挥、协调、控制及创新等手段，对组织所拥有的人力、物力、财力、信息等资源进行有效的决策、计划、组织、领导、控制，以期高效地达到既定组织目标的过程。由于名录遗产地资源的公共性质，采用广义概念的管理，从公共管理的理论出发来指导研究。

从公共管理的角度来理解"多方"，"多方"就是指管理过程中的相关主体。它包括政府主体和其他公共管理主体两部分，这个其他主体包括以实现公共利益为目标的社会组织，比如非营利组织、基金会、志愿者等[54]。把这个概念扩展到自然保护区等方面，则这些其他主体又可以指社区居民、游客、旅游企业、科研院所等与保护区管理事务相关的众多主体。

"参与"是这个概念当中的核心部分，这里的"参与"，不是被动式的参与，是在各方统一意愿的基础上，进行的主动性的参与协作，即在尊重各方意愿、协商好利益分配的条件下，发挥各自优势，共同完成投资、建设、运营、监督等阶段，通力合作共担风险，达到互利共赢的最优状态，最终推动共同目标的实现[55]。

结合上述分析，对于多方参与管理，应包含以下几个角度[56]：

第一，参与管理的主体。正如上文所说，参与管理的主体应该是基于广义的管理概念的理解，因此在多方参与的情况下，政府不是唯一的管理主体，企业、开发投资商、社会组织、社区居民等都是以合法的主体身份参与协作管理。

第二，参与管理的客体。由于多方参与的价值在于通过特定主体管理权力的行使，进而实现对名录遗产的有效保护。因此，这里是指特定的名录遗产保护相关的事务。

第三，多方参与的方式。作为多方参与管理的主体，只有基于一定的途径、程序或方式才能够实现对特定名录遗产保护事务的参与。这些途径、程序或方式实则为多方主体与客体间构筑了一道桥梁，并基于此为多方参与提供了具体的方式。

第四，多方参与的目标与原则。多方的介入，其实质上就是为了高效率地实现资源保护和地方发展，促进公共利益的增加。因此，这种参与必须是建立在利益平衡、自愿协商、共同行动的原则之上。

综上所述，多方参与管理是一个动态的、互动的、持续的过程，不是以某一种固定的或特定的参与方式存在，是诸多主体协作参与方式的总称。

二、多方参与的地方策略

保护地管理中的多方参与本质上是人有关的基本问题，而要理解和研究这个问题则需要一个描述性的框架来理顺自然保护区与人的关系，并且，框架的存在可以使同自然保护的比较更加便利[57]。Venter 等认为目前自然资源管理的趋势，是从法律强制转向了当地社区参与自然资源管理的策略。他们提出为自然保护区的规划、实施和延伸项目的评价建立的合作论坛框架。其中，自然保护区应像本地社会、经济和环境系统的整体一样发挥作用，并且，这一整体应建立起合作管理制度。他又讨论了合作管理制度建立发展过程的四个阶段：初期交流阶段、解决问题阶段、实验项目阶段、合作管理阶段[58]。Tracey Morin Dalton 从美国自然资源管理的理论和经验研究中提出了影响参与过程的成功因素组成的框架，这些因素包括：主动地参与加入、基于完全信息的决策、平等决策、有效管理及积极的相互参与作用。他认为如果决策制定的过程能包含这些因素，就能制定出更受利益相关者支持的决策，也会与目标相一致，并能完成保护目的[59]。基于此，国内外的学者开始探究保护地多方参与的管理策略。

(一)国外著名保护地多方参与的策略

美国对国家公园体系的保护和利用制定了大量的法律和行政规定。国会不仅针对国家公园体系整体立法，还针对各个国家公园，根据各自情况的不同分别进行立法，通过这样的方式，对自然遗产和文化遗产实施了有效的保护。美国政府安排大量以公务员为主体的各种人员，为国家公园提供管理服务。这些公园守护者，包括专家、政府雇员及一些志愿者，共同维护国家公园的自然环境，维护各类基础设施，教育引导游客保护好国家公园内的各类资源等。在美国，国家公园管理体系已经发展成为一个完整的系统(图 2.1)，国家公园和周边社区分开，建立两套管理机构，采用两种不同的管理办法。游客主要由周边社区进行接待，游客在园内游玩，在园外住宿。这种分离的管理模式实现了人与自然和谐共处，既满足了人们的需求，又保护了生态环境。

新西兰自然保护区管理模式主要采用政府管理和公众参与相结合的模式(图 2.2)。由于新西兰实行土地私有制，有些保护区建在私人的土地上，因而政府需要通过购买

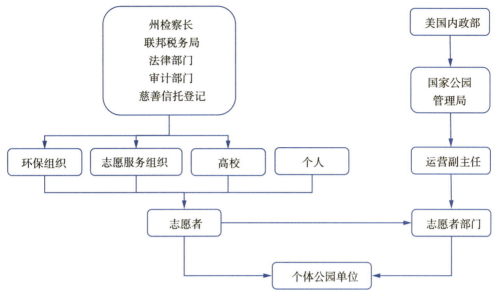

图 2.1　美国国家公园管理体系[60]

（据詹晨等，2020 年改绘）

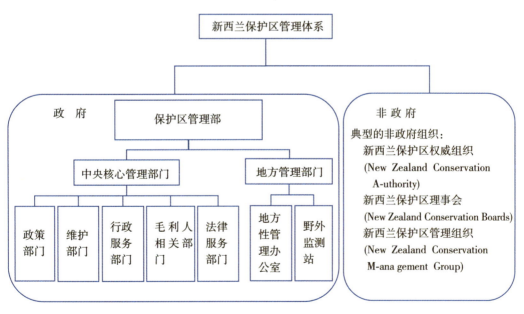

图 2.2　新西兰自然保护区管理体系[61]

（据王金凤等，2006 年改绘）

（即当地人以受雇于政府或义务参与方式管理）和联合保护经营（即当地人在政府协助下进行保护区管理和旅游管理）的方式与私人达成协议，进行保护区建设和管理。其中政府购买指政府根据市价向居民购买土地，然后由政府独立管理或与当地人共同管理；联合保护经营是政府与当地人达成协议，虽然不购买，但那块土地不能进行毁坏性开发建设，只能进行保护和适当的旅游开发，这就是所谓的公众直接参与保护区管理。此外，公众还可间接参加管理或自觉参与保护区的日常维护，或者通过对保护区管理层和游客进行监督的方式参与管理。

韩国智异山国家公园的管理形成了以事务所为主导，社区居民、社会组织、科研团队和地方政府共同协作的多方参与模式(图2.3)。来自园外的社会组织和地方政府为智异山国家公园的管理提供了稳定的支撑作用。红十字会等社会组织会定期在园内野营场志愿开展安全教育，专业护林人士也会自发来到公园协助事务所工作。国家公园所在行政区内的政府部门试行区域责任制，即每一个部门长期承担一个区域的生态环境保护工作，加深地方政府对国家公园管理的参与感和使命感。

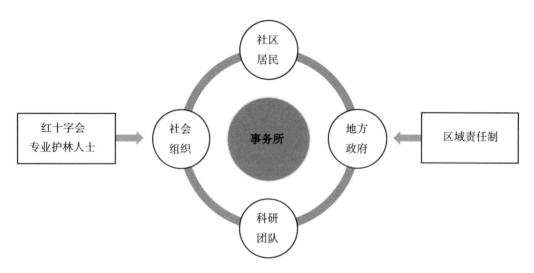

图2.3 智异山国家公园管理体系

英国对自然保护区的管理实行"管理契约"的制度(图2.4)，即让政府和土地使用者或土地所有者签订管理协议，共同管理保护区。英国大部分土地是私人所有，政府认为在私有土地上建立自然保护区必然会对土地所有人的权利带来不利影响，于是，在建立保护区之前，管理部门与土地使用者或者所有者对土地利用形式进行协商，要求土地使用者以符合保护区的方式进行经营和管理，并签订具有约束力的管理协议。英国在自然保护区的管理中，实行自愿为主的原则，管理契约实际上是英国政府同土地所有者之间的共管制度。

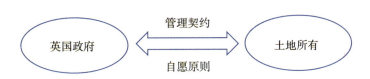

图 2.4　英国自然保护区"管理契约"制度

(二)国内著名保护地多方参与的策略

中国香港米埔自然保护区由非政府组织——世界自然基金会香港分会进行管理。香港特别行政区政府把米埔自然保护区的土地以每年 1 元租金的价格租借给基金会管理，如果对基金会的管理工作不满意，香港特区政府可以收回土地，也就是收回管理权(图 2.5)。这样的制度设计，避免了部门之间的利益冲突和部门之间互相协调不畅的问题，提高了管理的效率。米埔自然保护区十分重视环境教育，通过举办一些趣味性强、参与度高的活动，一方面向公众普及了科学知识，增强公众的环境保护意识；

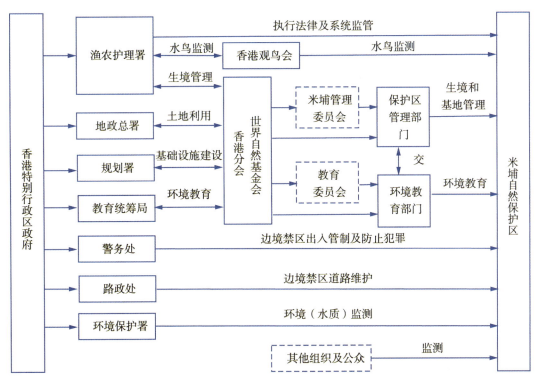

图 2.5　香港米埔自然保护区管理体系[62]

(据谢屹等，2007 年改绘)

另一方面激发了公众参与保护区管理、支持保护区工作的热情，引导公众通过捐助、做义工等方式参与保护区的管理工作，取得了很好的效果。

广西山口红树林国家级自然保护区十分注重"社区共管，多方参与"在山口保护区范围内的作用。对待陆域的管理，保护区管理处除了要求各科室和下属管理站履职外，还在周边乡村选聘当地有影响力的人员如村干部、复员退伍军人等担任保护区的护林员，分片包干，实行合同管理。由此，山口保护区建立起"管理处-管理站-护林员"三级管理网络。北海市政府、山口地区发展和改革委员会、林业局、环境保护局、国土资源局组织主要的利益相关群体，共同组建"山口保护区共管委员会"（图2.6）。

除了依靠自身管理力量加强红树林保护外，还根据当地民俗与文化特征，重视宗族头领在保护区周边乡村的特殊地位和作用，利用当地传统的乡村管理体系，积极探索族头、乡村组织参与红树林管理的机制。此外，山口保护区还重视保护区外社会舆论和意识对保护红树林的影响。为此，保护区不断拓展多方参与的地理空间与层次，积极建立与国内外环境保护组织、机构、姊妹保护区及专业人士的联系，争取各种途径的财政资助，强化社会对红树林保护与管理的关注与支持。

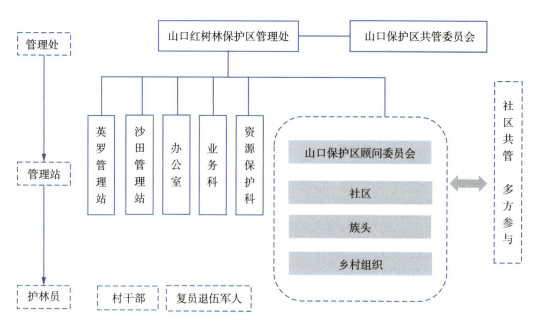

图2.6　广西山口红树林生态国家级自然保护区管理体系

三江源国家公园的管理初步形成了以管理局为主导、科研团队作支撑、社区居民协作、企业和志愿者团体资助的多方参与模式(图 2.7)。然而，企业和志愿者团体的参与是不稳定的，虽偶有捐赠，但并未形成长效机制；虽能自发参与，但尚未形成规范的组织。

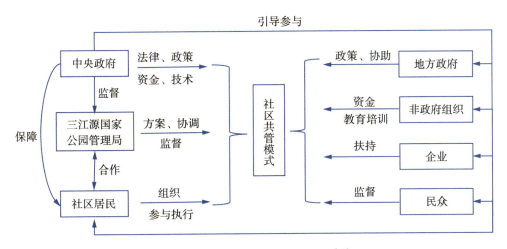

图 2.7　三江源国家公园管理体系[63]

(据王萌，2022 年改绘)

第三节 教科文多重名录遗产地的相关研究

一、教科文多重名录遗产地的发展历程

联合国教科文组织一直以来关注多重名录遗产的协同管理，曾召开多次会议进行探讨，也在机构设置和人员安排上做出调整，并取得了一定的成果（表2.1）。

表 2.1 教科文名录遗产协同管理会议历程

时间	事件	价值/成果
1999 年	《世界遗产公约》和《拉姆萨尔湿地公约》各自秘书处联合签署了一份谅解备忘录[64]	探讨了两份公约协调运作的必要性，为不同品牌之间的管理奠定了合作的基调
2012 年	在韩国济州岛举行的自然保护联盟世界保护大会上，自然保护联盟的非政府组织和政府成员呼吁协调多个国际名称地区的管理[65]	最早提出多品牌保护地管理方面的相关倡议
2014 年	第一届联合国教科文组织名录遗产与可持续发展黄山对话会[66]	首次由 UNESCO 旗下世界遗产、世界生物圈保护区和世界地质公园三大国际性品牌的相关主管部门共同举办的专家对话会
2015 年	联合国教科文组织、拉姆萨尔等在济州岛举行专题研讨会[67]	探讨了多品牌保护地管理的内在需求及现实可行性
2015 年	世界自然保护联盟"小悉尼：欧洲的自然保护"会议上，以"多重国际保护区指定"为主题召开了工作会议[68]	会议对保护区管理效率的日益重视，确定了《拉姆萨尔湿地公约》《世界遗产公约》、人与生物圈（MAB）方案、欧洲保护区特许和联合国教科文组织世界地质公园之间协调的必要性
2016 年	第二届联合国教科文组织名录遗产与可持续发展黄山对话会[69]	发表了《黄山倡议》，强调了 UNESCO 名录遗产在实现全球目标、制定可持续发展目标的指标方面所能发挥的作用
2016 年	UNESCO 执行局第 200 次会议[70]	要提高各品牌之间的协调和信息交流，在各秘书处之间召开定期会议等

续表

时间	事件	价值/成果
2017 年	UNESCO 执行局第 202 次会议[71]	计划拟定联合国教科文组织品牌统一信息，以便向公众宣传 UNESCO 的世界遗产、世界生物圈保护区和世界地质公园方案
2017 年	国际可持续发展学院在都灵举办联合国教科文组织综合管理讲习班[72]	其中着重提到多重名录遗产地的管理，分析了其在现有形势下的机会、挑战和经验
2018 年	第三届联合国教科文组织名录遗产与可持续发展黄山对话会[73]	发表了《黄山共识》，提出要加强名录遗产地之间的交流合作，并以此为平台促进不同国家，不同文化之间的交流
2018 年	世界遗产中心关于其活动和世界遗产委员会各项决定的执行情况的报告进一步肯定了 2016 年、2017 年两份报告的研究内容[74]	强调多重名录遗产地不同品牌之间伙伴关系的建立

(一) 阶段性成果

在教科文多重名录遗产协同发展的过程中，也取得了一些阶段性成果。在 2013 年第 70 期《世界遗产评论》中就提到了教科文三大品牌的系统保护问题，以具体案例展示了不同品牌如何以协同和互补的方式为实现可持续发展作出贡献。2014 年，由世界遗产、世界生物圈保护区、世界地质公园以及国际重要湿地共同发行了一本介绍四个品牌的宣传册。2016 年，世界自然保护联盟、"拉姆萨尔湿地公约"秘书处以及联合国教科文组织协同编写了题为"Managing MIDAs：Harmonizing the management of Multi-Internationally Designated Areas：Ramsar Sites，World Heritage sites，Biosphere Reserves and UNESCO Global Geoparks"的专刊，通过 11 个国际案例的研究，为具有多个国际品牌的地方管理提供了指导[75]。2017 年，拉姆萨尔秘书处发表了题为"拉姆萨尔和世界遗产公约：走向成功的汇编"的报告，指出以协同和综合的方式来管理多品牌保护地，可增强当地抵御各种外部压力和威胁的能力[76]。

(二) 组织机构

国际组织在组织机构上也存在一定的协调。2004 年，世界地质公园网络成立伊始就将 IUCN 作为主席团成员；2015 年联合国教科文组织大会通过的《国际地球科学与地质公园计划章程》规定，世界地质公园理事会是世界地质公园申请和重新验证的决策机构，而 IUCN 总干事（或其代表）是该理事会的当然成员[77]。虽然这种"当然成员"不具有投票权，但 IUCN 在 2015 年后也一直继续参与新成立的联合国教科文组织国际地球科学与地球公园计划的协商。2016 年，在联合国教科文组织内部设立了一个部门间技术联络小组，以促进协同作用，并在管理这些多品牌方面形成共识。2019 年，联合国教科文组织支持的"国际指定地全球研究和培训中心"Ⅱ类中心在韩国济州岛成立。

（三）三大名录遗产之间的关系

（1）有机整体。联合国教科文组织世界遗产、世界生物圈保护区和世界地质公园，形成了一个推崇遗产的有机整体，既保护了世界文化、生物和地质多样性，又促进了可持续发展。世界遗产地旨在推动具有突出普遍价值的自然和文化遗址保护，世界生物圈保护区更注重生物和文化多样性的协调管理。联合国教科文组织世界地质公园通过给予重要地质遗迹国际认可，并通过当地社区的积极参与，来促进人们认识保护地质多样性的重要性。如果某地质公园内包含世界遗产地或生物圈保护区，又有意于申请成为联合国教科文组织世界地质公园，那么此公园必须提供明确的理由和证据来说明，在两家既有各自独立标识又协同发展的情况下，联合国教科文组织世界地质公园的地位能够产生附加价值。

（2）中国的理论贡献。习近平总书记指出，"山水林田湖草沙"是生命共同体。生态是统一的自然系统，是相互依存、紧密联系的有机链条。人的命脉在田，田的命脉在水，水的命脉在山，山的命脉在土，土的命脉在林和草，这个生命共同体是人类生存发展的物质基础。习近平总书记结合我国国情，总结了国际社会可持续发展关于经济发展、社会进步和环境保护"三大支柱"的新实践经验，将党的理论从"四位一体"上升到经济、政治、文化、社会、生态文明建设"五位一体"，强调了生态文明建设在国家战略中的重要地位，进一步拓展了可持续发展的相关理论。这是对世界可持续发展理论和进程的重要贡献，为发展中国家避免传统发展路径依赖和锁定效应、走向现代化提供了可资借鉴的道路和经验。

二、教科文多重名录遗产地的管理案例

（一）中国神农架国家公园

神农架地处湖北省西部，1990 年加入联合国教科文组织世界生物圈保护区网络，主要保护金丝猴种群及其生态环境，维护保护区内的生物多样性，面积为 704.67km^2。

2013 年，神农架正式加入世界地质公园网络，公园内有山体地貌、构造地貌、流水地貌等地质景观近 200 处，其中独特的晚前寒武系地层、典型的断穹构造、第四纪冰川遗迹等具有极高的保护价值、科学价值和国际对比意义，面积为 1022.72km^2。2015 年，以加入中国首批国家公园体制试点为契机，神农架开始了管理体制的改革，成立了神农架国家公园管理局，对区内的众多保护地进行了有效整合，初步实现了对多重名录遗产的统筹管理。2016 年，神农架被列入《世界遗产名录》，面积为 733.18km^2，其区内世界自然遗产地是神农架生物多样性分布最集中的区域，生态系统类型丰富多样，具有亚热带典型的山地垂直自然带谱，是全球常绿落叶阔叶混交林生态系统的最典型代表，为科学研究提供了典型案例。

从空间分布上来看，世界自然遗产地核心区范围与世界生物圈保护区范围高度重合，除了部分区域外，这两个名录遗产地的范围基本被囊括在世界地质公园的边界内部(图 2.8)。

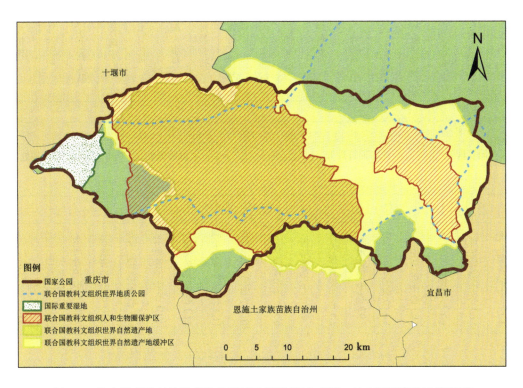

图 2.8　神农架多重名录遗产重叠区域示意图(图片来源：神农架国家公园管理局)

神农架国家公园管理局的管理机构由内设机构、直属机构和派出机构三个部分组成，实行扁平化的管理模式。在内设机构下依照功能和职责的不同组建各个科室，分别负责申报、宣传、教育等工作，其中公园行业管理科主要承担世界遗产、世界生物圈保护区、世界地质公园申报和管理等相关事项的工作。直属机构下设四个科室，分别负责科研、信息、执法的相关工作。派出机构采取分区管理的模式，一个保护地设置一个管理处，将神农架区划分为大九湖、神农顶、木鱼和老君山4个管理区，每个管理处下再按照地区细分管护中心，形成了"局机关-管理处-管护中心"三级管理体系。如图2.9所示。

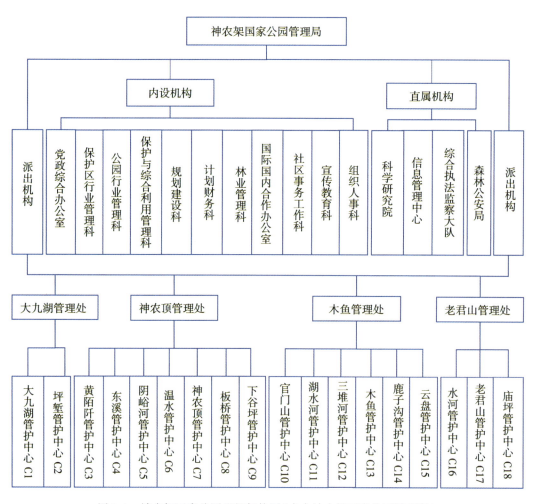

图2.9　神农架国家公园组织架构图（来自神农架国家公园管理局）

(二)韩国济州岛地质公园

济州岛位于朝鲜半岛的最南端，且与朝鲜半岛相隔绝。由于岛屿起源于火山爆发，济州岛就像一个火山的露天博物馆，因为各种独特的生态系统，2002 年韩国济州岛被指定为世界生物圈保护区。2007 年"济州火山岛与熔岩洞窟"被列入世界自然遗产名录，其火山熔岩管上有源自上覆地层贝壳的钟乳石，被认为具有突出的普遍价值。2010 年济州岛加入世界地质公园网络。

从各个名录遗产地的实际面积上来看，面积最大的是世界生物圈保护区，总面积达到 3871.94km²；其次是世界地质公园，面积为 1847km²；世界遗产的面积最小，只有 188.48km²。从空间分布来看，三重名录遗产具有较高的重合度，基本呈现出"大套小"的层层叠置状态(图 2.10)。

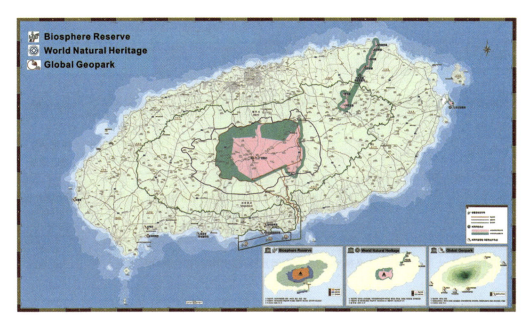

图 2.10 济州岛多重名录遗产重叠区域示意图(来自 *Managing MIDAs*)

对于多重名录遗产地的管理，最惯常的做法是分而治之，即针对不同的品牌分设独立的管理部门，由与之对应的职员负责品牌的具体事宜，最初的济州岛名录遗产地就是最典型的案例。但这种管理办法割裂了品牌之间的相互联系，容易造成工作或人员的冗余。另一方面，由于保护地所涉范围较大，可能会分散在不同的行政实体中，造成诸多政策方面的差异，进一步给多品牌园区的管理工作带来困难。

最初，济州岛世界遗产和世界地质公园由济州岛文化和旅游政策部管理，拉姆萨尔湿地由环境资产保护部管理，世界生物圈保护区由另一专门部门进行管理。四个国际品牌分属三个不同的行政机构，造成区域划定、资源保护、地区发展等相关政策的差异，使得品牌叠置地区的管理变得无序，限制了品牌的进一步发展。

为了改变这一局面，2010 年济州岛对联合国教科文组织三大品牌管理机构进行了调整，成立了世界遗产与 Hallasan 研究所（WHHRI）。WHHRI 在与韩国中央政府环境部进行协商，希望建立济州岛多重指定地管理秘书处（JEJU MIDA Management Secretariat），将拉姆萨尔湿地也纳入济州岛的统一管理（图 2.11）。

除此之外，济州岛还特别针对联合国教科文组织济州省品牌/附属遗址的管理问题颁布了第 1262 号法令，授权 WHHRI 有自主的预算和政策，可以为联合国教科文组织指定的地区建立统一的管理框架，从而在法律框架上对于 WHHRI 的地位进行了确认，为统一多品牌管理机构扫除了壁垒。

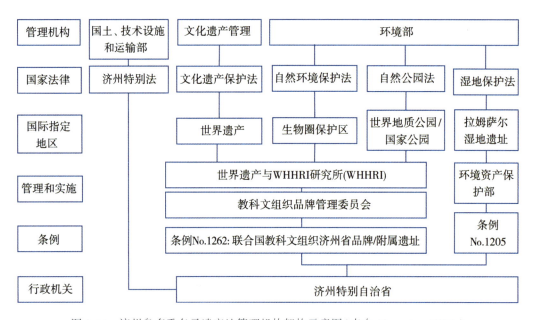

图 2.11　济州岛多重名录遗产地管理机构架构示意图（来自 *Managing MIDAs*）

（三）意大利奇伦托地质公园

奇伦托位于意大利南部，1997 年成为世界生物圈保护区，主要保护地中海区千百种特有的常绿灌木和远古时代物种，如橄榄树、阿勒波松等。由于区内存在国际重要性的考古遗址（Paestum，Velia）和纪念性资产（Certosa di Padula），于 1998 年列入《世界遗产名录》。2010 年奇伦托加入世界地质公园网络，公园主要有溶洞、岩溶漏斗和岩溶盆地等地貌景观。

从奇伦托地区各个名录遗产地的实际面积上来看，世界生物圈保护区的面积最大，为 3955.03km^2；其次为世界地质公园，为 1841km^2；世界遗产的面积最小，面积为 1591.1km^2。

从空间分布来看，世界自然遗产地核心区范围与世界地质公园范围具有较高的重合度，这两个名录遗产地的范围基本被囊括在世界生物圈保护区的边界内部（图 2.12）。

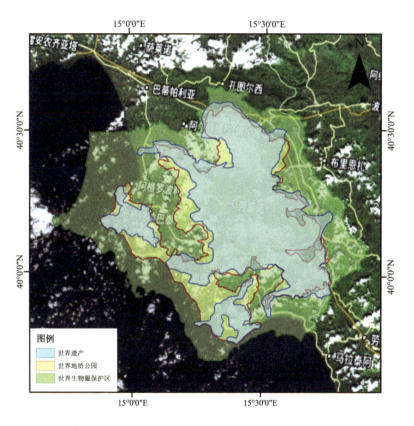

图 2.12　奇伦托多重名录遗产空间重叠范围图（据奇伦托官网图片改绘）

当前意大利的奇伦托地区基于国家公园组建了国家公园管理局，联合国教科文组织下的三大名录遗产均被置于公园管理局的统一管理之下。在具体的管理结构安排上，公园采取了一种基于责任划分的组织结构，即在管理局的全局指导下，设置相应的下属责任中心，每个责任中心安排相应的负责人，对该中心的人力、财力和资源进行统筹安排（图 2.13）。

下属责任中心是按照功能进行划分的。根据工作性质的不同，下设区域保护和发展，环境与旅游资源，以及行政 3 个责任中心。每个责任中心下又设置多个办公室，各办公室根据具体的工作方向分管不同的工作。

值得注意的是，在公园管理局下设置了一个直接隶属的机构——工作人员办公室。其下分设主席秘书处、管理秘书处及争议办公室三个部门，主要负责办公事项的传达与协调、争议事项的调节，从而更好地实现部门和人员之间的协同管理。

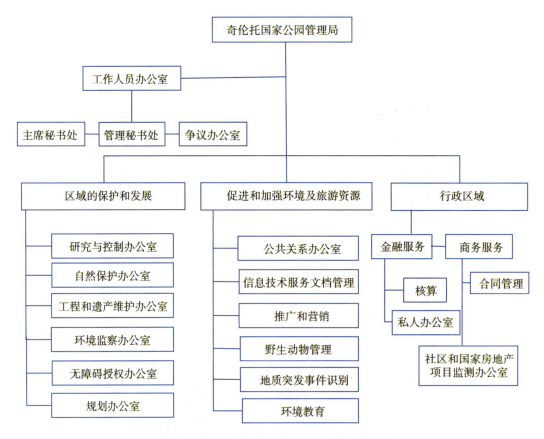

图 2.13　奇伦托管理机构架构示意图（据奇伦托官网图片改绘）

（四）意大利阿达梅洛-布伦塔地质公园

阿达梅洛-布伦塔自然公园是意大利东部特兰托（Trento）省西边一个大的保护区，2008 年成为世界地质公园网络成员。2009 年联合国教科文组织将保护区内的布伦塔多洛米蒂山脉和 5 个省份的其他 8 个白云石群认定为世界自然遗产。多洛米蒂的山地景观十分著名，它包含许多高峰，因为长期的侵蚀作用，山峰陡峭，山体多呈现奇形怪状的形态。因为山体为洁白无瑕的白云岩，获得"白山"的称号。

2015 年，多洛米蒂内的两个保护区 Ledrensi 和 Giudicarie Alps 加入了世界生物圈保护区网络，区内类型多样的生态环境为阿尔卑斯山和地中海世界典型的动植物物种及众多珍稀动植物提供了极佳的生存与繁育条件。

在三个品牌中，面积最大的为世界遗产，面积为 1419.028km^2。其次为世界地质公园，面积为 1188km^2。最后为世界生物圈保护区，面积为 474.27km^2（图2.14）。

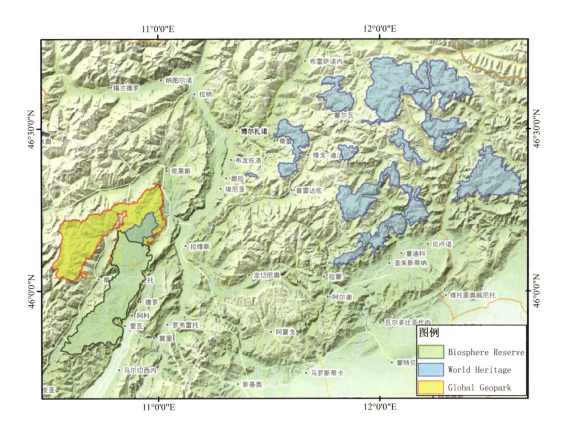

图 2.14 阿达梅洛-布伦塔多重名录遗产空间重叠范围图（据阿达梅洛-布伦塔官网图片改绘）

阿达梅洛-布伦塔自然公园对世界遗产、世界生物圈保护区、世界地质公园的管理是分品牌进行的，三大品牌都拥有各自独立的管理机构。

世界遗产管理机构隶属于意大利环境和海洋保护部，以基金会的形式来组织管理，其下设置董事会（图2.15）。董事会由七名成员组成，由贝卢诺省、博尔扎诺省、波德诺内省、特伦托省和乌迪内省及威尼斯区和弗留利-威尼斯朱利亚区各自任命的主席组成。董事会拥有基金会赋予的普通和特别管理的所有权力，负责对遗产管理工作进行统筹安排；经理对董事会负责，贯彻和落实董事会制定的有关行政工作的准则和目标。董事会对科学委员会、支持者委员会和审计机构具有任命权。

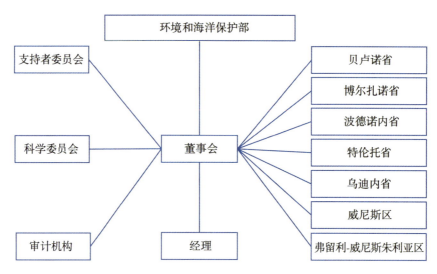

图 2.15　白云岩世界遗产管理机构架构示意图(据阿达梅洛-布伦塔官网图片改绘)

　　多洛米蒂区内的阿达梅洛-布伦塔地质公园是一个具有法人资格的实体,通过在机构内作出相应的管理决策履行其职能(图 2.16)。主席代表机构,并负责整体决策。下设管理委员会、执行委员会、园长和审计委员会。其中,管理委员会决定公园的政治和行政方向,确定规划和组织的基本模式,并监督其实施。执行委员会行使具体的管理职能,对公园内部的任务和活动进行统筹安排,并就公园具体管理事项向管理委员会提出建议。另外设置园长,负责园区活动的技术、财务和行政管理,并核实目标的实现和方案的实施情况。审计委员会主要负责机构管理的监察。

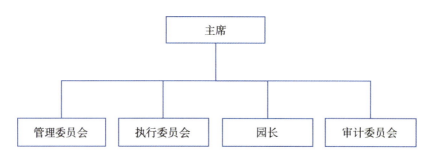

图 2.16　阿达梅洛-布伦塔地质公园管理机构架构示意图(据阿达梅洛-布伦塔官网图片改绘)

　　世界生物圈保护区设置常设秘书处,为保护区提供技术、后勤和行政支助。下设执行委员会、领土论坛、地区管理计划批准代表和科学技术委员会(图 2.17)。执行委员会主要负责执行保护区的管理计划,地区管理计划批准代表由各方代表组成,如:

生物圈保护区市政当局、朱迪卡里亚生态博物馆、保护主义者协会等。科学技术委员会成员由特伦蒂诺公园和保护区科学委员会组成。领土论坛是向所有公民开放的公开会议，提出方案或项目计划供公众讨论。

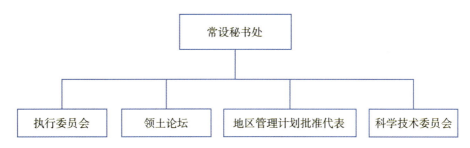

图 2.17　莱德罗阿尔卑斯山和朱迪卡里亚世界生物圈保护区管理机构架构示意图

(据阿达梅洛-布伦塔官网图片改绘)

(五)葡萄牙亚速尔群岛地质公园

亚速尔群岛(Azores)位于北大西洋东中部，隶属葡萄牙，由 9 个火山岛组成。1983 年安格拉杜英雄镇中心区(Central Zone of the Town of Angra do Heroismo)被列入《世界遗产名录》，其内的安格拉港是在大探险的背景下海上贸易及交流的重要见证。2007 年科尔沃岛(Corvo Island)、格拉西奥萨岛(Graciosa Island)成为世界生物圈保护区成员，随后弗洛雷斯岛(Flores Island)、圣乔治岛(São Jorge)又分别于 2009 年、2016年成为世界生物圈网络成员。2013 年亚速尔群岛地质公园加入世界地质公园网络。

从亚速尔群岛各个名录遗产的实际面积来看，世界地质公园面积最大，为12884km^2；世界生物圈保护区面积次之，为 10785km^2；世界遗产面积最小，面积为9.87km^2。在空间分布上，由于各个名录遗产分散在不同的岛屿内，因此彼此之间相互重合的范围较小(图 2.18)。

亚速尔群岛的多重名录遗产管理主要由 GEOAÇORES 协会负责。该协会是一个非营利性协会，于 2010 年 5 月 19 日通过公共契约创建，其总部位于亚速尔群岛自治区奥尔塔市(法亚尔岛)。协会的机构包括三个部分，分别为大会、董事会和监事会。

大会由一个主席和两名秘书组成主席团领导，由大会连同董事会和监事会选举产生，任期三年。大会的职权包括：①机构内部成员的选举和罢免；②年度报告和账目的批准；③年度和多年活动计划和预算的批准；④章程修正案的批准；⑤经董事会提议，批准内部规定；⑥接纳新会员；⑦将荣誉地位授予某些同事；⑧根据董事会的提

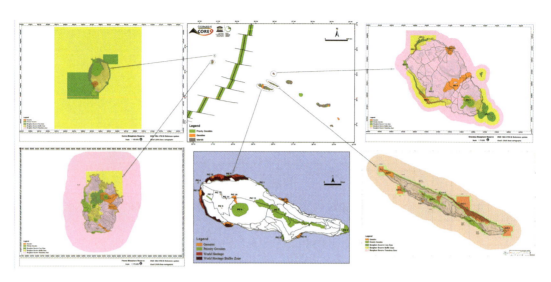

图 2.18 亚速尔群岛多重名录遗产空间重叠范围图(据亚速尔官网图片改绘)

议，批准会费、批准国内外代表团的成立及本协会在地区、国家或国际范围内的工会、联合会或其他机构的成员资格；⑨批准成立或参与具有商业目的的公司。如图 2.19所示。

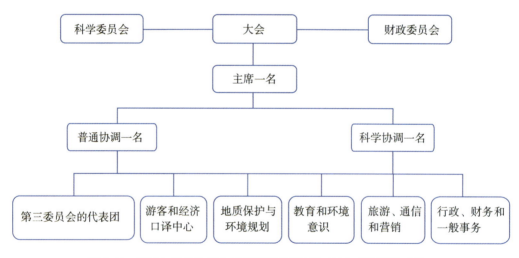

图 2.19 亚速尔群岛地质公园管理架构图(据亚速尔官网图片改绘)

董事会由一名主席、一名秘书和一名财务主管组成，由大会选举产生，连同大会局和监事会，任期三年。董事会可以在其成员中或外部任命和解散一名执行董事和一名科学董事，并将其认为适当的权限授予他们。

监事会由一名主席和两名成员组成，由股东大会选举产生，任期三年。监事会负责审查协会的书面材料，并就出席会员大会的报告和账目提出意见。

（六）西班牙索夫拉韦地质公园

索夫拉韦位于西班牙阿拉贡，比利牛斯山脉南麓的中心地带，其北部与法国接壤。

1977 年，奥德萨-比尼亚马拉（Ordesa-Viñamala）保护区成为世界生物圈保护区。它位于比利牛斯山脉的中心地区，是与侵蚀和冰川形成有关的山区生态系统的典型代表之一，是许多具有区域和国际特色的独特动植物的家园。

1997 年，比利牛斯-珀杜山被列入《世界遗产名录》，该遗产地位于比利牛斯山脉中部，横跨法国和西班牙的边界。该地区的 2/3 在西班牙，与 Ordesa 国家公园（Parque Nacional de Ordesay Monte Perdido）的边界相吻合，而其余部分则位于法国的比利牛斯山国家公园内（占法国部分的 60%）和毗邻的"缓冲区"。这是一个拥有杰出自然美景的地区，以珀杜山（3352m）为中心，其中包括两个欧洲最大和最深的峡谷（在西班牙一侧），以及三个壮观的"马戏团墙"，占据了冰川雕刻的山峰和高山牧场（在更陡峭的法国一侧）。

2006 年，索夫拉韦地质公园成为世界地质公园网络的一员。其宁静而美丽的风景仍然见证了地球 5 亿年历史中发生的过程，它的主要地质吸引力是比利牛斯山脉的形成。

从各个名录遗产地的实际面积来看，世界地质公园面积最大，为 2202km²。世界生物圈保护区面积次之，达 1173.64km²。世界遗产面积最小，有 306.39km²（图 2.20）。

索夫拉韦地质公园咨询委员会普通会议每年在 Boltaña（韦斯卡省）的市政厅举行两次。为了保证该地区的可持续发展，索夫拉韦县议会成立了地质公园咨询委员会。地质公园咨询委员会是一个具有法律权力的独立机构，其意图和目的是管理地质公园。

地质公园咨询委员会的董事会人员包括：总统、索夫拉韦县领土规划和发展咨询委员会成员、地质公园科学协调员、地质公园经理、阿拉贡政府环境部主任、阿拉贡政府工业、商业和旅游部主任、阿拉贡政府教育、文化和体育部主任、Ordesa Monte Perdido 国家公园、Sierra 和 Cañones de Guara 自然保护区及 Posets-Maladeta 自然公园的代表、萨拉戈萨大学和巴塞罗那自治大学的地质学专家、索夫拉韦研究中心的代表、

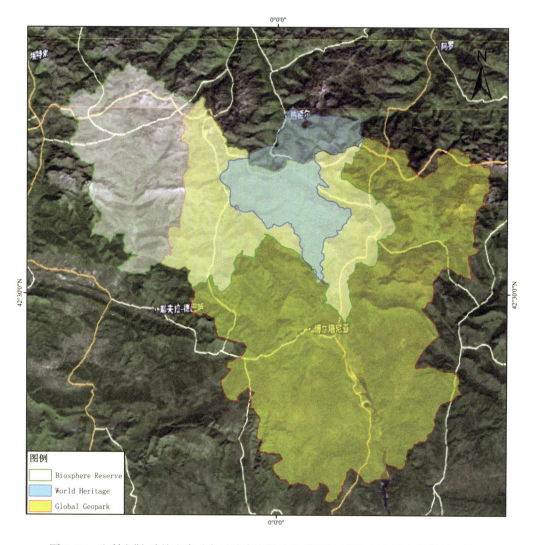

图2.20　比利牛斯-珀杜山多重名录遗产空间重叠范围图(据比利牛斯官网图件改绘)

胡须秃鹫保护基金会的代表、索夫拉韦旅游协会的代表,以及来自 Sobrarbe Agenda 21 的公民论坛"Forum 21"的代表。

　　此外有一个科学咨询委员会,由与地质直接或间接相关的各个科学领域的专业人士组成,并与比利牛斯地质公园有联系。科学咨询委员会由其中一名成员协调,该成员同时也是董事会成员,以作为两个团体之间的联系。地质公园科学咨询委员会的任务:向董事会提供科学建议,以及配合和监督地质公园开展的活动和行动。该委员会由西班牙地质调查局(IGME)、萨拉戈萨大学、巴塞罗那自治大学、Aure-Sobrarbe 研究和文献中心等不同机构的人员组成,总人数约 20 人。咨询委员会的管理目标主要有：促进索夫拉韦地质公园的地质旅游，提高与地质遗产相关的旅游质量；促进索布拉韦县地质的保存、研究和推广；传播与地质公园地质资源相关的科学知识。

(七)坦桑尼亚恩戈罗恩戈罗自然保护区

恩戈罗恩戈罗自然保护区位于坦桑尼亚共和国北部，保护区的中心部分是世界闻名的恩戈罗恩戈罗火山口。1979 年根据自然标准Ⅶ、Ⅷ、Ⅸ和Ⅹ被列入《世界遗产名录》，并在 2010 年根据文化标准Ⅳ被列入《世界遗产名录》。恩戈罗恩戈罗自然保护区曾发掘出距今 125 万年的"东非人"头骨化石，距今 190 万年的古人类残骸化石，以及动物远祖的化石，具有珍贵的科研价值。

恩戈罗恩戈罗生物圈保护区最初于 1981 年认定，它包括塞伦盖蒂国家公园(Serengeti National Park)和坦桑尼亚北部的恩戈罗恩戈罗保护区。区内生存着大约 150 万只牛羚、90 万只桑普森瞪羚和 30 万只斑马，长颈鹿、黑犀牛和灵长类动物也具备很好的代表性。

2018 年，恩戈罗恩戈罗自然保护区成为世界地质公园网络成员。公园主要涵盖了包括阿鲁沙(Arusha)地区的恩戈罗恩戈罗(Ngorongoro)，卡拉图(Karatu)和蒙杜利(Monduli)。公园北部与塞伦盖蒂国家公园(Serengeti National Park)、东部与纳特龙湖(Lake Natron)、南部与大裂谷(Great Rift Valley)的左翼、西部与马斯瓦(Maswa Game Reserve)野生动物保护区接壤。

从各个名录遗产地的实际面积看，世界生物圈保护区面积最大，为 23051km^2。世界地质公园面积居中，为 12000km^2。世界遗产面积最小，仅为 8094.4km^2(图 2.21)。

恩戈罗恩戈罗自然保护区组织结构如图 2.22 所示，主要包括公共关系组、情报组、信息和通信技术组、法律服务组、采购管理组、内部审计组、研究发展与监测系、工程服务系、财务会计系、规划与投资部、人力资源部、野生动物和牧场管理系、保护服务部、旅游服务部、社区发展系、文化遗产部。在管理人员的安排上，设置保育专员一名，董事两名，单位负责人 15 名。

公共关系部旨在创新地创造和维护 NCAA 在利益相关者和公众中的良好形象；情报部门的目标是提供有关偷猎和安全问题的可靠情报；信息通信股的目标是提供最先进的 ICT 技术和统计服务；法律服务部目标是为 NCAA 提供专业的法律服务；采购管理的目标是就货物和服务的采购、储存和供应提供专业的建议和服务。

(八)案例地管理经验总结

在对国内外三重名录遗产地案例进行整理后，发现可以按照边界重叠的程度将其

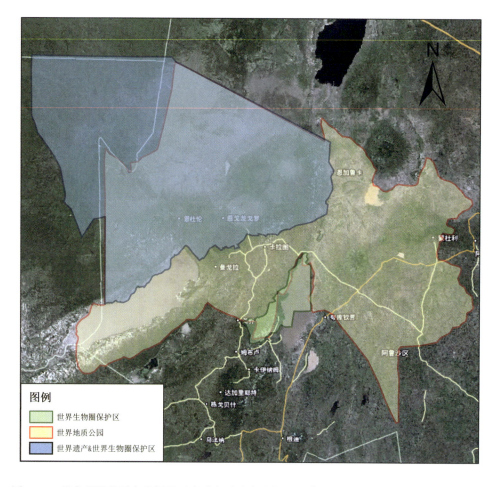

图 2.21 恩戈罗恩戈罗自然保护区多重名录遗产空间重叠范围图(据恩戈罗恩戈罗官网改绘)

划分为两类。一类是某一名录遗产边界完全将另外两个囊括在内，在此我们称为"内嵌型"重叠关系；另一类是三个品牌边界仅部分有重叠关系，在此我们称为"局部型"重叠关系。

内嵌型重叠关系案例地，主要有奇伦托、济州岛、亚速尔群岛以及黄山。从案例地的图件可以看出，世界生物圈保护区的边界最大，世界遗产和世界地质公园内嵌在世界生物圈保护区边界内。世界生物圈保护区的核心区完全或绝大部分处于世界地质公园边界内，由此便产生了协作统筹的需求。例如，世界生物圈保护区核心区主要承担保护功能，而若该区域与承担社区可持续发展功能的世界地质公园和世界遗产边界重叠，如何协同不同名录遗产在重叠区域内的工作，保证其各自承担功能的实现就成为管理的关键点。

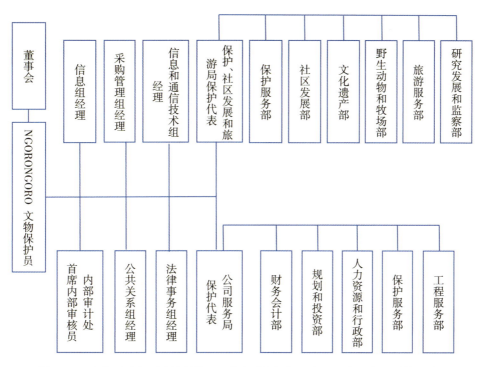

图 2.22　恩戈罗恩戈罗自然保护区组织架构图(据恩戈罗恩戈罗官网图件改绘)

局部型重叠关系案例地,有神农架、阿达梅洛-布伦塔、索夫拉韦以及恩戈罗恩戈罗。联合国教科文组织名录遗产仅局部存在边界重叠,其他部分则由各品牌单独管理。局部型重叠关系同样面临上述如何让重叠区域内各个名录遗产的功能得到充分实现的问题,但协同问题仅存在于局部地区,因此面临的压力相对较小。

从案例地的组织架构来看,可以将案例地分为核心部门型、功能型及分区管理型。核心部门型主要有神农架国家公园和济州岛世界地质公园,两个案例地都将所拥有的品牌列到同一部门进行统一管理,如神农架国家公园管理局下属的公园行业管理科负责管理国内外所有的保护地品牌。功能型主要有奇伦托地质公园、亚速尔群岛地质公园、恩戈罗恩戈罗自然保护区,均是按照名录遗产的功能定位划分不同主体部门进行管理。例如,亚速尔群岛世界地质公园将管理部门分为地质保护与环境规划、教育和环境意识、旅游和营销以及行政事务。分区管理型则包括神农架国家公园和亚速尔群岛世界地质公园,按照不同的分区,设置相应的管理机构进行分区管理。例如,神农架国家公园设置四个管理处分别管理四个片区,亚速尔群岛则以岛屿作为分区原则进行分区管理部门设置。

对于黄山来说,边界重叠上属于内嵌型重叠关系,面临的品牌理念协同问题复杂,科学合理地协同世界生物圈保护区核心区的保护功能与世界地质公园和世界遗产的社区可持续发展功能冲突、世界地质公园和世界遗产边界内的保护功能与世界生物圈保护区过渡区的发展功能及缓冲区的后勤支持功能冲突的问题十分关键。因此，从现有组织架构入手，打破既有程序，构建一套高效、合理、协调的组织架构理应成为解决品牌协同管理问题的第一步，这也是建立以国家公园为主体的保护地体系的重要探索步骤。

第三章　多重名录遗产部门间的工作协同①

第一节　教科文多重名录遗产内部协同管理的基础

一、多重名录遗产的共同目标

环境保护和可持续发展是联合国教科文组织三项名录遗产的共同目标。教科文组织一直致力于促进全球和平与自由，为实现可持续发展保护地球资源、阻止环境退化，提倡以可持续的方式进行消费和生产，倡议管理地球的自然资源。为了使地球能够满足今世后代的需求，教科文组织制定了各项对地球资源保护的计划。其中以"保护世界文化和自然遗产公约（Convention Concerning the Protection of the World Cultural and Natural Heritage）""人与生物圈计划（Man and the Biosphere Program，MABP）"及"国际地球科学和地质公园计划（International Geoscience and Geopark Program，IGGP）"为代表，三个计划分别对应世界遗产、世界生物圈保护区与世界地质公园三项名录遗产。

在行动目标方面，三项名录遗产都致力于保护地球资源与环境，推动人类可持续发展，在保存生物基因、传承与展示自然与文化遗产，保留具有国际意义的地质遗迹并向人类传播、科普地球的发展演化等方面作出杰出贡献。三者都具有"保护"理念，但各自侧重点存在区别，且发展路径不同，如表3.1所示。

表 3.1　教科文名录遗产的保护理念和发展目标

	世界遗产	世界生物圈保护区	世界地质公园
宗旨来源	《世界遗产公约》	《教科文组织人与生物圈方案》	《教科文组织世界地质公园操作指南》

---

① 本章的部分内容已发表于学术期刊《山地学报》2022 年第五期[78]。

续表

	世界遗产	世界生物圈保护区	世界地质公园
保护理念	最大限度地保护与保存世界自然与文化遗产	保护生态环境、生物多样性以及文化多样性	对具有国际地质意义的地质遗迹进行管理
发展目标	①加强能力建设与研究；②提高民众对遗产保护重要性的意识；③加强世界遗产在社会生活中的作用；④提高地区及全国民众，包括原住民，对遗产保护与展示的有效参与度	①促进建设人类与生物圈和谐相处的繁荣社会；②促进生物多样性和可持续性科学、教育发展和能力建设；③支持缓解和适应气候变化和全球环境变化的其他方面	①提高人类对地球演化中重大问题的认识，进行各级科普教育；②带动地方社区的经济与文化可持续发展；③增进完善国家对地质遗迹保护的相关立法以及管理机制

1972 年教科文组织通过《保护世界文化和自然遗产公约》。作为指导世界遗产申报、评定以及日常管理和维护的纲领性文件，其第四条提出：遗产所在国将为领土内的文化和自然遗产的确定、保护、保存、展出和遗传后代竭尽全力，最大限度地利用该国资源，必要时利用所能获得的国际援助和合作。该条款对保护与保存作为世界遗产的主要理念给予高度的重视，该理念超越国家层面，成为国际及全人类的任务。在《世界遗产操作指南》第 6 条中，将保护遗产能力建设、提高民众意识与参与度、遗产活化等作为目标。总体而言，遗产以保护为基础理念，以展出与流传作为发展目标。

《世界生物圈保护区网络章程框架》第三条提出保护、发展和后勤支持三项功能。保护功能主要面向景观和生态系统(包括土壤、水和气候)层面，保护区域内物种多样性和遗产文化多样性，并在保护功能的实现中着重考虑人类活动对其的影响。另外，发展目标为以旅游、农业等经济活动为载体，促进经济与人类在社会文化与生态方面可持续发展，后勤支持功能则体现为生物圈保护区内的监测、基础设施建设、民众科普及对生物圈网络的贡献，相比之下，生物圈保护区更像是作为一个更广泛、更基础的外部屏障，在为区域内生境与生物多样性提供保护的同时，努力谋求人类与生物圈的和谐永续发展。

在《国际地球科学和地质公园计划章程》中，将世界地质公园标准第一条阐述为：应依照统一的保护、教育和可持续发展概念对区域内具有国际意义的地点和景观进行管理。同时在《UGG 宣传册》中提到，教科文组织世界地质公园通过给予重要地质遗迹国际认可，并通过当地社区的积极参与，以提高人们对于保护地质多样性的重要性的认识。

保护地质遗迹是其首要任务，促进社区参与和推动科普教育是其重要的发展目标。

由此可见，三者都强调保护和可持续发展的理念，均重视对范围内现有的珍稀动植物资源、地质遗迹及罕见的自然与人文景观的保护。

二、多种资源价值的内在关联

"山水林田湖草沙"是一个生命共同体，人与自然也是生命共同体。从联合国教科文组织世界遗产、世界地质公园、世界生物圈保护区的核心价值来看，它们之间也是相互关联的，并且在保护的过程中相互促进，相得益彰。

世界遗产主要保护具有突出的普遍价值的文化和自然遗产，并将其代代相传，且必须满足完整性与真实性条件。突出普遍价值是评估标准的重要指标，即为罕见的、超越了国家界限的、对全人类的现在和未来均具有普遍的重要意义的文化或自然价值。遗产的完整性要求申报对象的物理构造或重要特征都必须保存完好，且侵劣化过程的影响得到控制，能表现遗产全部价值的绝大部分必要因素，遗产的真实性取决于该价值信息来源的真实度或可信度。《世界遗产公约实施操作指南》中第77~95条对其进行了详细的阐述。

世界生物圈保护区则需要对区域内生物多样性与生态环境进行养护。

世界地质公园的保护对象为区域内具有国际意义的地质遗迹，需要能够让各级群体从不同层面更大程度地认识我们所处的地球，了解地球地质过程的演变、气候变化、生命进化过程，并从人与自然互动的角度对待地球环境，理解可持续利用地球资源的必要性。

三项名录遗产各自保护的对象，特别是对象所在的地理空间存在互相交叉的情况。在《世界遗产公约》中，规定世界遗产的保护对象之一为"能够代表地球进化历史中某一阶段独特的地貌景观类型"，世界地质公园标准中又明确规定"申报世界地质公园必须满足园区内具有专家独立核实的、具有国际意义的地质遗产"，其中的"代表地球进化历史的地貌景观"和"具有国际意义的地质遗产"其实有着共同的空间指向。例如，黄山具有绮丽的花岗岩山峰，不仅是珍惜罕见的地质遗迹，也满足世界遗产标准中第七条："绝妙的自然现象或具有罕见自然美的地区"，地质多样性造就了黄山绝妙的自然现象，因此，世界遗产的保护对象在某些时候也有可能是世界地质公园的组成部分。另一方面，世界遗产中的自然遗产，如黄山松等，其载体不仅是世界地质公园所保护的花岗岩地质遗迹，也是能够表现生物进化、人类和生态环境互相影响的生态过程，以及具有全人类价值的物种栖息地与生物多样性的保护基地。

第二节　黄山教科文名录遗产工作事项的科室间协同

一、事项分类及清单

在前期搜集到的规范性文件、访谈资料、图书文献等基础性资料的基础上，我们按照扎根理论的方法对黄山各品牌管理过程中所涉工作事项进行指标提取、类属归并后，共计得到 92 项概念性事项。其中，世界遗产为 29 项，世界生物圈保护区为 23 项，世界地质公园为 41 项。然后按照事项本身的属性及其在流程上的可协作性，将其具体划分为重复性事务、相似性事务和独立性事务，具体如表 3.2 所示。

表 3.2　黄山名录遗产工作事项分类列表

	世界遗产	世界生物圈保护区	世界地质公园
相似性事务（协作）	保护工作、边界划定、分区管理、规划工作、资源调查、监测工作、出版物发行、旅游产品开发、基础数据采集、科普解说系统	保护工作、边界划定、举办培训、资源管护、规划工作、监测工作、出版物发行、交流合作、资源调查、旅游产品开发、科普解说系统	保护工作、边界划定、分区管理、出版物发行、规划工作、交流合作、举办讲座、举办培训、科普解说系统、科学研究、旅游产品开发、市场战略制定、主办会议、监测工作、资源调查
重复性事务（共享）	信息化建设、基础设施建设、导游管理、环境管控、公众参与、科普教育、品牌推广、社区带动、游客管理	协调工作、环境管控、基础设施建设、科普活动、旅游市场管理、品牌推广、社区带动、事务性工作、统筹保护发展、头衔认定、信息化建设、应急救援、游客管理	事务性工作、参加会议、导游管理、协调工作、环境管控、基础设施建设、举办培训、科普活动、旅游市场管理、品牌推广、人员配备、社区带动、信息共享、信息化建设巡查
独立性事务（公知）	计划制定（专项）、科学研究、机构设置、评估工作	举办培训（专项）、科学研究、头衔认定（专项）、机构设置、评估工作	参加会议（专项）、参与评估、参加培训（专项）、机构设置、交流合作（专项）、科学研究、头衔认定（专项）、人员配备、举办培训（专项）、评估工作
合计/项	23	29	41

二、任务安排及时间表

在对事项做了整理归类后，我们分别以黄山世界地质公园、黄山世界遗产、黄山世界生物圈保护区的再评估周期为基点进行计算，发现自 2020 年开始，会出现数次品牌再评估工作在时间上两两重叠的情况，而在 2068 年会出现第一次三大品牌同时需要进行再评估的现象。因此，选取 2020—2068 年作为研究时段，以年份作为节点对品牌的再评估周期进行可视化分析，分别得到如图 3.1~图 3.3 所示的时间轴线图。我们把每一个周期内按照参评品牌数量分别划分为无评估、小评估（即只单一品牌评估）、大评估（即两品牌同年评估）、特大评估（即三品牌同年评估）四种情况，对于每种情况内的工作安排，大体上基于"相似性事务一起做、重复性事务轮流做、独立性事务分头做"的协同工作模式，只是需要在具体年份有所调整，这里以第一个十六年（2021—2036 年）为例进行说明。

图 3.1　时间轴线图 2020—2036 年

如图 3.1 所示，在该周期内共会面临两次大评估和三次小评估。对于没有评估任务的年份，按照"重复性事务轮流做、相似性事务一起做、独立性事务分头做"的工作模式完成各项事务。即各项目小组各自负责自身品牌涉及的独立性事务，协助其他项目小组完成相似性事务，并按照轮转的原则抽调 1~2 人协助综合业务小组处理重复性事务。而对于出现单一品牌评估的年份，该参评品牌的工作小组可集中资源开展评估工作，不必承担除此之外的工作事项。做相似性事务、重复性事务的人员可以抽调由其余不参评的品牌的业务小组按照前述模式分摊。以 2024 年为例，世界地质公园在该年需要进行再评估，因此不负责重复性事务人员抽调，而对于科普解说系统更新、举办讲座及市场战略制定等相似性事务则由不参评的世界遗产和世界生物圈保护区相关人员分摊完成。对于大评估年份，不参评品牌协助参评品牌处理相似性事务，并抽调相关人员与综合业务小组共同承担重复性事项。以 2028 年为例，世界地质公园、世界生物圈保护区同时需要进行再评估工作，因此只需集中资源完成相关事项，世界遗产则需在相似性事务上给予世界地质公园和世界生物圈保护区支持，并抽调相关人员与综合业务小组共同承担重复性事项。

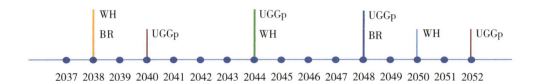

图 3.2　时间轴线图 2037—2052 年

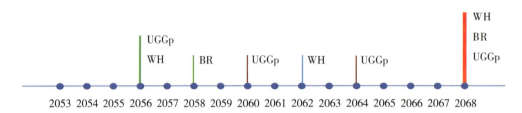

图 3.3　时间轴线图 2053—2068 年

第三节　黄山风景区管理委员会内部工作协同的实现方法

一、扎根理论提取工作事项

扎根理论的具体流程如图 3.4 所示：首先，明确研究的现象或对象，然后收集文献资料，如《黄山世界遗产保护专项规划》《黄山生物圈保护区管理计划》《黄山世界地质公园评估文档》和案例材料，并进行整理。接着，摒弃个人"偏见"的原则下，按照原始资料自身所呈现的状态进行数据编码，在经过对数据的开放式编码、主轴编码和选择性编码三级编码后，从数据中归纳、提炼概念和范畴并在此基础上逐步演化形成初级概念。然后，对已得到的初级概念和相关理论进行对应并进一步整理归纳，以探寻其中的相关关系，最终形成相关的理论框架。最后，对构建的理论框架进行理论饱和性检验，不断提炼和修正理论，直至达到理论饱和，即不再出现新的概念、范畴或者理论。

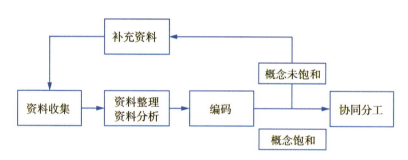

图 3.4　扎根理论流程图

二、开放式编码发现主题概念

开放式编码是扎根理论研究方法的基础性编码程序。在这一过程中，针对原始资料所反映出来的现象，研究者不断比较其间的异同，并赋予概念，在进一步阅读资料、提炼概念的基础上，发展出主要范畴，即贴标签—概念化—范畴化[79]。

（1）贴标签：将原始资料中的文字、表格进行拆分和打散，并将其进行概括和标记、整理以形成独立的事件。本书将《黄山世界遗产保护专项规划》《黄山世界地质公园网络 2016 评估文档 A、B 表》《黄山生物圈保护区管理计划（2017—2026）》中的相关文本资料，按照三大名录遗产各自的指标和下属任务进行拆分。从世界遗产的 9 个指标中拆分出 32 项任务，从世界地质公园的 11 个指标中拆分出 70 项任务，从世界生物圈保护区的 10 个指标中拆分出 19 项任务，具体指标如表 3.3 所示。然后将各项任务进行归纳和概括，并按照品牌名称标识为 WHi、$UGGPi$、BRi（其中 WH 表示世界遗产，UGGP 表示世界地质公园，BR 表示世界生物圈保护区，$i = 1$，2，3，…，n）。

表 3.3　黄山三大名录遗产指标一览表

名称	世界遗产	世界地质公园	世界生物圈保护区
指标	1. 遗产现状评估 2. 管理分区与管理措施 3. 突出普遍价值保护 4. 遗产展示与解说教育 5. 旅游与游客影响管理 6. 社区参与与协调发展 7. 科学研究 8. 遗产监测 9. 重点项目与实施保障	1. 地质与景观 2. 管理结构 3. 信息与环境教育 4. 地学旅游 5. 区域经济可持续发展 6. 管理结构和财务状况 7. 对 GGN 网络的贡献 8. 保护策略 9. 战略伙伴关系 10. 市场营销与推介 11. 经济可持续发展	1. 推行生态发展理念 2. 强化生物多样性保护 3. 维持景观和文化多样性 4. 提升自然环境质量 5. 健全组织机构与运行体系 6. 打造交流平台与示范典型 7. 促进社区全面协调发展 8. 形成科研监测支撑 9. 推进环境教育服务 10. 推动特许经营活动开展

（2）概念化：从概括的标签中提炼出贴近原始资料的词语来表示本类别概念，若有的标签表达含义一致，将其整理在一起凝练出最重要的标签，即将标签转化为概念。对上一步形成的标签进行整理，从世界遗产的 32 项任务中识别出 348 个初始概念，用字母 ai 表示；从世界地质公园的 70 项任务中识别出 596 个初始概念，用字母 bi 表示；从世界生物圈保护区的 19 项任务中识别出 348 个初始概念，用字母 ci 表示。

（3）范畴化：深入理解各概念本质含义，分析概念之间的联系，将相同和相似的概念归并到同一范畴下，并对其命名。根据逻辑关系对三大名录遗产的初始概念进行划分，共生成 46 个初始范畴，用字母 Di 表示，其中世界遗产包含 22 个初始范畴，世界地质公园包含 37 个初始范畴，世界生物圈保护区包含 29 个初始范畴，如表 3.4 所示。

表 3.4　黄山名录遗产开放性编码示例

品牌	指标	任务标签化	初始概念	范畴化
世界遗产	突出普遍价值保护	WH2 开展生物物种资源和生态系统本底调查	a6 生物物种资源调查	D1 资源摸底
			a7 生态系统本底调查	
		WH3 对摩崖石刻逐一编号、登记并建立数字档案	a8 编号登记	D2 登记建档
			a9 建立数字档案	
		WH4 建立黄山生态环境监测体系基础数据库平台	a10 数据库平台	D3 信息化建设
世界地质公园	保护策略	UGGP19 面向小学生：《黄山奇石》入选新疆专用《语文》教科书；借助与社区汤口中心学校共同建立的科普教育基地，在社区小学开展内容为"四个一"的科普活动	b17 入选教科书	D4 科普教育
			b18 科普教育基地	
			b19 "四个一"科普活动	
世界生物圈保护区	强化生物多样性保护	BR3 节庆活动的收集与研究	c7 节庆活动收集	D1 资源摸底
			c8 节庆活动研究	D7 科学研究
		BR4 野生动植物名录和分布	c9 野生动植物名录	D1 资源摸底
			c10 野生动植物分布	
		BR5 重点保护物种数量、分布和种群状况	c11 重点保护物种数量	D1 资源摸底
			c12 重点保护物种分布	
			c13 重点保护物种种群状况	

三、主轴式编码建立事项联系

主轴式编码以开放式编码得到的范畴为基础，通过聚类对范畴之间的关联性做进一步的归纳，形成更加抽象的主要范畴。对黄山三大名录遗产的初始范畴进行类型归纳，最终形成 3 个主要范畴，分别为 X 相似性事务、Y 重复性事务以及 Z 独立性事务，如表 3.5 所示。

例如，世界遗产需要对历史文化、生物资源、生态系统等进行资源调查，世界地质公园和世界生物圈保护区的工作中也要求对生物资源进行资源调查，所以三大名录遗产在"资源摸底（D1）"方面的工作存在一定的相似性；三大名录遗产的保护工作的侧重点虽然有所不同，但保护对象都是基于黄山现有的资源，所以其在"保护工作（D6）"所做的事情也有一定的类似，故将"资源摸底（D1）"和"保护工作（D6）"归纳形成主要范畴"X 相似性事务"。

表 3.5　主轴编码的主要范畴

初始范畴	主要范畴
D1 资源摸底；D2 登记建档；D3 信息化建设；D5 监测工作；D6 保护工作；D7 科学研究；D10 边界划定；D12 出版物发行；D15 分区管理；D18 规划工作；D22 交流合作-联合；D24 举办讲座；D25 应急救援；D28 科普解说系统；D29 资源管护；D34 主办会议；D35 举办培训-联合；D40 头衔认证-联合	X 相似性事务
D4 科普教育；D8 旅游产品开发；D11 参加会议；D13 导游管理；D16 工作协调；D17 公众参与；D19 环境管控；D21 基础建设；D26 交流合作；D30 节能减排；D31 举办培训；D33 信息共享；D36 游客管理；D37 旅游市场管理；D38 社区带动；D41 品牌推广；D42 人员配备；D44 巡查管理；D45 事务性工作；D46 统筹保护发展	Y 重复性事务
D9 参加培训-专项；D14 参加会议-专项；D20 机构设置；D23 交流合作-专项；D27 举办培训-专项；D32 评估工作；D39 人员配备-专项；D43 头衔认证-专项	Z 独立性事务

四、选择式编码建构工作模式

选择式编码是将主轴式编码得到的主要范畴进一步归纳和整合，形成以核心范畴为中心的相互支持和相互关联的逻辑关系。我们通过对黄山三大名录遗产事务协同过程中构成的范畴进行梳理，进一步发现了范畴间的关系并将其联系起来，如图 3.5 所示。

相似性事务是指本身属性相近，概念上属于同类，具体操作过程中存在细微差别的事务，包括资源摸底、保护工作等在内共计 18 类。这种相似性给事务间的协作带来了可能。以保护工作为例，黄山三大名录遗产管理机构都开展了相应的保护工作，这种"保护"的理念在概念上是相似的，但由于名录遗产保护对象的不同造成了"有差异的保护"，即三大名录遗产在保护对象上存在交叉，进而会导致不同名录遗产在具体保护工作上的交叉。此类交叉性工作以"各自单打"模式运作，显然会出现重复性劳动，更合理的安排是进行名录遗产间的协作。

重复性事务是指本身属性相同，在具体操作过程中存在一定"可移植性"特点的日常事务，包括科普教育、基础建设等在内共计 20 类。以基础建设为例，这项工作从概念上来看是相同的，从事务的具体内容上来看，其具有很强的"移植性"，即无论该项工作由哪个名录遗产管理机构主导完成，其他名录遗产管理机构都可以无障碍地共享

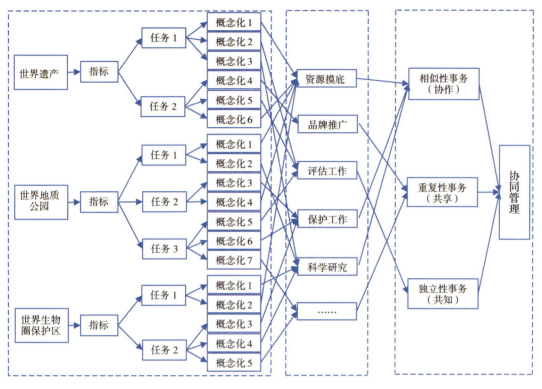

图 3.5　名录遗产事务协同工作框架

该成果。对于这类工作而言，重要的不是将其安排给哪个名录遗产来具体完成，而是如何避免重复性劳动。

　　独立性事务是指本身属性不具有相似性或本身属性相近，概念上属同类，具体操作过程中存在较大差异的事务，包括参加培训(专项)、评估工作等在内共计8类。以评估工作为例，尽管这种"评估"在概念上来说是相似的，但三大名录遗产在具体评估工作中存在一些差异，相比其他工作，对于参与者专业知识的要求较高，如果将此类工作安排给其他工作人员，可能会因理解上的偏差而导致工作不能达到理想的效果，更合理的安排是延续此前"单打一"的模式。

　　基于以上分析，本书提出"相似性事务一起做、重复性事务轮流做、独立性事务分头做"的协同工作模式，力图以"合作中有分工，分工中有合作"的范式实现各项事务在操作流程上的规范化、标准化，让工作变得更有靶向性，最大可能地避免重复性劳动，提高劳动效率。

五、理论饱和度检验查找漏洞

为了检验原始资料、初始概念和各范畴的充分性及名录遗产事务协同工作框架的科学性，按照扎根理论的操作规范，我们还需要进行理论饱和度检验。具体做法如下：

将黄山三大名录遗产机构工作人员的访谈材料作为验证资料，我们并对其进行三级编码。如果验证文本资料中没有提炼出新的概念、范畴，并能够对应到编码体系中，则表明所构建的编码体系达到要求，即"理论达到饱和"。否则，就需要将新的文本资料补充到原始文本资料中，并重新进行三级编码和理论饱和度检验，直至理论达到饱和。

经检验，我们提取的黄山三大名录遗产的工作事务没有新的概念、范畴，所构建的编码体系达到理论上的饱和。

第四节　黄山管委会内部工作协同的管理体系

一、基于绿色名录的协同管理体系

"IUCN 自然保护地绿色名录"(简称"绿色名录")由 IUCN 世界自然保护地委员会和 IUCN 秘书处共同领导，旨在维持和增强自然保护地保护成效，实现生物多样性保护，确保人与自然的可持续发展，与名录遗产有着一定的共同愿景及价值基础[80]。

"IUCN 自然保护地绿色名录全球标准"(简称"IUCN 绿色名录标准")是"绿色名录"的核心，设定了保护地被成功列入名录所必须实现的绩效水平[81]。《IUCN 自然保护地绿色名录中国标准》是在全球统一准则上细化本国指标而形成的，使得标准既符合中国国情，又与国际保护管理的评估体系保持一致[82]。

在参考《IUCN 自然保护地绿色名录中国标准》维度与准则的基础上，结合《关于建立以国家公园为主体的自然保护地体系的指导意见》以及黄山工作实际，建立具有黄山特色的教科文名录遗产协同管理体系(图 3.6)，包括研究系列化、规划综合化、战略统筹化、监测系统化、展示交互化、信息共享化六大职能，以期在顺应国际组织生态保护要求及落实我国生态文明建设的基础上，提升名录遗产协同管理效能。

(1)研究系列化。在小科学时代向大科学时代转变的过程中，单学科的研究方法和思维方式难以满足现实发展要求，为此我们迫切需要开展一系列研究。制定系统的科研课题框架，形成"总课题-课题-子课题"体系，便于科研成果逐层展开、逐级汇总，为名录遗产地的保护、利用与管理提供多层级、多方面的科学理论与技术依据；课题内容应遵循平衡原则，平衡保护与利用类课题数量，促进地方保护和利用之间的平衡；在空间尺度上，子课题应当覆盖区域、名录遗产地两个层面；在时间尺度上，子课题应当覆盖历史、现状、趋势预测等多个层面。

(2)规划综合化。规划综合化的作用在于实现资源保护与经济发展协调、可持续发展，它对地方未来的发展具有规范引导作用，是实施工作的前提与保障。编制名录遗产综合管理规划必不可少，规划包括但不限于：综合评价世界遗产、世界地质公园、世界生物圈保护区的保护对象和价值载体，制定名录遗产价值载体评价表；根据保护目标整合各类功能区和保护管理措施，编制功能区划图；设置专门的名录遗产数据库；制定名录遗产协同管理策略。

（3）战略统筹化。名录遗产的协同管理，离不开全局性筹划和指导，在实际工作中需要准确认识生态文明建设的核心精神，深刻洞察全球生态治理的内涵和特征，从大局上科学地把握名录遗产协同发展的进程。例如，建立三大名录遗产协同管理机制，总结过去实践经验，将名录遗产协同管理制度化，解决相关部门职责交叉、任务不明晰的问题，避免重复和疏漏，提升管理效能。

（4）监测系统化。"山水林田湖草沙"是一个生命共同体，建立名录遗产综合监测系统，提升名录遗产综合监测能力是践行生态文明、推动可持续发展、实现协同管理的重要一步。因此，建议名录遗产地管理机构整合相关资源，建立以名录遗产监测指标、监测站点、监测团队、监测阈值反馈与执行为主要内容的监测体系，形成共同监测机制和指标体系推动协同管理。

（5）展示交互化。价值内涵是保护资源、传承文化的出发点，优化展示系统，提升展示的质量与载体也十分重要。一方面，要提升品牌展示的内容质量，进一步阐释多重名录遗产对地方的意义，挖掘多重名录遗产价值内涵；另一方面，应与时俱进，打造融媒体平台，转变传统的话语方式、运营模式，通过多形式、多渠道来传递品牌

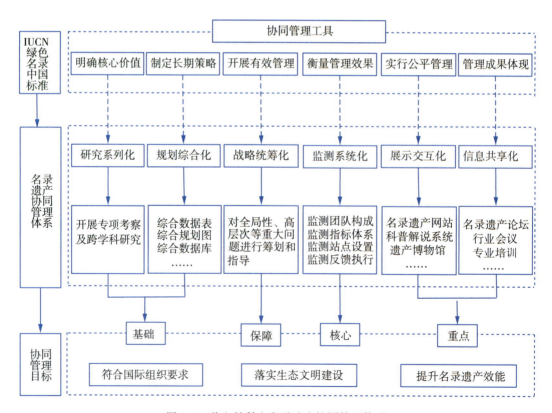

图 3.6 黄山教科文名录遗产协同管理体系

理念、传播资源价值。

（6）信息共享化。建设名录遗产交流平台，具有三大优势：其一，展示生态文明，展示中国杰出的自然价值和文化价值，以及中国生态文明理念和建设成就；其二，开展互学互鉴，在全球最具自然文化价值的名录遗产间建立长效的合作交流机制，开展名录遗产协同管理的理论研究和经验分享，提升黄山保护管理水平和国际影响；其三，参与国际治理，以联合国教科文组织当前正关注和探索的名录遗产协同管理为切入点，积极参与国际自然保护地治理体系的建设和改革。

二、"事务-岗位"协同方案

（一）步骤一

基于扎根理论，提取出世界遗产、世界地质公园、世界生物圈保护区三大名录遗产所需要完成的事项工作，然后将事务按照属性分为相似性事务、重复性事务及独立性事务三类，共计46项。结合名录遗产协同管理体系六大职能，在事务属性三分法的基础上进行事务重分类，形成"职能-事务"分类表，明确每个职能下需要完成的事务，将此作为岗位设置的基础，如表3.6所示。

表3.6 "职能-事务"分类表

事务类别 / 职能名称	相似性事务	重复性事务	独立性事务	事务数量合计
研究系列化	D1 资源摸底；D2 登记建档；D7 科学研究；D29 资源管护	D30 节能减排	—	5
规划综合化	D6 保护工作；D10 边界划定；D15 分区管理；D18 规划工作	D19 环境管控；D21 基础建设	—	6
战略统筹化	D25 应急救援；D40 头衔认证（联合）	D16 工作协调；D37 旅游市场管理；D38 社区带动；D41 品牌推广；D45 事务性工作；D42 人员配备；D46 统筹保护发展	D20 机构设置；D32 评估工作；D39 人员配备（专项）；D43 头衔认证（专项）	13

续表

事务类别 / 职能名称	相似性事务	重复性事务	独立性事务	事务数量合计
监测系统化	D5 监测工作	D36 游客管理；D44 巡查管理	—	3
展示交互化	D12 出版物发行；D3 信息化建设；D28 科普解说系统	D4 科普教育；D8 旅游产品开发；D13 导游管理；D17 公众参与	—	7
信息共享化	D22 交流合作（联合）；D24 举办讲座；D34 主办会议；D35 举办培训（专项）	D11 参加会议；D26 交流合作；D31 举办培训；D33 信息共享	D9 参加培训（专项）；D14 参加会议（专项）；D23 交流合作（专项）；D27 举办培训（专项）	12
事务数量合计	18	20	8	46

（二）步骤二

在事务重分类的基础上再设计出协同工作分工，本着专业人干专业事的原则，由相关职能负责人列出每个职能下所需要的岗位数量、岗位职责等，如表 3.7 所示。

表 3.7 岗位设置示例

"展示交互化"岗位	人数要求	学历要求	专业要求	岗位职责
A 岗	2	本科及以上	文物与博物馆学、经济学、地理科学类、地质学、旅游管理等相关专业	(1) 负责旅游相关产品的开发与推广；(2) 负责科普解说体系的构建；(3) 负责机构刊物的审核与发行
B 岗	2	本科及以上	新闻学、市场营销学等相关专业	(1) 负责建立机构信息系统和决策系统；(2) 负责相关品牌的科普教育工作；(3) 协助开展其他类科普活动

（三）步骤三

经此，便理出"事务-岗位"联动协同方式，明确每个职能下需要完成的具体工作，需要协同的事务，以及对工作人员的专业要求等，之后可按照"相似性事务一起做、重复性事务轮流做、独立性事务分头做"的协同模式进行工作，如表3.8所示。

表3.8　"事务-岗位"协同示例

"展示交互化"岗位	原始工作	原始工作数量	协同事务	协同事务数量	专业要求
A	生态旅游产品；生态旅游路线；整合文化资源；开发地质旅游路线；打造品牌节事；旅游产品开发	6	旅游产品开发	3	文物与博物馆学、经济学、地理科学类、地质学类、旅游管理等相关专业
	地质公园电子书；科普解说系统；建立多方参与的解说志愿者；解说系统；科普纪录片；解说手册	6	科普解说系统		
	出版物发行；发表相关文章；在GGN发表信息；发表研究论文；与香港世界地质公园合作；网站更新；解说牌更新；地质博物馆更新	8	出版物发行		
B	地质遗迹数据库；数据库建设；信息化建设；一体化平台；数据库平台	5	信息化建设	3	新闻学、市场营销学等相关专业
	解说人员队伍培训	1	导游管理		
	普遍价值展示；完整性展示；多方面展示和解说；教学研究实践基地；"四进校园"活动；暑期实习讲解服务；研学旅行示范基地；标准化的研学旅行；编制研学旅行课程；招募志愿者；展示与解说；遗产教育方案；温泉真实性保护；入选教科书；科普教育基地；"四个一"科普活动；"国土资源科普基地"；纪录片播放；广播播放；讲解服务；科普主题活动；研究温泉历史文化	22	科普教育		

据此，总结出名录遗产协同管理的实现路径(图 3.7)：在自下而上的扎根分析过程中，对三大名录遗产的具体工作事务进行层层编码剖析，并对事务进行属性分类，同时总结出协同工作模式；建立名录遗产协同管理体系，明确协同管理的基本职能；结合事务属性和名录遗产协同管理体系职能，自上而下地进行分析补充，实现"事务-岗位"联动协同。

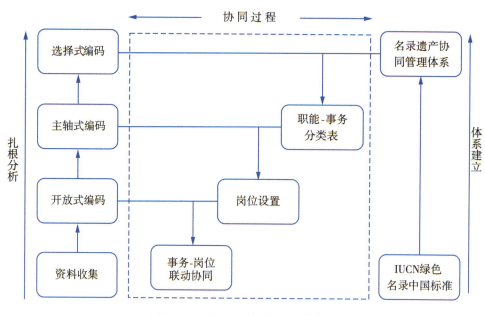

图 3.7　名录遗产协同管理实现路径

三、科室协作的反思和建议

黄山管委会现行部门架构中，管委会统管一切部门，按照部门职能不同，大致分为资源保护部门、党政管理部门、行政职能部门。其中，黄山名录遗产的管理隶属于资源管理部门，分别由三个三级部门负责，分别是黄山世界遗产管理办公室、黄山世界生物圈保护区管理办公室、黄山地质公园管理办公室。规划土地处为世界遗产和世界地质公园的管理单位，园林局为世界生物圈保护区的管理单位。为了更好地服务名录遗产地管理，管委会还设立了黄山地质公园博物馆，负责开展黄山科普教育、科学研究、研学服务等工作事项。

这种分而治之的管理模式，在一定程度上能够有针对性地开展不同品牌地工作事宜，但也割裂了品牌之间的相互联系，造成相关工作的重复。环境保护和可持续发展是联合国教科文组织三项名录遗产的共同目标，各自的核心价值也具有密切的关联。因此，以现有组织架构为基础，借鉴国际经验，反思现有管理问题，整合内部组织架构，实现世界遗产、世界生物圈保护区、世界地质公园的协同发展，是解决品牌协同管理问题的关键。

根据联合国教科文组织对名录遗产的管理要求，推动名录遗产管理体系和管理能力现代化、提升名录遗产管理效能，是多重名录遗产地协同管理所期望达到的目标。同时，为了解决管理工作问题（品牌运营的具体事项）、提高品牌显示度，黄山对多重名录遗产协同体制进行探索，并致力于建立具有黄山特色的教科文名录遗产协同管理体系。

这种协同管理体系可以更好地协调相关部门之间的合作，建构一种新的制度性办事框架，将组织内部的所有成员按照一定的结构体系串联起来，形成一个相对稳固的工作模式。

结合黄山风景区管理委员会的实际管理需要，构建了如图 3.8 所示的协同办事框架。具体来看，该办事框架主要有四个层次：

（1）战略决策层，主要包括处于决策核心地位的黄山风景区管理委员会及以外部专家学者为班底组建的协同管理专家委员会。黄山风景区管理委员会的主要任务是从整体利益出发，对整个机构实行统一指挥和综合管理，并制定组织目标及实现目标的一些大政方针，其一般工作内容是对各部门提交的工作方案进行统筹把握，并对各个下级机构的工作内容进行整体评价。协同管理专家委员会则是作为一种外部辅助机构，主要是对黄山风景区管理委员会内部出现的各种问题展开学术研究并提供针对性政策建议。

（2）管理层，处于决策层的下端，执行层的上端，由具体的职能部门——名录遗产地管理中心和其他部门组成。主要负责分目标的制订、拟定和选择计划的实施、步骤和程序，分配部门资源，协调下级的活动，以及评价组织活动成果和制订纠正偏离目标的措施等。管理层上对决策层负责，负责具体管理方案的报备及具体工作的汇报；下对执行层负责，将具体的工作方案交予执行层来执行，并对执行层出现的问题进行及时纠正。

（3）中间层，是由相对独立的监督评估部门所构成。主要负责对协同管理的具体实施过程进行实时监督，并对管理协同效应进行实时评价和反馈。

（4）执行层，是围绕品牌相关核心事项组成的相互协调且独立的业务部门。其工作内容主要是按照既定的计划和程序，协调基层员工的各项工作，完成各项计划和任务。

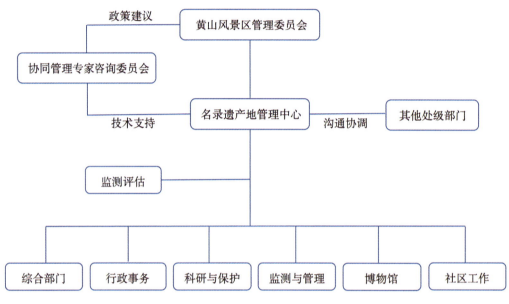

图 3.8　协同管理组织架构

第四章　黄山多重名录遗产的游客认知

第一节　游客关注的景点及景观类型①

一、2000—2017 年的网络游记样本数据

黄山风景区在旅游目的地和旅游研究中受到比较高的关注，属于旅游研究的热点地区。王琨等[83]研究中国旅游地国际关注度，发现黄山的国际关注度处于前列，其中论坛吸引物和地名关注度都排名第二（仅次于长城）。黄山也一直是国内受关注的景区，黄山地质公园官方统计有名字的景观点 299 处，本节以这 299 个景点作为研究对象。

携程网是国内知名的旅游服务网站，早在 2000 年携程网"游记"板块就备受用户关注，引得诸多网友在此分享旅游经历与心得，也成为旅游研究的重要数据源[84-86]。我们于 2018 年 1 月 2 日在携程网游记板块搜索目的地"黄山"，按"最新"（时间倒序）显示：发表于 2017 年至 2000 年的相关游记共 5616 篇。

样本游记的筛选条件：①通过人工阅读剔除三类游记，其一，只在黄山市内如屯溪老街、西递、宏村等区域游玩，而未进入黄山风景区的游记；其二，只有照片而没有文字记载的游记及英文游记和古体诗歌类游记；其三，住宿、特产及旅行社等广告类假游记。②挑出游记作者网名、发表时间、出行时间、时长等基本信息完善的游记。③通过人工精读，合并同一作者同一次出游而分段落或按日期发表的游记。最终获得有效样本游记 3195 篇，年份分布如表 4.1 所示。

---

① 此节部分内容已发表于学术期刊《人文地理》2019 年第六期[1]。

表 4.1　2000—2017 年间游记数量与样本数量年度分布

年份	2000	2001	2002	2003	2004	2005	2006	2007	2008
游记数量	56	101	219	233	320	278	485	361	411
样本数量	40	57	125	148	215	230	337	283	281
年份	2009	2010	2011	2012	2013	2014	2015	2016	2017
游记数量	331	295	138	126	290	585	552	477	358
样本数量	226	194	89	93	123	127	211	233	183

在携程网络游记筛选过程中发现：2010 年之前，游记中的图片较少，而近几年没有文字只有照片的游记越来越多；2010 年之后，以"游记"形式出现的酒店、民宿、茶叶、笋干等广告逐渐增多。

二、基于 ROST CM6 的文本挖掘方法

借助中文文本挖掘软件 ROST CM6 进行辅助性内容分析、挖掘特征词汇。将 3195 篇样本按照游记发表的年份分别合并，存为游记 2000、游记 2001……游记 2017，共 18 个 TXT 文件；再将 18 个文件合并为一个"游记总 .TXT"实验文件，实验文本文件约 990 万字。先用实验文件进行分词、提取旅游吸引物，以构建"特征词库""归并词库"和"过滤词库"。

词汇指单个中文词语，文中运用 ROST CM6 进行分词处理，例如将"初冬黄山三日游记，雨中登天都峰，观云海"，拆分为"初冬、黄山、三日、游记、雨中、登、天都峰、观、云海"9 个词汇。提取"天都峰"等景点名称和"云海"等景观类词汇，作为旅游吸引物特征词。关于吸引物标识词，有学者[87]将其细分为集群名称词(例如黄山风景区、天海景区等)、吸引物类型词(例如奇松、云海等不特指某个景点，而是一个景观类型)、吸引物等级词(例如 5A 级景区、天下第一山)和独立吸引物名称词(如景点迎客松)。本节从景点尺度研讨游客记忆中的黄山美景，所以侧重具体景点名称，由实验文件提取高频景点名称前 50 名组成特征词库。按照频次由高到低取前 50 名，如表 4.2 所示，特征词库 50 个景点的总频次为 83950。

归并词库，用于意义相同词汇(和短语)的合并统计，例如"仙人晒鞋、仙人晒靴、仙人脱靴、仙人脱鞋"归并统计到"仙人晒靴"，"慈光寺、慈光阁"归并统计到"慈光阁"，"梦笔生花、妙笔生花、生花妙笔、梦笔生华(文本中的错字)"等归并统计到"梦笔生花"，用于景点统计的归并词库共计 19 组 53 个词。过滤词库用于排除原文中

含景点名称的非景点类词汇，如"玉屏楼宾馆""白鹅岭索道"。

表 4.2　2000—2017 年 3195 篇样本游记高频(前 50)景点统计表

序号	景点/总频次	序号	景点/总频次	序号	景点/总频次	序号	景点/总频次	序号	景点/总频次
1	光明顶/10294	11	白鹅岭/2803	21	梦笔生花/1389	31	团结松/463	41	黄山温泉/219
2	天都峰/5979	12	步仙桥/2752	22	九龙瀑/1277	32	送客松/450	42	石笋矼/205
3	莲花峰/4959	13	鳌鱼峰/2675	23	鲫鱼背/1173	33	竖琴松/383	43	钓桥庵/199
4	迎客松/4826	14	狮子峰/2188	24	鳌鱼洞/1154	34	仙人晒靴/324	44	松谷庵/192
5	始信峰/4262	15	百步云梯/2175	25	半山寺/1139	35	回音壁/306	45	笔架峰/187
6	排云亭/4109	16	一线天/1918	26	海心亭/1015	36	龙爪松/275	46	散花坞/172
7	飞来石/4071	17	丹霞峰/1661	27	玉屏峰/659	37	立马桥/263	47	武松打虎/140
8	云谷寺/3600	18	猴子观海/1582	28	连理松/609	38	仙人指路/263	48	翡翠池/134
9	慈光阁/3480	19	清凉台/1560	29	莲花亭/482	39	十八罗汉朝南海/261	49	海豚石/130
10	玉屏楼/3287	20	黑虎松/1477	30	曙光亭/478	40	探海松/225	50	松鼠跳天都/126

词频(Word Frequency，后文缩写为 W. F.)，文中指某个给定中文词语在一个文本中出现的次数，比如"云海"在 990 万字的实验文本中出现 6681 次，词频数即为 6681。为了防止词频在长文与短文中出现的重要性偏差，有效反映了某一景点在总的景点记载中所占的份额，用特征词频(Characteristic Word Frequencies，缩写为 C. W. F.)表示某一词汇在同一组特定词汇群体里出现的频次，比如"迎客松"在景点类旅游吸引物词汇中出现频次为 4826/83950，计 0.057。篇均次(The average number of times per travel note，后文缩写 A. N. T.)，是某词语出现的总次数与样本游记总篇数的商，描述平均被记载的次数，比如"迎客松"的篇均次为 4826/3195，计 1.510。利用 2000—2017 年各年发表的游记文本数据分析 21 世纪前 18 年间的特征词频，以探讨不同年份的游客记忆特征，以"年篇均次"表示某一年某景点平均被每篇游记提及的次数，比如迎客松在 2017 年被 183 篇样本游记提及了 477 次，其 2017 年年篇均次为 447/183，计 2.607。

三、游客记忆中的景点数量与景观类型

景点尺度上，黄山三大主峰占据了前三位，其总特征词频为 0.253，即超过景点记忆总量的 1/4。根据特征词频排序，按照 10 位间隔累积词频成图，前 10 位景点特征

词频之和为 0.582、前 20 位景点特征词频之和为 0.830、前 30 位景点特征词频之和为 0.941，如图 4.1 所示。近 60% 的记忆集中在 10 个点上，而前 30 个景点(黄山景点数量的 1/10)则涵盖了 94.1% 的记忆。

在 3195 篇样本游记中篇均次大于 1，即表 4.2 中词频大于 3195 的只有光明顶、天都峰、莲花峰、迎客松、始信峰、排云亭、飞来石、云谷寺、慈光阁、玉屏楼共 10 个景点。

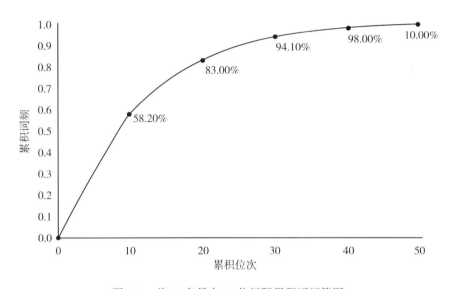

图 4.1　前 50 名景点 10 位间隔累积词频简图

景点特征词频的前三名："状元"位次连续 18 年被光明顶占据，特征词频在 0.12 附近波动；"榜眼"在天都和莲花两峰间轮换，特征词频波动较大，二者振幅和周期相近，波峰和波谷几乎相对，如图 4.2 所示。

根据词频数分别统计历年的前三名，发现 2000—2017 年 18 年间进入词频数前三位的共计有光明顶、天都峰、莲花峰、排云亭、飞来石、迎客松 6 个景点。利用 Excel 散点图的趋势线功能，以 5 年为周期取平均移动分别展示 50 个景点的年代变化趋势，发现天都峰、莲花峰、鲫鱼背为明显周期性波动。

以非周期性波动的 47 个景点篇均次的中位数 0.206(玉屏峰)作为高频景点的参考值，即 18 年间篇均次大于 0.206 的为受关注的记忆程度高的高频景点，小于 0.206 的则为低频景点。以黄山云谷索道运营时间 2007 年为界限，2000—2007 年的年度算术平均值为起始值，2008—2017 年的算术平均值为终止值，用后期的终止值减去前期的起始值作为篇均次的增幅。增幅为正即为上升型景点，代表关注度增加；反之，则为

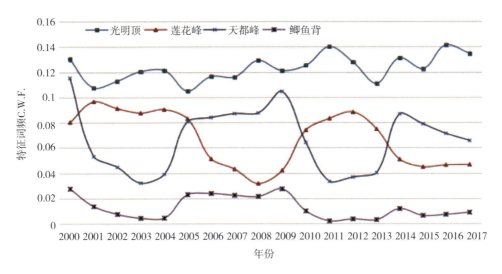

图 4.2　词频前三名及鲫鱼背的特征词频年际变化图

下降型景点，关注度下降。用篇均次的中位差和增幅两列数据考察非波动型的 47 个景点作四象限散点图，如图 4.3 所示。第一象限为高关注度且关注度在上升的景点，其中光明顶、迎客松、鳌鱼峰、云谷寺、猴子观海等景点的增幅较大；第二象限为 18 年间关注度较高，但近期关注度下降的景点，其中降幅较大的有九龙瀑和步仙桥；第三象限为低关注度且近期关注度下降的景点；第四象限为低关注度但关注度处于上升型的景点。

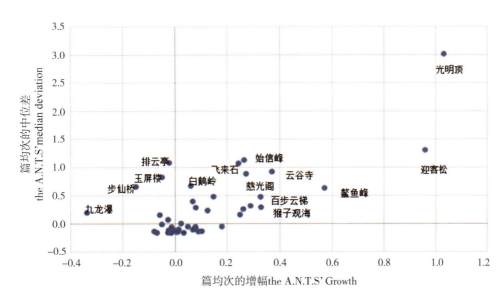

图 4.3　景点关注度年代变化四象限散点图

四、游客关注的黄山景观小结

词频数排在前 10 位的分别是光明顶、日出、云海、天都峰、莲花峰、迎客松、始信峰、排云亭、飞来石、云谷寺。说明黄山"五绝"中只有奇松、怪石和云海是游客记忆的重点，而三大主峰和日出则更受游记行文者青睐。按照峰、松、石、古建筑(亭、台、楼、阁、寺、庵、等)将前 50 位景点归类：光明顶等 11 个山峰类景点的特征词频达到 0.427；迎客松等 8 个著名松树类景点的特征词频为 0.104；飞来石等 10 个怪石类景点的特征词频为 0.113；排云亭等 15 个古建筑类景点的特征词频为 0.297；一线天、九龙瀑、鳌鱼洞、回音壁、黄山温泉、翡翠池等 6 个未归类景点的特征词频为 0.059。

山峰类景点占据旅游吸引物总记忆量的 42.7%；古建筑类景点占据旅游吸引物总记忆量的 29.7%，这与黄山作为世界自然和文化双遗产、山岳型名胜古迹地的地位相适应。

从景观关注度来看，游客记忆中的"黄山五绝"已经发生变化，"新五绝"可概括为：名峰、奇松、怪石、云海、日出。从具体景点看，黄山三大主峰、迎客松、始信峰、排云亭、飞来石、云谷寺、慈光阁和玉屏楼占据了游客记忆频次的前十位。除了日出和云海没有具体空间点位外，其他受关注的景观点可归纳为峰、松、石、古建筑四大类型。温泉和冬雪受季节性影响较大，不是游客记忆的重点。

第二节 黄山游客情绪的空间特征①

一、理论基础及样本数据

根据"认知-情感-意动"理论，游客在旅游过程中受景观刺激产生感知，进而产生情感上的波动，从而进行撰写游记等意向行动[88]。游记作为旅游活动之后游客自发输出的语义文本，不会受到研究者设定的引导性情境的污染，可以客观表达不同景点位置上游客真实的心理情绪状态[89-90]。已有相关学者把游记作为数据源应用到旅游研究[84,91-92]，利用爬虫软件在旅游出行网站上进行不设限游记爬取，确保样本数据涵盖不同出游方式、不同游伴数量、不同出游时间、不同人均日消费，从而获得具有良好代表性的样本[93]。刘逸、保继刚等曾以旅游游记和评论为数据源研究游客情感特征和评价旅游目的地情感，并取得了满意的效果[94-95]。本节将从网络游记中提取游客的情绪词汇，进而刻画游客情绪的空间特征[96]。

利用八爪鱼采集器在携程网站爬取 2015—2018 年的游记文本，获取 2017 年的游记 183 篇，在数量上与这 4 年的平均水平 193 篇相近，具有普遍性和代表性。因此，本节以在携程网站无差别爬取得到的 2017 年全年以黄山作为目的地的 183 篇游记作为数据来源。在经过仔细阅读后，删除重复、广告类假游记和无关游记，最终选取其中的 164 篇作为样本数据。根据舍费尔等的抽样公式计算样本规模[97]：

$$n = \frac{N}{(N-1) \cdot g^2} + 1$$

式中，n 为样本规模；g 为抽样误差；N 为母体大小。以 2017 年黄山风景区游客量 337 万人次作为母体大小，10%的抽样误差计算的样本规模为 101，即 164 篇游记样本符合抽样要求。

经过清洗、筛选后的游记样本共 164 篇，43.5 万字。按游记发表时间分布（图 4.4），5 月份篇数最低为 5 篇，其他月份都在 7 篇及以上，10 月份最高达到 31 篇，作为研究全年游客情绪特征的样本涵盖了每个月的游客情绪特征。同时由于旅游活动具有客观的季节性，比如下半年发表量明显高于上半年，在刻画全年游客情绪时，游客

---

① 此节部分内容已发表于学术期刊《旅游研究》2022 年第一期[96]。

量大的月份在最终结果中影响大，也符合游客对环境的感知。旅游方式包括自驾游、跟团游，旅游形式涵盖个人游、家庭游、朋友同事结伴游等多种选择，出游时间范围从一日游到三日游，人均日消费范围从 350 元到 3500 元，总体上样本内容基本涵盖了各种实际旅游情境，具有代表性和普遍性。

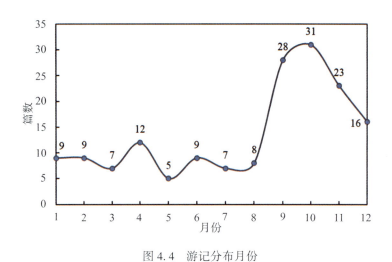

图 4.4　游记分布月份

扎根理论是一种自下而上的理论构建方法[98]，在对原始资料进行概念化、范畴化和理论抽象化等步骤后，最终归纳出一套理论体系，用以刻画研究对象的某种属性。我们依托扎根理论对游记文本中表达游客情绪的词汇进行编码归类，具体步骤如下所述：首先，参考知网 HOWNET 情感词典，从积极情绪和消极情绪两个维度构建了自定义情绪词汇表；其次，利用 ROST CM6（ROST Content Mining，后文缩写为 ROST）词频分析软件对能够表现游客情绪的词汇进行了筛选，并将其补充进情绪词汇表。

情绪词汇的筛选标准如下：①直接表达情绪的词汇，如"高兴""悲伤"等；②对旅游地项目和服务带有感情色彩的评价词，如"秀美""无聊"等；③反映游客本身心理状态的词汇，如"舒适""平静"等。

根据情绪词分词和筛选结果，结合上下文语境核对样本游记中的每一个情绪词语义，将意思相近的情绪词归并为同一类情绪主题建立归并分类词表（见表 4.3），以规避游客用词差异对研究结果产生的负面影响。最后，按照情绪主题分类，结合自定义词表和归并词表利用 ROST 软件辅助主题情绪词频统计。

特征词库主要分为两个部分，如表 4.4 所示。第一部分是节点名称词：利用黄山风景区管理委员会提供的景点名称作为原始通用词库，辅助 ROST 高频词统计功能获得样本游记中涉及的所有高频节点名称词，构建专有名称词库，兼顾词库的完整性和重点突出性。例如，"北海宾馆"等服务类节点并不属于正式景点名称，但是其服务情况会对游客情绪产生影响，并且有明确的空间位置，有助于游客情绪的空间定位，因此将此类节点词增添如专有节点词库。第二部分是情绪词：以 ROST 软件原始情感词库为基础，参考知网 Hownet 情感词典构建通用情感词库。通过词频分析详阅游记文本，总结切实使用到的情绪词汇，相比通用词库，增加了如"好开森"等能够表达情绪的网络词汇。

表 4.3　游客情绪分类词表

情绪极性	情绪主题	具体情绪词汇
积极情绪	开心	幸福 开心 惬意 喜悦 高兴快乐 愉悦 笑着 欢乐 欢快 欢笑 快活 兴冲冲 兴奋 激动 欢聚 喜出望外 心情大好 好开森 亢奋 得意
	美感	美景 雄伟 开阔 气势 漂亮 秀丽 好看 风采 秀美 优美 叹为观止 着迷 江山如画 豪迈 拍案叫绝 最美 很美 多美
	舒适	方便 舒服 舒适 自在 舒坦 随心 自得 宜人
	奇特	神奇 神秘 奇特 奇妙 奇迹 好奇 新奇
	震撼	震撼 折服 惊诧 惊讶 惊喜 震惊
	赞叹	赞叹 赞美 欣赏 观赏
	满意	满足 圆满 顺利 满意 不舍
	安静	安静 宁静 安详
	期待	向往 愿景 期待
	有趣	有趣 收获
消极情绪	遗憾	遗憾 可惜 失望 后悔 无奈
	劳累	疲惫 累趴 劳累
	惊险	危险 惊险 紧张 害怕 恐怖 发怵 胆战 胆战心惊 恐惧 挑战
	其他	无望 扫兴 气愤 惆怅 凄迷 痛苦 彷徨 无聊 徘徊 崩溃 忧伤 郁闷

表 4.4　特征词库（部分）

词　类	词　　库
通用节点词（183 个）	光明顶 天都峰 莲花峰 始信峰 鳌鱼峰 丹霞峰 狮子峰 莲蕊峰 笔架峰 松林峰 圣泉峰 紫石峰 桃花峰 玉屏峰 云门峰 牌坊峰……

词　类	词　库
专有节点词(70 个)	北海宾馆 狮林宾馆 玉屏楼宾馆 排云楼宾馆 西海饭店 白云宾馆 望秀山酒店 玉屏景区 云谷景区 松谷景区 白云景区 北海景区……
通用情绪词（394 个）	高兴 好受 开心 快活 快乐 庆幸 舒畅 舒服 舒坦 爽快甜美 甜蜜 甜丝丝 喜出望外 喜悦……
专有情绪词（191 个）	失败 神奇 漂亮 幸福 毫不犹豫 兴奋 欢聚 喜悦 成就感 欣赏 劳累 通透 期待 心情大好 轻松……

由于游记是游客基于回忆意象创作的，因此在创作时很容易受到主体感知情况的影响。具有标志性旅游吸引物的景点更容易在游客脑海中留下相对强烈的情绪印象，从而被游客利用文字表达出来。基于此，本节选取 66 个黄山景观，并将这些具有点、线、面三种不同形态特征的景观在地图上具化为具有明确坐标的节点进行分析。对猴子观海、飞来石等具有明确的坐标位置的点状景观，将坐标点具化为空间节点；对云谷索道、玉屏索道等线状景观，则取中点位置作为其空间节点；而对西海大峡谷等面状景观或景区，则直接将百度地图提供的坐标点具化为空间节点。

在此基础上，我们对 164 篇游记中出现的情绪词频数进行了统计。由于汉语的特殊属性，具体的情绪词可能会因为语境的不同而产生含义变化，从而对最终的情绪识别产生影响。因此，本节没有使用 ROST 等情感分析软件，而是采用人工判读的方式对情绪词在游记文本中出现的位置进行逐一定位，然后将其与节点进行匹配，并按照如表 4.3 所示的情绪词分类结果进行统计，得到每一个节点各类情绪词频矩阵，从而将节点代表的情绪特征进行具象化表达。

二、游客情绪的数值表征

在后旅游活动中，游客经由游记表达自己对于旅游活动的印象体验，并试图通过这种表达影响人们对于特定景观的先验感知，这个过程在心理学上被称为"印象管理"[99-100]。这一表达的过程，往往包含主体的需要和意愿[101]，是游客对于自身情绪的一种再加工过程。从这个意义上说，单纯地以词频高低来判断节点的情绪极性并不合适。基于此，本节引入情绪表达度、情绪积极度两个概念，分别从游客对于节点的情绪印象、节点的情绪表达状况两个方面对于节点情绪进行解读。

1. 情绪表达度

通常情况下，游客会在游记中针对特定景点的视觉形象、记忆意象进行情绪表达[102]。因此，情绪词出现的频数在一定程度上可以反映游客对于该景点的情绪印象的强弱。通过计算节点情绪词的篇频数来测度游客对于节点的情绪印象，具体公式如下：

$$E_i = \frac{c_i}{n}$$

式中，E_i 为第 i 个节点的情绪表达度；c_i 为所有样本数据中第 i 个节点的情绪词总频数；n 为样本量。E_i 的值越高，表明游客针对该节点的情绪表达越频繁，即该景点能够给游客留下更多的情绪印象。

2. 情绪表达度分级

利用研究方法中所构建的情绪表达度公式计算每个节点的情绪表达度，并对结果进行升序排列，得到节点情绪表达度汇总表（见表4.5）。将节点情绪表达度按照表4.5中的顺序依次绘制到图上，并以指数型函数做拟合，即可得到节点情绪表达度散点拟合图（见图4.5）。基于与函数的拟合效果，分别选取 $i=48$ 和 $i=60$ 两个节点对应的情绪表达度 0.09、0.2 作为阈值，将游客情绪表达度划分为三个等级（见表4.6）。

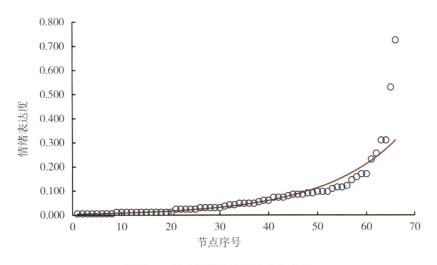

图 4.5　节点情绪表达度散点拟合图

从结果来看，不同节点间的情绪表达度存在较大差异，出现明显的分级现象，结合相关学者对于黄山景观点关注度的研究[103]，可以看出分级与节点的知名度存在一定关联。西海大峡谷、光明顶、迎客松等知名节点的情绪表达度高居前列，而云谷寺、通天塔、仙人翻桌等知名度相对较低的节点的表达度则整体偏低。整体而言，高情绪表达度的节点数量偏少，大部分节点的情绪表达度偏低，未能给游客留下较多的情绪印象。

表 4.5　节点情绪表达度汇总表

序号	节点	表达度	序号	节点	表达度	序号	节点	表达度
1	云谷寺	0.006	23	鳌鱼洞	0.024	45	光明顶山庄	0.085
2	通天塔	0.006	24	翡翠谷	0.024	46	北海宾馆	0.085
3	仙人翻桌	0.006	25	云谷景区	0.024	47	白鹅岭	0.085
4	廊桥	0.006	26	步仙桥	0.030	48	百步云梯	0.091
5	仙人指路	0.006	27	排云楼宾馆	0.030	49	玉屏索道	0.091
6	龙爪松	0.006	28	探海松	0.030	50	西海饭店	0.098
7	竖琴松	0.006	29	玉屏峰	0.030	51	猴子观海	0.098
8	团结松	0.006	30	猴谷	0.030	52	清凉台	0.098
9	太平索道	0.012	31	北大门	0.037	53	白云宾馆	0.110
10	梦幻景区	0.012	32	鲫鱼背	0.043	54	丹霞峰	0.116
11	飞龙瀑	0.012	33	揽海亭	0.043	55	玉屏景区	0.116
12	群峰顶	0.012	34	一线天	0.049	56	北海景区	0.122
13	玉屏楼	0.012	35	玉屏楼宾馆	0.049	57	莲花峰	0.146
14	仙人晒靴	0.012	36	狮子峰	0.049	58	黑虎松	0.159
15	南大门	0.012	37	西海山庄	0.049	59	始信峰	0.171
16	梦笔生花	0.012	38	白云景区	0.055	60	排云亭	0.171
17	回音壁	0.012	39	鳌鱼峰	0.061	61	天都峰	0.232
18	慈光阁	0.012	40	石笋矼	0.061	62	飞来石	0.256
19	连理松	0.012	41	白鹅山庄	0.073	63	云谷索道	0.311
20	雨伞松	0.012	42	九龙瀑	0.073	64	迎客松	0.311
21	天海景区	0.024	43	狮林大酒店	0.073	65	光明顶	0.530
22	石笋峰	0.024	44	西海景区	0.079	66	西海大峡谷	0.726

资料来源：利用 ROST 统计及 Excel 计算输出。

表 4.6　情绪表达度分级表

表达度范围	表达等级	节　点
$0.2 \leq E$	高	天都峰 飞来石 云谷索道 迎客松 光明顶 西海大峡谷
$0.09 < E < 0.2$	较高	百步云梯 玉屏索道 西海饭店 猴子观海 清凉台 白云宾馆 丹霞峰 玉屏景区 北海景区 莲花峰 黑虎松 始信峰 排云亭
$E \leq 0.09$	低	云谷寺 通天塔 仙人翻桌 廊桥 仙人指路 龙爪松 竖琴松 团结松 太平索道 梦幻景区 飞龙瀑 群峰顶 玉屏楼 仙人晒靴 南大门 梦笔生花 回音壁 慈光阁 连理松 雨伞松 天海景区 石笋峰 鳌鱼洞 翡翠谷 云谷景区 步仙桥 排云楼宾馆 探海松 玉屏峰 猴谷 北大门 鲫鱼背 揽海亭 一线天 玉屏楼宾馆 狮子峰 西海山庄 白云景区 鳌鱼峰 石笋矼 白鹅山庄 九龙瀑 狮林大酒店 西海景区 光明顶山庄 北海宾馆 白鹅岭

资料来源：利用 ROST 统计及 Excel 计算输出。

3. 情绪积极度

在对节点间的情绪进行比较前，首先需要确定游客对各个节点的情绪表达状况。通过计算积极情绪词在节点情绪词总数中所占的比例对情绪表达状况进行判读，具体公式如下：

$$L_i = \frac{c_{ij}}{c_{ij} + c_{ix}}$$

式中，L_i 为第 i 个节点的积极度；c_{ij}、c_{ix} 分别为所有样本数据中第 i 个节点对应的积极情绪词总频数和消极情绪词总频数。其中，$0 \leq L_i \leq 1$，其值越接近于 1，说明该节点上游客表达出的情绪越积极。

利用公式计算每个节点的情绪积极度，并对结果进行升序排列，得到节点情绪积极度汇总表（见表 4.7）。将节点情绪积极度按照表 4.7 的顺序依次绘制到图上，并以对数型函数做拟合，得到节点情绪积极度散点拟合图（见图 4.6）。

基于其数值聚类特征，分别选取拟合图中的两个自然断点处的情绪积极度值 0.6 和 1 作为阈值，对情绪积极度进行聚类划分（见表 4.8）。

从结果来看，黄山风景区内游客情绪积极度总体较高，除了云谷寺、太平索道等少数节点外，其余节点的情绪积极度都较高，部分节点甚至出现情绪积极度值为 1 的情况。整体而言，节点数量与情绪等级之间呈现出漏斗式结构，即情绪等级越高，对应的节点数量也越多。这表明游客对黄山风景区的印象较好，整体的情绪感知较积极。

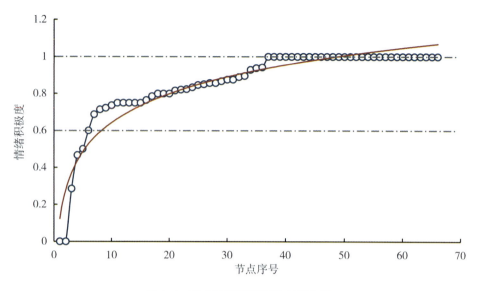

图 4.6　节点情绪积极度散点拟合图

表 4.7　节点情绪积极度汇总表

序号	节点	积极度	序号	节点	积极度	序号	节点	积极度
1	云谷寺	0.000	14	白鹅山庄	0.750	27	飞来石	0.857
2	太平索道	0.000	15	天海景区	0.750	28	揽海亭	0.857
3	鲫鱼背	0.286	16	西海大峡谷	0.765	29	玉屏索道	0.867
4	百步云梯	0.467	17	北海宾馆	0.786	30	莲花峰	0.875
5	梦幻景区	0.500	18	鳌鱼峰	0.800	31	玉屏楼宾馆	0.875
6	步仙桥	0.600	19	排云楼宾馆	0.800	32	白云景区	0.889
7	西海饭店	0.688	20	探海松	0.800	33	玉屏景区	0.895
8	光明顶山庄	0.714	21	天都峰	0.816	34	白鹅岭	0.929
9	白云宾馆	0.722	22	排云亭	0.821	35	清凉台	0.938
10	丹霞峰	0.737	23	云谷索道	0.824	36	迎客松	0.941
11	始信峰	0.750	24	北大门	0.833	37~66	飞龙瀑等30个景区①	1.000
12	猴子观海	0.750	25	西海景区	0.846			
13	一线天	0.750	26	光明顶	0.851			

注①：30个景区依次为飞龙瀑、九龙瀑、狮子峰、石笋峰、玉屏峰、群峰顶、通天塔、仙人翻桌、廊桥、猴谷、石笋矼、玉屏楼、仙人指路、仙人晒靴、南大门、梦笔生花、鳌鱼洞、回音壁、慈光阁、翡翠谷、西海山庄、狮林大酒店、龙爪松、竖琴松、团结松、连理松、雨伞松、黑虎松、云谷景区、北海景区。

表 4.8 情绪积极度分级表

积极度范围	节点情绪等级	节 点
$L=1$	积极	飞龙瀑 九龙瀑 狮子峰 石笋峰 玉屏峰 群峰顶 通天塔 仙人翻桌 廊桥 猴谷 石笋矼 玉屏楼 仙人指路 仙人晒靴 南大门 梦笔生花 鳌鱼洞 回音壁 慈光阁 翡翠谷 西海山庄 狮林大酒店 龙爪松 竖琴松 团结松 连理松 雨伞松 黑虎松 云谷景区 北海景区
$0.6<L<1$	比较积极	西海饭店 光明顶山庄 白云宾馆 丹霞峰 始信峰 猴子观海 一线天 白鹅山庄 天海景区 西海大峡谷 北海宾馆 鳌鱼峰 排云楼宾馆 探海松 天都峰 排云亭 云谷索道 北大门 西海景区 光明顶 飞来石 揽海亭 玉屏索道 莲花峰 玉屏楼宾馆 白云景区 玉屏景区 白鹅岭 清凉台 迎客松
$L\leqslant0.6$	消极	云谷寺 太平索道 鲫鱼背 百步云梯 梦幻景区 步仙桥

三、游客情绪的地图呈现

(一)情绪表达度的地图呈现

将情绪表达度数据导入 ArcGIS 中，利用反距离权重插值法进行景区全范围内插值，并以不同颜色和形状对表达度等级进行呈现，实现了情绪表达度在空间上的可视化（见图 4.7）。从空间特征来看，低表达度节点数量较多且沿旅游路线连片分布，高表达度节点数量较少且位置分散。这是因为游客对具体景观的情绪表达会经历"景象—视象—意象—语象"的逐层衰减的传递过程，进而导致能给游客留下深刻印象且在游记中表达的节点数量并不多[102]。从线路来看，"鲫鱼背—排云亭"沿线的高表达度节点最多，涵盖了"飞来石""光明顶""迎客松""天都峰"四个高表达度节点。在该线路上，游客的情绪表达欲望明显增强。因此，可以将其作为代表线路做进一步的宣传和推广。

为了进一步了解节点在空间上的分布状况，以及节点之间的位置关系是否会对表达度结果造成影响，引入了全局莫兰指数进行节点间的空间自相关分析。利用 GeoDa 软件进行计算，所得结果为-0.078。从数值来看，不同节点对应的情绪表达度之间没有明显的空间自相关性，其分布在空间上具有一定的随机性，即游客在某一节点上的情绪表达状况不会受到其他节点的影响。

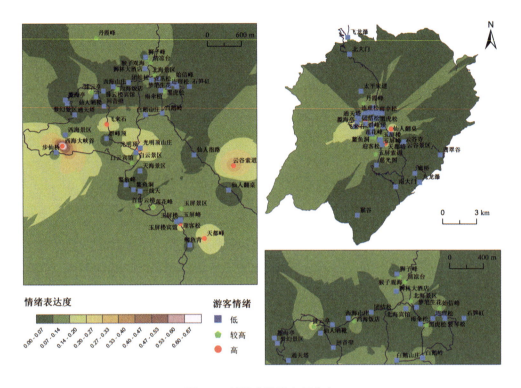

图 4.7　情绪表达度空间分布

(二)情绪积极度的地图呈现

将情绪积极度数据导入 ArcGIS 中，利用反距离权重插值法进行景区全范围内插值，并以不同颜色和形状对不同等级进行呈现，实现了情绪积极度在空间上的可视化(图 4.8)。总体来看，情绪节点呈明显的线状分布，与游览道路相契合。积极节点在通天塔至石笋矼的东西向条带状空间内呈现集聚特性，此区域内黄山松景观较多，黑虎松、雨伞松、团结松等近十个奇松景观，说明黄山松景观给游客带来高积极度的情绪体验。比较积极节点相对均匀地分布在游览路线周围，从光明顶到天都峰的西北至东南向路段几乎全为比较积极节点。消极情绪节点总体数量少，主要产生原因可以总结为两类：

第一类是因为地势陡峭而产生的惊恐之感，如：

"一共两条路上天都峰，新路和老路，很多近乎90°的大陡崖，并且好多地方没有扶手和绳子，感觉有点危险。我是从新路上、老路下，下山的时候经过鲫鱼背真是被吓死了。不要问我鲫鱼背长什么样，因为我过的时候脑子一片空白。""我翻出临出发

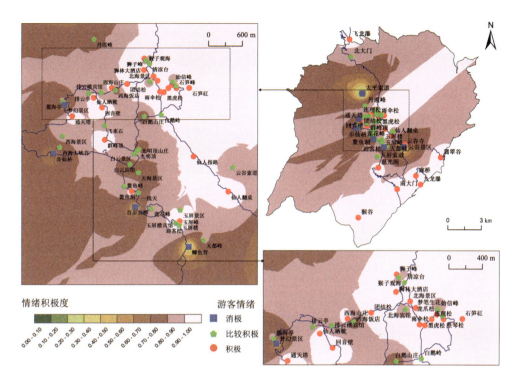

图 4.8 情绪积极度空间分布

前酒店给的地图，看了看，离光明顶也不远了，海拔高差也不大了。走起，继续前行，不休息。光明顶的海拔高度 1860m，这一段路又是爬山——发怵啊！""接着就是百步云梯，这是我觉得最恐怖的，比天都峰还恐怖，因为那个阶梯是倾斜的，并且头一直望着天走，时不时还有下阶梯的旅客擦身而过。"

第二类主要集中在光明顶周围，因为天气等原因没能观赏到预期的云海、日出、日落等景观而产生的遗憾之感，如：

"第二天一大早 4 点半左右，我们到了猴子观海看日出，很遗憾，日出还是没看到，不过看看早上的山峰也是不错的。""去了离酒店很近的猴子观海台，本是可以望见美丽的群山与云海，却被大雾遮得严严实实，雨后溪水哗哗声像正在下雨一样，很遗憾由于大雾没有看到日出。""4 点钟出发到光明顶看日出，可惜当天云层太厚，遮住了太阳。"

消极节点总体数量较少，零散地分布在节点集中区的外围，大多因地势险峻给游客带来恐惧、惊险等感受。

从插值所得面状数据来看，黄山风景区内大部分地区情绪积极度在 0.7 之上，景区核心区大于边缘区，东南地区大于西北地区，太平索道和云谷寺周围是消极情绪相对集中的地方，部分游客恐高和云谷寺收费存在地域差别造成游客产生消极情绪：

"不公平啊，我们是从山西过来的，和河北在纬度上几乎是一样的，为什么他们能享受这个优惠，而我们没有呢——气愤！（云谷寺）""到了站也是排队等缆车，太平索道一共两部大容量缆车，左右各一条线，上下就这两部车，排了一个多小时的队伍才坐上了缆车，我们等在头排居然抢到了两个座位。北坡下山的索道非常陡峭，每过一个基站就是一阵急速下降，引起车厢里一阵大呼小叫。"

为了进一步了解节点情绪的空间分布特征及节点之间的位置关系是否会对情绪结果产生影响，参考梁嘉祺等[104]的做法，通过 GeoDa 构建了 Queen 邻接空间权重矩阵，并将积极情绪词频和消极情绪词频导入软件中分别做单变量空间自相关分析，所得的全局莫兰指数分别为-0.087、-0.036。两者都为负值，且均接近于0，说明两种极性情绪的空间分布总体上接近随机状态，即游客两种极性情绪的产生均不会受到其他节点位置的影响。从具体数值来看，积极情绪的莫兰指数要小于消极情绪，表明积极情绪在空间上的异质性分布更明显，即相比较而言，游客积极情绪的产生更不易受到节点相互间位置的影响。

（三）情绪分类呈现

在剔除掉西海大峡谷和光明顶两个"异值"（单独作为一类，在下文进行分析）后，分别以节点情绪表达度、节点情绪积极度作为横纵坐标，以（0.09，0.6）作为原点绘制得到情绪表达度和积极度四象限散点图（图4.9）。其中，落在第二象限上的节点数量最多，共计43个，占总数的65.15%，其对应的情绪属性为低表达度-高积极度（表4.9）。这说明大部分节点虽然可以给游客带来积极的情绪体验，但这种情感体验的强度不够，很容易在"景象—视象—意象—语象"的逐级转化的过程中被过滤掉，不足以形成游客的情绪的"爆点"。

表4.9 交叉分类节点统计

象限	属性	数量	节点名称
I	高情绪表达度 高情绪积极度	18	玉屏索道 西海饭店 猴子观海 清凉台 白云宾馆 丹霞峰 玉屏景区 北海景区 莲花峰 黑虎松 始信峰 排云亭 天都峰 飞来石 云谷索道 迎客松 光明顶 西海大峡谷

象限	属性	数量	节点名称
Ⅱ	低情绪表达度 高情绪积极度	43	通天塔 仙人翻桌 廊桥 仙人指路 龙爪松 竖琴松 团结松 飞龙瀑 群峰顶 玉屏楼 仙人晒靴 南大门 梦笔生花 回音壁 慈光阁 连理松 雨伞松 天海景区 石笋峰 鳌鱼洞 翡翠谷 云谷景区 排云楼宾馆 探海松 玉屏峰 猴谷 北大门 揽海亭 一线天 玉屏楼宾馆 狮子峰 西海山庄 白云景区 鳌鱼峰 石笋矼 白鹅山庄 九龙瀑 狮林大酒店 西海景区 光明顶山庄 北海宾馆 白鹅岭
Ⅲ	低情绪表达度 低情绪积极度	4	云谷寺 太平索道 梦幻景区 步仙桥 鲫鱼背
Ⅳ	高情绪表达度 低情绪积极度	1	百步云梯

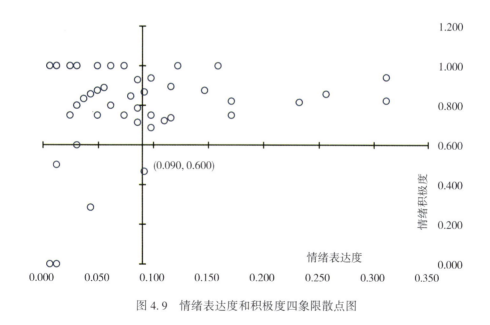

图 4.9　情绪表达度和积极度四象限散点图

　　情绪表达度越高，说明该节点能够给游客产生的印象体验和情绪刺激就越多。这里选取表达度最高的西海大峡谷和光明顶两个节点，结合情绪词编码结果，对节点的具体情绪内容（图 4.10）进行分析。在这两个节点上，游客的主要情绪表达均是"美感"，说明景色是游客情绪评价中的重要内容。而相比于光明顶，西海大峡谷刺激游客产生了更多"奇特""惊险"的情绪，则在一定程度上说明节点上的某些"异质化"的特点，可能会为游客带来更多的情绪体验。

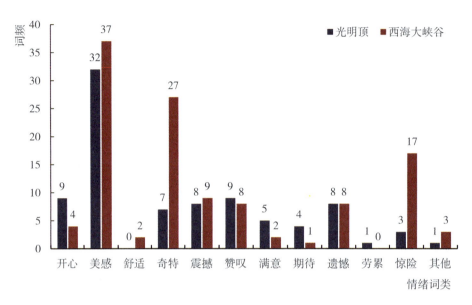

图 4.10　光明顶、西海大峡谷情绪内容

利用 ArcGIS 将不同情绪属类的节点进行空间可视化表达(图 4.11)。其中，高情绪表达度—高情绪积极度的节点，即能够给游客留下深刻印象并带来积极情绪体验的节点相对集中分布在天都峰—揽海亭—始信峰沿线的游步道两侧。

高情绪表达度的节点，具备如下主要特征：

(1)基于文学影视作品、神话传说等文化属性的加持，节点本身已经具有较高的知名度，对游客来说形成了更多的记忆点，如光明顶、飞来石、猴子观海等。如游客描写道：

"'飞来石'，作为黄山第一奇石，赢得了古今中外游人的极高赞誉。1987 年入央视 36 集电视剧《红楼梦》片头主题曲镜头，名扬海内外。我也是从那时起就知道这一'不知名'的奇石，犹如仙境。如今近在眼前，一晃三十年，已到中年，生命之短暂，大自然的伟大。"

"光明顶乍一听，颇有点金庸似武侠的风采，这时不知不觉海拔已经 1800m，这里也是黄山观日出的绝好地点之一。"

"猴子为何要望太平呢？这里面有个故事……"

(2)节点本身是景区内其他特色景观的载体或绝佳观赏点。基于这种与旅游地吸引物的联系，节点能够获得更多的知名度。如丹霞峰、排云亭、清凉台等作为云海、

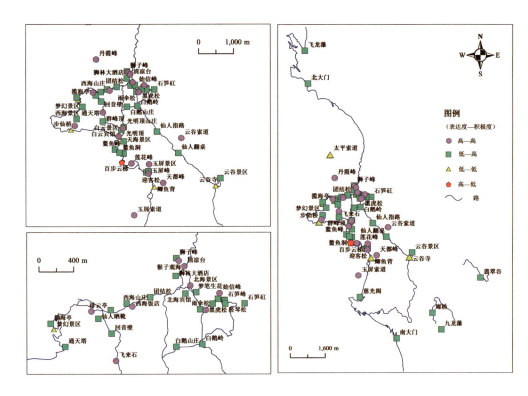

图4.11　情绪表达度和积极度交叉属性空间分布

日出、晚霞等景观的绝佳观赏地点，在游客之间形成了一种口碑传播。如：

"从西海大峡谷乘地轨索道上来，爬山到光明顶还不到4点钟，在光明顶附近等到快6点钟，拍下这组落日的照片。由于前面有云海，落日好像海上升起的朝阳。""如果住在排云亭附近，那么可以选择在丹霞峰、排云亭观看日出和日落。如果住在天海，则可以选择在光明顶或鳌鱼峰观看日落和日出。当然这几个地方也是观看云海、晚霞和奇峰幽谷的最佳地点。""看云海最佳地点：玉屏楼观前海、清凉台观后海、白鹅岭观东海、排云亭看西海、光明顶看天海。"

对于低-高类节点来说，虽然能够给游客留下较高的积极情绪体验，但总体印象不深刻。这一类节点在景区内的数量最多，主要分布路线与高-高类相似。低-低节点和高-低节点数量较少，只零散地分布在景区核心区以外的边缘地区。

分别利用Excel、GeoDa计算情绪表达度和情绪积极度的数值相关系数及空间自相关莫兰指数，所得结果为-0.06、-0.012。从相关系数来看，情绪表达度与情绪积极度之间是相互独立的，游客的情绪表达度与情绪积极度之间不会相互影响。从莫兰指数来看，游客的情绪表达度与情绪积极度的空间自相关性较弱，即节点上的游客情绪体验特征不会受到周围节点情绪体验的影响。

四、游客情绪的路线表达

(一)路线情绪特征

利用从游记文本中提取、编码和统计的情绪词数据，根据上述游客情绪的数值表征计算方法，得到黄山风景区内景点的游客情绪状态。结合黄山管委会官网根据往年游客游览数据制定的推荐游览路线和通过游记文本提取的游览路线，总结归纳出三条沿途情绪状态数据景点最多、游客选择率最高的路线，覆盖了黄山风景区内47个主要景点(表4.10)。

表4.10　景点情绪状态

序号	景点	词频	积极度	序号	景点	词频	积极度	序号	景点	词频	积极度
1	南大门	2	1.000	17	猴子观海	16	0.750	33	百步云梯	15	0.467
2	仙人翻桌	1	1.000	18	狮子峰	8	1.000	34	莲花峰	24	0.875
3	仙人指路	1	1.000	19	狮林大酒店	12	1.000	35	玉屏楼宾馆	8	0.875
4	白鹅岭	14	0.929	20	团结松	1	1.000	36	玉屏楼	2	1.000
5	石笋矼	10	1.000	21	西海饭店	16	0.688	37	玉屏峰	5	1.000
6	竖琴松	1	1.000	22	西海山庄	8	1.000	38	迎客松	51	0.941
7	石笋峰	4	1.000	23	排云楼宾馆	5	0.800	39	鲫鱼背	7	0.286
8	探海松	5	0.800	24	排云亭	28	0.821	40	天都峰	38	0.816
9	始信峰	28	0.750	25	揽海亭	7	0.857	41	慈光阁	2	1.000
10	龙爪松	1	1.000	26	通天塔	1	1.000	42	仙人晒靴	2	1.000
11	连理松	2	1.000	27	西海大峡谷	119	0.765	43	回音壁	2	1.000
12	黑虎松	26	1.000	28	步仙桥	5	0.600	44	飞来石	42	0.857
13	雨伞松	2	1.000	29	白云宾馆	18	0.722	45	群峰顶	2	1.000
14	梦笔生花	2	1.000	30	鳌鱼峰	10	0.800	46	光明顶山庄	14	0.714
15	北海宾馆	14	0.786	31	鳌鱼洞	4	1.000	47	光明顶	87	0.851
16	清凉台	16	0.938	32	一线天	8	0.750				

考虑到实际旅游过程中，游客乘坐索道，根据索道的乘坐时机和数量不同，从三条全步行路线(图4.12)中延伸出半程索道路线(上山、下山)和全程索道路线9条。根

据调查所得黄山风景区管委会 2017 年全年的门票数据，超过 88% 的游客选择从南大门进入景区，与本节提取的 9 条游客选择率最高的路线相符合，说明路线抽样具有合理性和代表性。

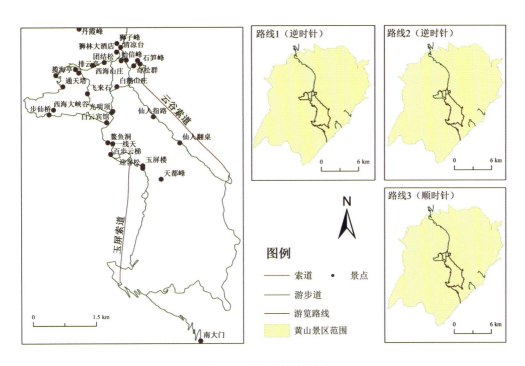

图 4.12　黄山风景区路线

1. 路线 1 的游客情绪变化

路线 1：由南大门进入景区，经东侧云谷索道路线上山，在"排云亭"处向西下"西海大峡谷"，再爬上"光明顶"，由西侧玉屏索道路线下山，从南大门出景区（表4.11）。

随着旅游活动的进行，游客情绪积极度波动程度越来越大，情绪积极度低点越来越低（图 4.13）。体力和资源的累计消耗增多给游客情绪心理上的压力增大，以及生理上的疲劳带来的心理上的倦怠，都是造成游客情绪波动大、积极度低的原因。其中游客情绪积极度最低点是"鲫鱼背"，该景点地势险要，给游客带来"恐惧"等额外的心理负担，从而产生消极情绪。如游客这样描述："我是从新路上老路下，下山的时候经过鲫鱼背真是被吓死了，不要问我鲫鱼背长什么样，因为我过的时候脑子一片空白。"

121

表4.11 "西海大峡谷"路线(路线1)节点

路线	经过节点
路线1-1：全程步行	南大门—仙人翻桌—仙人指路—白鹅岭—石笋矼—竖琴松—石笋峰—探海松—始信峰—龙爪松—连理松—黑虎松—雨伞松—梦笔生花—北海宾馆—清凉台—猴子观海—狮子峰—狮林大酒店—团结松—西海饭店—西海山庄—排云楼宾馆—排云亭—揽海亭—通天塔—西海大峡谷—步仙桥—白云宾馆—鳌鱼峰—鳌鱼洞——线天—百步云梯—莲花峰—玉屏楼宾馆—玉屏楼—玉屏峰—迎客松—鲫鱼背—天都峰—慈光阁—南大门(共42个节点)
路线1-2：半程索道(上山)	南大门—云谷索道—石笋矼—竖琴松—石笋峰—探海松—始信峰—龙爪松—连理松—黑虎松—雨伞松—梦笔生花—北海宾馆—清凉台—猴子观海—狮子峰—狮林大酒店—团结松—西海饭店—西海山庄—排云楼宾馆—排云亭—揽海亭—通天塔—西海大峡谷—步仙桥—白云宾馆—鳌鱼峰—鳌鱼洞——线天—百步云梯—莲花峰—玉屏楼宾馆—玉屏楼—玉屏峰—迎客松—鲫鱼背—天都峰—慈光阁—南大门(共40个节点)
路线1-3：半程索道(下山)	南大门—仙人翻桌—仙人指路—白鹅岭—石笋矼—竖琴松—石笋峰—探海松—始信峰—龙爪松—连理松—黑虎松—雨伞松—梦笔生花—北海宾馆—清凉台—猴子观海—狮子峰—狮林大酒店—团结松—西海饭店—西海山庄—排云楼宾馆—排云亭—揽海亭—通天塔—西海大峡谷—步仙桥—白云宾馆—鳌鱼峰—鳌鱼洞——线天—百步云梯—莲花峰—玉屏索道—南大门(共36个节点)
路线1-4：全程索道	南大门—云谷索道—石笋矼—竖琴松—石笋峰—探海松—始信峰—龙爪松—连理松—黑虎松—雨伞松—梦笔生花—北海宾馆—清凉台—猴子观海—狮子峰—狮林大酒店—团结松—西海饭店—西海山庄—排云楼宾馆—排云亭—揽海亭—通天塔—西海大峡谷—步仙桥—白云宾馆—鳌鱼峰—鳌鱼洞——线天—百步云梯—莲花峰—玉屏索道—南大门(共34个节点)

情绪表达词频上，总体波动幅度稳定，其中"西海大峡谷"节点呈现极高的表达度(图4.13)。这是由于西海大峡谷本身范围较大，地势起伏大，自然景观具有特色，在实际旅游过程中占用时间长(3小时左右)，而且地轨的开发让游客体验感更加丰富，从而积累的游客情绪强烈。比如：

"今年上黄山，又有新惊喜：黄山西海大峡谷于2013年6月28日全程开通！都说没来过西海大峡谷就等于没有到过黄山，这是黄山的精髓景点所在。"

"在西海山庄早餐后，导游小郑带领我们去游览西海大峡谷。西海大峡谷之美，集幽奇、峻险、险奇与峻秀于一身，它既有千仞壁立、万壑峥嵘的磅礴气势，又有群峰竞秀、巧石如林的画意诗情，可以说是无处不景、无景不奇、步移景换、大叹观止。"

"早餐后，8点整，集合出发，游览西海大峡谷，上下多是70°的山坡石阶，上下需3个小时。"

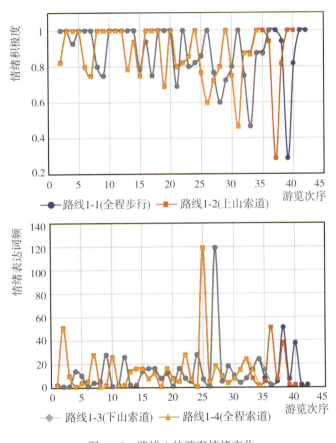

图 4.13 路线 1 的游客情绪变化

2. 路线 2 的游客情绪变化

路线 2：从南大门进入景区，经东侧云谷索道路线上山，在"排云亭"处向南经过"飞来石"，到达"光明顶"，再由西侧玉屏索道路线下山，从南大门出景区（表4.12）。

表 4.12　"飞来石—光明顶"路线(路线 2)节点

路线	经过节点
路线 2-1： 全程步行	南大门—仙人翻桌—仙人指路—白鹅岭—石笋矼—竖琴松—石笋峰—探海松—始信峰—龙爪松—连理松—黑虎松—雨伞松—梦笔生花—北海宾馆—清凉台—猴子观海—狮子峰—狮林大酒店—团结松—西海饭店—西海山庄—排云楼宾馆—排云亭—仙人晒靴—回音壁—飞来石—群峰顶—光明顶山庄—光明顶—白云宾馆—鳌鱼峰—鳌鱼洞——线天—百步云梯—莲花峰—玉屏楼宾馆—玉屏楼—玉屏峰—迎客松—鲫鱼背—天都峰—慈光阁—南大门(共 44 个节点)
路线 2-2： 半程索道 (上山)	南大门—云谷索道—石笋矼—竖琴松—石笋峰—探海松—始信峰—龙爪松—连理松—黑虎松—雨伞松—梦笔生花—北海宾馆—清凉台—猴子观海—狮子峰—狮林大酒店—团结松—西海饭店—西海山庄—排云楼宾馆—排云亭—仙人晒靴—回音壁—飞来石—群峰顶—光明顶山庄—光明顶—白云宾馆—鳌鱼峰—鳌鱼洞——线天—百步云梯—莲花峰—玉屏楼宾馆—玉屏楼—玉屏峰—迎客松—鲫鱼背—天都峰—慈光阁—南大门(共 42 个节点)
路线 2-3： 半程索道 (下山)	南大门—仙人翻桌—仙人指路—白鹅岭—石笋矼—竖琴松—石笋峰—探海松—始信峰—龙爪松—连理松—黑虎松—雨伞松—梦笔生花—北海宾馆—清凉台—猴子观海—狮子峰—狮林大酒店—团结松—西海饭店—西海山庄—排云楼宾馆—排云亭—仙人晒靴—回音壁—飞来石—群峰顶—光明顶山庄—光明顶—白云宾馆—鳌鱼峰—鳌鱼洞——线天—百步云梯—莲花峰—玉屏索道—南大门(共 38 个节点)
路线 2-4： 全程索道	南大门—云谷索道—石笋矼—竖琴松—石笋峰—探海松—始信峰—龙爪松—连理松—黑虎松—雨伞松—梦笔生花—北海宾馆—清凉台—猴子观海—狮子峰—狮林大酒店—团结松—西海饭店—西海山庄—排云楼宾馆—排云亭—仙人晒靴—回音壁—飞来石—群峰顶—光明顶山庄—光明顶—白云宾馆—鳌鱼峰—鳌鱼洞——线天—百步云梯—莲花峰—玉屏索道—南大门(共 36 个节点)

　　该路线情绪积极度变化与路线 1 呈现相似特征，也是波动逐渐增加，情绪积极度低点逐渐降低(图 4.14 上图)。在情绪表达词频方面，该路线情绪强度波动总体比路线 1 小，最高点为"光明顶"(图 4.14 下图)。"光明顶"是黄山第二高峰峰顶，对于山岳型景区的游客而言，容易引起"登顶"的特殊情感；另一方面，"光明顶"周围服务设施成熟，是游客选择住宿的热门地点；由于视野开阔，该地也是观看日出、日落等著名气象景观的绝佳地点；同时由于其名字与流传甚广的某武侠小说描述的重要地点相同，引起游客人文方面的联想。游客在该地体验丰富，又常常由于住宿需要逗留，因此游客情绪表达强烈。

"光明顶乍一听，颇有点金庸似武侠的风采，这时不知不觉海拔已经1800m，这里也是黄山观日出的绝好地点之一。没有办法，天公不作美，日出只能在脑海里演示着升起了。"

"早上的黄山格外地迷人，远远飘来的晨雾，像是山间的云海，梦幻如人间仙境。特别是站上光明顶的时候，有种'会当凌绝顶，一览众山小'的感受，看远处隐隐约约的山峰，仿佛一幅浩瀚无边的山水画，在蓝天白云的映衬下，有种'五岳归来不看山，黄山归来不看岳'的心境。""选择在西海大峡谷拍摄婚纱，沿途经过光明顶。这里是黄山一个视野最为宽阔的地方，你可以看到黄山平坦的样子，似乎它并不陡峭，也不险峻。不要被眼前的这一切都给欺骗了，远处的奇松把高低不平、陡峭险峻的山峰遮挡住了。""看完日出，往光明顶走，路上有裹着军大衣回来的人，这一路都有地灯，所以早上到光明顶看日出不用带手电，从光明顶到白云宾馆也有地灯。"

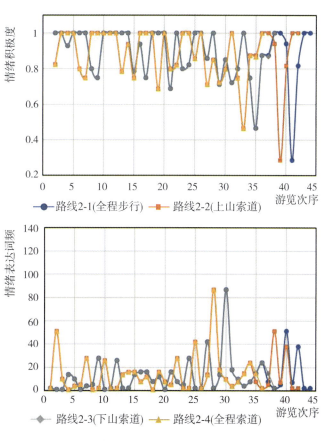

图4.14　"飞来石—光明顶"路线（路线2）情绪变化

3. 路线 3 的游客情绪变化

路线 3：从南大门进入景区，经西侧玉屏索道路线上山，经"光明顶"后向北过"飞来石"（因此，称"光明顶—飞来石"路线），在"排云亭"处向东，再由东侧云谷索道路线下山，从南大门出景区（表 4.13）。

表 4.13 "光明顶—飞来石"路线（路线 3）节点

路线	经过节点
路线 1-1：全程步行	南大门—慈光阁—天都峰—鲫鱼背—迎客松—玉屏峰—玉屏楼—玉屏楼宾馆—莲花峰—百步云梯——线天—鳌鱼洞—鳌鱼峰—白云宾馆—光明顶—光明顶山庄—群峰顶—飞来石—回音壁—仙人晒靴—排云楼宾馆—西海山庄—西海饭店—团结松—狮林大酒店—狮子峰—猴子观海—清凉台—北海宾馆—梦笔生花—雨伞松—黑虎松—连理松—龙爪松—始信峰—探海松—石笋峰—竖琴松—石笋矼—白鹅岭—仙人指路—仙人翻桌—南大门（共 43 个节点）
路线 1-2：半程索道（上山）	南大门—云谷索道—莲花峰—百步云梯——线天—鳌鱼洞—鳌鱼峰—白云宾馆—光明顶—光明顶山庄—群峰顶—飞来石—回音壁—仙人晒靴—排云楼宾馆—西海山庄—西海饭店—团结松—狮林大酒店—狮子峰—猴子观海—清凉台—北海宾馆—梦笔生花—雨伞松—黑虎松—连理松—龙爪松—始信峰—探海松—石笋峰—竖琴松—石笋矼—白鹅岭—仙人指路—仙人翻桌—南大门（共 37 个节点）
路线 1-3：半程索道（下山）	南大门—慈光阁—天都峰—鲫鱼背—迎客松—玉屏峰—玉屏楼—玉屏楼宾馆—莲花峰—百步云梯——线天—鳌鱼洞—鳌鱼峰—白云宾馆—光明顶—光明顶山庄—群峰顶—飞来石—回音壁—仙人晒靴—排云楼宾馆—西海山庄—西海饭店—团结松—狮林大酒店—狮子峰—猴子观海—清凉台—北海宾馆—梦笔生花—雨伞松—黑虎松—连理松—龙爪松—始信峰—探海松—石笋峰—竖琴松—石笋矼—玉屏索道—南大门（共 41 个节点）
路线 1-4：全程索道	南大门—云谷索道—莲花峰—百步云梯——线天—鳌鱼洞—鳌鱼峰—白云宾馆—光明顶—光明顶山庄—群峰顶—飞来石—回音壁—仙人晒靴—排云楼宾馆—西海山庄—西海饭店—团结松—狮林大酒店—狮子峰—猴子观海—清凉台—北海宾馆—梦笔生花—雨伞松—黑虎松—连理松—龙爪松—始信峰—探海松—石笋峰—竖琴松—石笋矼—玉屏索道—南大门（共 35 个节点）

这条路线先经过地势陡峭的、攀爬难度相对高的"鲫鱼背"和"百步云梯"，即情绪积极度的两个最低点（图 4.15），因此前半段的情绪积极度相对高。但总体上除去两个特殊点外，其前后两段情绪积极度波动幅度变化不大，没有呈现出路线 1 和路线 2 明显递进式的变化。这说明游客的疲劳程度和山岳型景区内对于自身安全性的担心仍然

是游客情绪积极度主要影响因素。

"这一段路确实非常险峻，很陡，两边就是悬崖，号称'百步云梯'。我们是从上往下走的，非常小心，一步一个台阶，手还得扶着周边的栏杆。"

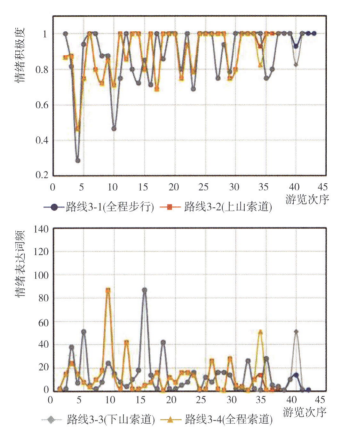

图4.15　"光明顶—飞来石"路线（路线3）情绪变化

（二）路线情绪变化

将以上获得的景点情绪指标数据按照路线顺序绘制在曲线图中，观察情绪指标曲线的变化趋势，从中总结出山岳型景区游客游览情绪变化规律。为探求索道对于游客情绪变化的影响，首先计算各路线情绪指标的统计值，分析索道对于游客游览过程的总体影响。再将索道路线情绪变化绘制在曲线图中，分析索道对于游客情绪详细变化趋势的影响。

1. 步行路线

将三条路线沿线景点的情绪状态指标数据依次序绘制在曲线图中，即得到每条路线游客游览情绪的波动特征图(图 4.16 路线 1、2、3)和路线间情绪指标的对比图(图 4.16)。图 4.16 中横坐标按游览路线顺序的景点序号；纵坐标为情绪表达词频和情绪积极度，表达游客的情绪表达强度和极性。

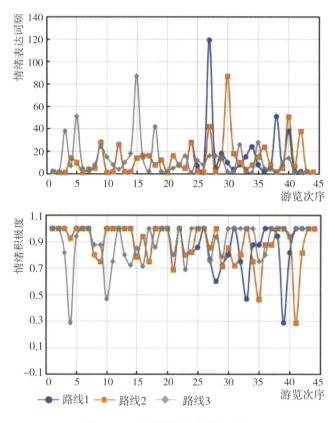

图 4.16　步行路线游客情绪变化

从情绪表达词频的变化曲线可以看出：①大部分景点的情绪表达词频较低，曲线整体呈"山峰状"，波峰波谷交替出现，准周期范围为 3~6 个景点。生物学和心理学认为人类的生物节律会使情绪产生有一定周期的波动性，被称为情绪周期[105-107]。黄山风景区游客情绪也呈现出相应的周期性，但由于旅游活动本身的时间限制，游览情绪周期性比心理学传统上的情绪周期要短，可称为"微周期"。②游客游览情绪的表达程度总体上呈现先上升、后下降的趋势，游览过程中出现的景点比开始和结束段更容易给游客留下较为强烈的情绪印象。根据 Salman Yousaf 的旅游倦怠理论，旅游过程中随着体力、物资的减少，旅游压力积累[108-111]。旅游者会产生情绪脱离[112-114]，并在靠后的旅游阶段显现出来。游客通过将注意力转移到其他与旅游无关的事物上，减少旅游行程中倦怠感的积累，相应的游客的情绪表达强度就会降低。③在一次完整的游览过程中，存在某一个景点的情绪表达强度比较突出，位于游览的中前段或中后段。Salman Yousaf 将资源保护理论引入游客情感的研究中，认为游客心理状态，比如情绪表达与物资一样都是有限的，游客会根据实际情况是实时地调整情绪表达强度，防止过度消耗[112-115]。因此一条完整旅游路线中，游客的情绪强度只会在某一两个景点达到高潮，其余大部分阶段保持着相对较低的状态。

从情绪积极度的变化曲线可以看出：①大部分景点的情绪词频都较高，曲线整体呈现"垂暮状"，与表达词频类似存在准周期波动现象，周期范围为 3~8 个景点，总体上波动频率低于表达词频。与情绪强度类似，情绪极性也存在周期性，积极情绪与消极情绪所占比例交替上升，但在旅游活动中积极情绪占主导地位。②游客游览情绪积极度总体上呈上升或下降的趋势，游览开始和结束段的景点比中间段更容易使游客产生消极情绪。旅游倦怠理论认为资源消耗在造成情绪脱离的同时也会造成游客情绪不适应[112,116-117]，从而增加游客消极情绪的产生，且在旅游活动后期愈加明显。③游客情绪积极度的总体变化趋势没有呈现统一的阶段性特征，说明线路本身特征是影响游客情绪积极度的主要特征，人类情绪规律的约束作用有限。

2. 索道路线

将四类 12 条路线的情绪表达词频和积极度进行平均值和方差计算，并求出每一条路线相对于全程步行路线的指标变化值。同时为方便读者理解，按照路线分类进行编号，步行路线编号为 1、2、3，上山索道路线为步行路线后加-2，下山索道路线加-3，全索道路线加-4(详见表 4.14)。从表 4.14 中可以看出：索道对于景点情绪表达词频的相对变化值总体上大于情绪积极度的相对变化值，相比于情绪内容，索道的体验项目更容易对情绪强度产生影响。

相对于全程步行，半程索道路线没有呈现出明显的统一变化特征。但追溯其具体的路线可以发现游客情绪状态的变化与游客乘坐的具体索道有关：

①游客乘坐云谷索道上山(路线 1-2、2-2)，情绪表达词频和词频方差都增加 12%左右，情绪积极度减小约 1%，积极度方差增加约 2%；

②乘坐云谷索道下山(路线 3-3)的游客情绪表达强度和强度波动性比乘坐该索道上山的增加程度更大，在 12%以上，游客情绪积极度变化与乘坐云谷索道上山类似；

③游客乘坐玉屏索道上山(路线 3-2)，情绪表达词频减少 5.3%，词频方差减少 9.2%，情绪积极度本身存在 0.6%的微弱增加，方差减少 9.9%；

④乘坐玉屏索道下山(路线 1-3、2-3)的游客情绪表达强度和积极度与乘坐该索道上山总体特征类似，没有大范围的明显增加或减少。

不同索道和旅游过程之中乘坐的方向不同,即索道本身的特征、位置及乘坐时机都会对游客总体情绪产生一定影响。黄山风景区内,云谷半程索道路线的游客情绪表达强度和强度波动有较为明显的增加,玉屏半程索道的游客情绪表达强度和表达强度波动则存在一定减少,影响程度比云谷索道略弱。但玉屏半程索道对于情绪积极度波动的影响相对较大,减少约9.9%,而云谷索道对于积极度影响不明显。

三条路线的情绪指标在全程索道上呈现出统一的变化特征,全程索道对于游客在路线上的总体情绪状态存在一定的影响。情绪表达词频平均值和方差的相对变化值都在10左右,全程索道在10%的程度上增加了游客情绪表达强度和强度的波动性。情绪积极度平均值的相对变化值在-1~0范围内,全程索道对于游客的总体情绪积极度有微弱的负向影响,方差的变化值在-7.1左右,全程索道可以减少游客情绪积极度波动程度的约7%。

表4.14　黄山路线指标数据统计

类型	编号	情绪表达词频				情绪积极度			
		平均值	变化值	方差	变化值	平均值	变化值	方差	变化值
全程步行	1	12.791		385.235		0.861		0.043	
	2	12.600		261.351		0.871		0.040	
	3	12.250		261.778		0.873		0.041	
半程索道（上山）	1-2	14.268	11.6	430.635	11.8	0.851	−1.1	0.044	2.3
	2-2	14.000	11.1	299.535	14.6	0.863	−1.0	0.041	2.5
	3-2	11.605	−5.3	237.818	−9.2	0.877	0.6	0.037	−9.9
半程索道（下山）	1-3	12.216	−4.5	381.413	−1.0	0.864	0.4	0.039	−9.0
	2-3	12.026	−4.6	238.435	−8.8	0.876	0.5	0.036	−10.1
	3-3	13.667	11.6	301.889	15.3	0.864	−1.0	0.042	2.7
全程索道	1-4	13.914	8.8	436.021	13.2	0.853	−0.9	0.040	−6.7
	2-4	13.622	8.1	283.154	8.3	0.866	−0.6	0.037	−7.6
	3-4	13.222	7.9	285.117	8.9	0.868	−0.6	0.038	−7.1

注:变化值=[(目标路线指标值−全程步行路线指标值)＊100]/全程步行路线指标值。

为探究旅游路线上索道对于游客情绪变化影响的具体特征,将半程索道(上山)、半程索道(下山)、全程索道路线情绪变化绘制在折线图(图4.17)中。从图4.17中可以看出,索道路线的游客情绪状态与全程步行路线总体呈现类似的变化特征,与表

4.14中索道对完整路线游客情绪指标的各统计值不超过15.3%相吻合，说明是否乘坐索道不会对游客游览情绪变化产生主要影响。

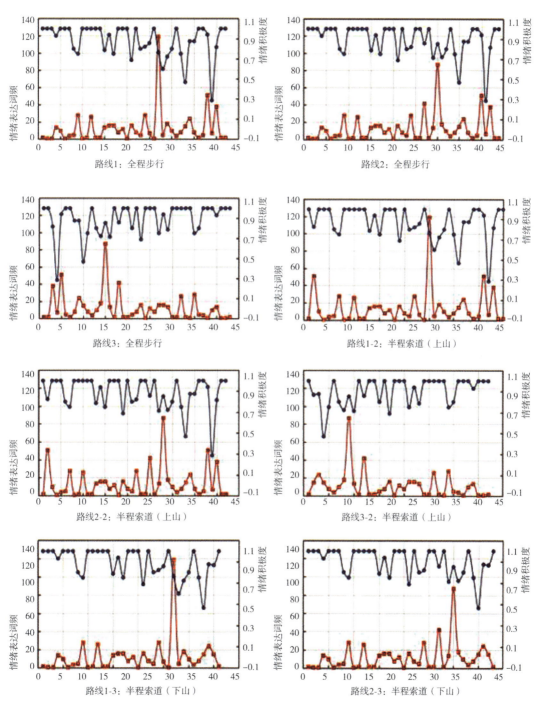

图4.17 索道路线游客情绪变化(一)

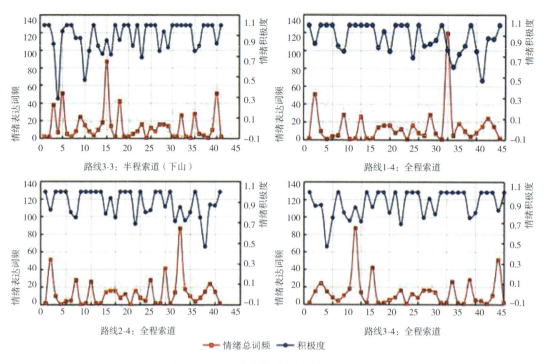

图 4.17 索道路线游客情绪变化(二)

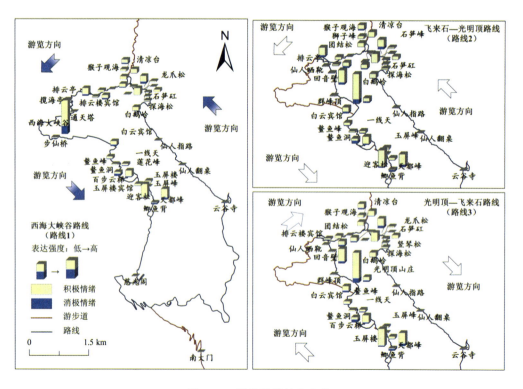

图 4.18 游览路线情绪变化

3. 路线情绪可视化表达

利用 ArcGIS，以柱状叠加图的方式把每一条路线上景点的情绪状态展绘到地图（图4.18）上，使结果呈现更加直观。在景区的实际运行中，可以尝试面向游客群体设计情绪地图，让游客有更加直观的感受，规划适合自己偏好的路线，提升游客旅游体验的同时，也为景区口碑提供积极保障。面向游客设计的地图，需要突出重点并进行艺术化处理，图4.19为进行艺术修饰后的情绪表达度中等以上的游客情绪参考图。

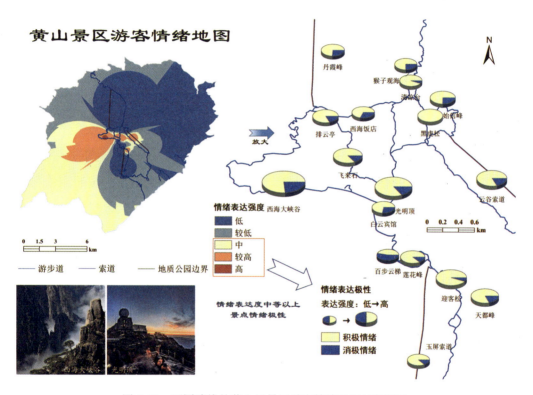

图 4.19　不同路线的黄山风景区游客情绪地图（游客版）

第三节　黄山旅游形象的游客感知

一、数据源及分析方法

游记样本来源于国内知名旅游网站：马蜂窝、携程网和驴妈妈旅游网。马蜂窝是"中国最大的旅游分享平台"，是业内领先的旅游社交网站和自由行交易平台。携程网目前占据中国在线旅游 50% 以上的市场份额，是绝对的市场领导者。驴妈妈旅游网是中国的新型 B2C 旅游电子商务网站，为游客出行提供一站式服务，深受游客喜欢。我们于 2016 年 2 月 1 日分别进入三个网站主页，在游客游记中搜索关键词"黄山"，分别获得 20 553 篇、4923 篇、4339 篇游记作为基础数据。

样本游记的筛选条件：其一，为保证信息的及时性，选取出行时间在 2014 年 1 月—2016 年 1 月之间的游记；其二，从游记质量和受关注程度角度，按照点击量超过 1000 次，游记文字超过 500 字为条件；其三，剔除重复的游记和并未进入黄山风景区的游记。最终获得有效样本游记 75 篇，其中马蜂窝 34 篇，携程网 25 篇，驴妈妈旅游网 16 篇。

研究可分为两个方面：其一，用内容分析法归纳分析黄山风景区积极的形象感知；其二，用质性分析法中的扎根理论对游记所提及的消极感知因素进行提取和分级编码分析，以期找出造成游客在黄山旅游产生消极感知的关键因素。

ROST CM6 具备中文词义解析和词频统计功能，支持自定义词典，也可以将与研究无关的词汇放入过滤词表，以便在研究黄山消极形象感知时，对扎根理论起到辅助作用。

二、黄山的积极形象感知

对 75 篇样本游记进行高频词汇提取，结合质性分析，统计获得游客对于黄山的积极旅游形象感知因素，按出现频次从高到低分别是"三山五岳""三奇五绝之地""风景雄峻瑰奇""文化传播之地""地质奇观""户外、摄影圣地"，如图 4.20 所示。

"三山五岳"是游客积极感知中最显著的一个因素。游记样本中，游客对于黄山风景的评价多种多样，但是"五岳归来不看山，黄山归来不看岳"的经典评论在 75 篇样本中的 67 篇有体现，占比 89.33%。自古以来，黄山作为三山五岳之一，天下第一奇

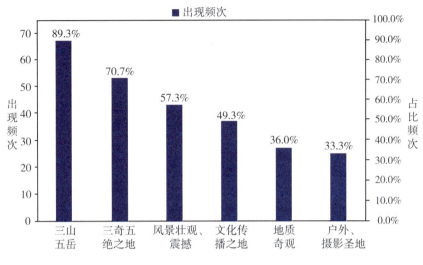

图 4.20　黄山积极形象感知

山，在游客眼中是山岳型景观的代表。正如样本中，游客登顶后感叹："我把黄山留到了最后，因为我知道，登黄山天下无山，果不其然!"又如某游客写道："这次假期专程去了黄山，黄山的美不负盛名，不愧为三山之首。"

排在第二位的是"三奇五绝之地"，黄山景色优美，以"三奇五绝"为特色。黄山素以奇松、怪石、云海"三奇"名扬天下，"三奇"与温泉、冬雪合称为"五绝"。有 53 篇样本提到了对"三奇五绝"的期待，或者感叹了"三奇五绝"的神奇、美丽，占比 70.67%。例如，游客在游记中写道："黄山有着'三奇五绝'，上一次来黄山没有看到云海，这次终于圆梦了"，"太阳若隐若现，云海时浅时深，在这里能拍很久，光线和云团能造就千变万化的海景。"或是"自然把紫红的峰，雪浪云的海，虚无缥缈的雾，苍翠的松，拿过来组成了无穷尽的幻异的景。"

"风景雄峻瑰奇"是排在第三位的积极感知影响因素，75 篇游记中有 43 篇提到，占比 57.33%。黄山千峰竞秀，万壑峥嵘，以雄峻瑰奇而著称，海拔 1000m 以上的高峰有 72 座，神奇雄峻的山岳景观，给游客留下了深刻的印象。正如游客曾写道："黄山风景之奇，不是文字可以形容，不是图片可以表达! 每个季节、每天都展示给我们不同的风景! 一定要亲自去感受。""看着这雄伟瑰丽的景观，游客的欢呼声激荡在山谷间，我们更加兴奋了。"

黄山是世界文化遗产地和自然遗产地，黄山文化的传播对游客感知有着重要的积极作用，样本中有 37 篇提及"文化传播之地"，占比接近一半。摩崖石刻和古建筑贯穿沿途景点，使得自然景观与人文景观得到完美融合。而黄山水墨画、古诗，更是让黄山形象先一步进入游客的脑海中。例如，游客在游记中曾记录："一直听闻黄山的迎客松，看过很多次迎客松的画，这次才见到真正的迎客松。"同时，因为黄山作为"黄山画派"的孕育之地，对艺术从事者产生了巨大的吸引力，因此前来黄山采风、写生的游客也很多。

排在第五位和第六位的是"地质奇观"和"户外、摄影圣地"。这两项在总样本中占比分别为 22.67% 和 20%，对游客积极感知影响有限。黄山是世界地质公园，是著名的花岗岩山岳景区，花岗岩峰林与怪石，以及冰川遗迹地貌、水文等地质景观资源和野生动植物资源丰富，景区内众多的地质科普展板发挥了一定的科普作用，例如游客在游记中写道："飞来石，电视剧《红楼梦》取景地哦！花岗岩受动力影响形成的石英细脉，科普了。"但游客普遍对于黄山"地质奇观"的积极感知度不高，75 篇中仅 17 篇，甚少游记提到了黄山的地学科普价值。基于黄山的"三奇五绝"和"风景雄峻瑰奇"，它也被部分户外探险者、摄影爱好者称为"户外、摄影圣地"，此部分积极感知在总样本中出现频次为 15 篇，占比 20%。部分游记中记录了游客遇见摄影师在景点拍摄日出的情景，也有游记作者本身就是摄影爱好者，例如有游客在游记中记录："这次为了拍云海，在山下住了一周，直到雨停，但都值得了。"

三、黄山的消极形象感知

黄山作为旅游目的地积极感知度虽高，但消极感知依然值得我们探讨。这些不足之处会降低游客在黄山旅游的满意度，并制约黄山旅游行业的进一步发展。在 75 篇样本游记中，大多数游客十分满意在黄山的旅游体验，但也在游记中记录了对黄山的消极感知。样本中提取了 6092 个高频词汇，其中有 607 个消极词汇，如"不好""难过""遗憾"。对这些消极词汇在游记中位置进行锁定，筛选得出 240 条消极感知因素，并且运用扎根理论，将这 240 条消极感知进行三级编码，如表 4.15 所示。

从表 4.15 中可以看出，在四个核心属类中，"旅游服务"是黄山旅游消极感知因素中占比最高的，为 35%。其中，餐饮服务（15.42%）和住宿服务（16.67%）的消极影响较大，导览服务的消极感知较小（占比 2.92%）。这与宋炳华[118]对平遥古镇这类区域型旅游目的地形象感知研究结论不同，因为游客在山岳型景区游玩，特别是黄山这种一天游览不完的大型景区，更愿意选择在景区内食宿，以便第二天接着游玩。餐饮和住宿都是游客在旅游时所需要的基础服务，而游客对此不满意，对景区产生消极感知。即使游客前往黄山鲜少以体验美食为目的，但作为景区配套服务，其质量仍需提高。

表 4.15　黄山目的地消极感知因素

一级编码	二级编码	三级编码
住宿贵(10)、酒店难预订(5)、酒店环境差(7)、住宿性价比低(3)、酒店接待有限(4)、住宿不卫生(8)	住宿服务(15.42%)	旅游服务(35%)
味道不好(15)、吃饭贵(7)、菜品不新鲜(15)、餐饮服务人员态度差(3)	餐饮服务(16.67%)	
解说很少(4)、解说牌看不懂(3)	导览服务(2.92%)	
游客不讲理(2)、人太多,看不到日出(6)、游客太多(5)、休息处比较脏(3)、商业化(3)	人为因素(7.90%)	旅游环境(30%)
大雾影响视野(4)、天气影响大(17)、雪大封山(3)、昼夜温差太大(7)、山上温度太低(3)、没看到云海(6)、一天爬不完(5)、爬山太辛苦(8)	自然因素(22.10%)	
索道在修,不能用(2)、山上一直在施工(2)、道路太窄(7)、厕所少(2)、交通需要中转(5)、路看起来很危险(5)	基础设施(9.60%)	旅游管理(22.92%)
游客有危险行为(4)、排队太久(18)、景点工作人员少(2)、插队严重(8)	人员管理(13.30%)	
西海大峡谷封了(2)、天都峰不能进(2)、迎客松老了(2)、前山漂亮,后山一般(3)、温泉一般(3)、景色都一样(6)	景观吸引(7.50%)	旅游吸引(12.08%)
不适合老人(4)、标识的花草动物都没看到(3)、需要走回头路(2)、游览线路混乱(2)	旅游体验(4.60%)	

注:一级编码括号中的数字代表该项目出现频次,二、三级编码括号中数字代表占消极感知总频次百分比。

在三级编码中消极感知占比第二位的是"旅游环境"类,占比 30%,包括人为因素和自然因素两种二级编码。人为因素指景区开发的人为环境,包括游客之间的相互影响;自然因素主要指气象、山地气候、地形等。从二级编码来看,自然因素是消极感知的最重要来源(占比 22.10%,在二级编码中排第 1 位),说明山岳型景区因山岳景观和景象吸引游客,也因山岳地形和小气候造成消极感知,正所谓"成也萧何,败也萧何"。仔细分析一级编码,可以发现:天气影响游客视域,又或许看不到期待已久的景象(比如云海),又或因温差大、爬山累产生消极感知。这与刘智兴等[119]在五台山的研究差别较大,特别是自然环境消极感知占比,五台山为 7.52%,在二级编码中排第 4 位(与食宿设施并列) ,说明不同的景区发展状况下游客有不一样的感知。换个角度来说,五台山的游客在纠结价格(排在首位的消极感知要素,占 20.35%) ,而黄山的游客在担心天气。

三级编码有关"旅游管理"的消极感知因素占比 22.92% ,包括基础设施和人员管理两个二级编码。基础设施的消极感知因素主要体现在对景区内道路的不满,如"道路太窄""路看起来很危险"。人员管理的消极感知因素中,"排队太久"占比明显高于其他。黄山作为国际知名的山岳型风景区,旅游高峰时段在进园、索道等关卡都有游客排队等候的情况。过长的等候时间,以及由此产生的非正常排队会造成游客消极的旅游感知。这与省域或市域范围的旅游目的地形象感知中,购物和娱乐项目消极感知度较高的情况有所不同。有关"旅游吸引"的消极感知因素占比不高 12.08% ,说明景观吸引力较强,黄山旅游的赏景体验较好。

四、黄山旅游形象小结

游客对于黄山旅游形象的总体感知为:"三山五岳""三奇五绝之地""风景雄峻瑰奇""文化传播之地""地质奇观""户外、摄影圣地"。该形象感知与黄山的旅游资源特色相符,与官方宣传略有出入。游客对黄山的感知主要来源于山岳风景,对"世界地质公园""世界自然与文化双遗产地"等"大牌"名片感知不足。从游客感知效果来看,要用好"世界级的大牌",黄山管委会在地学旅游资源和文化旅游资源的价值挖掘、品牌塑造和景点讲解方面仍需加大力度。

在消极形象感知三级编码中旅游服务占比最高(35%) ,这与省域或城市旅游目的地的相关研究结果中旅游环境消极影响最高相区别。排名前三位的二级编码分别为自然因素(22.1%)、餐饮服务(16.67%)、住宿服务(15.42%)。进一步分析一级编码发现消极感知因素来源:

(1) 因山岳地形、气象和气候导致的观景不利("天气影响大""爬山太辛苦""昼夜温差大""没有看到云海");

(2) 餐饮住宿服务不能达到预期("味道不好""菜品不新鲜""吃饭贵""住宿贵""酒店环境差");

(3) 旅游交通节点运行不畅("排队太久""插队严重")。

可以看出,(2) 和(3) 在很大程度上因(1) 而起,这极有可能是山岳型景区的游客感知通病，对一级编码分析也印证了这一点。

　　著名的山岳风景区，在完善基础设施、做好旅游服务的同时，似乎更应该站在游客体验角度重新考虑游客容量的核算，也许少些"拥挤"会解决诸多问题。此课题还需做针对性的游客调查，以提供更多实据。

第五章　黄山多重名录遗产的居民认知

第一节　黄山毗邻社区居民对旅游影响的感知

旅游目的地居民对当地旅游发展的影响不可忽视，他们不仅承载着旅游业带来的各种效应，更是当地旅游的人文风情和社会环境的一张重要名片，不论是否从事旅游业，旅游目的地居民与游客直接或间接的交流都向外界传达着旅游地的直观印象。因此，关注和研究旅游地居民感知与心态，对旅游业可持续发展十分有必要，也能延伸旅游影响感知和居民生活心态理论的发展，并对研究案例地产生指导作用。

对旅游目的地居民感知的研究最早可以追溯到 20 世纪 70 年代[120-121]。John[122]认为人们对旅游影响愈加关注的主要原因是居民对旅游影响的感知和态度有可能成为成功开发、营销、运作现有或未来旅游项目的一个重要的规划依据。1996 年，戴凡等[123]对"大理古城居民学英语态度"这一旅游社会影响的研究，引起国内学者对旅游地居民感知态度的讨论。

对旅游目的地居民感知的研究包括以下 3 个方面。

（1）居民旅游感知和态度的影响因素，前期主要为经济、社会文化、自然环境等方面的因素[124-126]，人口学特征、受教育程度[127]和人格特征差异[128-129]也会对感知产生显著影响，在研究发展中，产生了社区的归属感或居住时间、与旅游地距离远近[130]，以及居民对政府信任度因素[131]。但也有反对意见，Gursoy 等[132]认为，居民社会文化负面影响的感知与居民支持旅游发展态度间并不存在显著、直接的负相关关系。另外，陈德高等[133]研究了居民对旅游地价值感知，从遗产价值、美学价值、科普价值和经济价值 4 个维度了解其变化情况。

（2）前人理论积淀中，旅游地生命周期理论[134]与马斯洛需求层次理论[135]解释了居民旅游感知与当地旅游发展的变化趋势，社会交换理论表征居民感知的动因。此外，还有利益相关者理论、涵化理论[136]、社会承载力理论[137]和距离衰减理论等。Garcia

等[138]探讨了当前居民旅游感知理论的局限性，并建立新的框架，为居民感知与心态的理论研究扩充内容。近年来，一些新的理论也被应用到目的地居民感知研究中，张大钊等[139]提出旅游地居民相对剥夺感理论。在居民感知研究中，对资料系统化地进行收集与分析的扎根理论也得到较多运用[140]。

（3）国内外学者对于居民感知研究都采用了理论分析和实证研究相结合的方法，如问卷调查法、访谈法、文献参考法等[141-142]，以及对不同目的地居民感知进行对比的比较研究法[143]。最近 10 多年，人们越来越注重实证研究的作用[144]，统计分析模型被运用到研究中，典型代表有聚类分析和主成分分析法[145]、压力反应模型[146]和结构方程模型[147]等；利用网络采集数据进行文本分析的方法也得到了普遍应用，如Rahmani 等[148]应用质性研究编码来分析大型 Web2.0 数据集。当前对居民感知研究已形成系统理论与方法，但仍需要对其进一步完善，逐步将感知影响因素细化，使其在对研究案例地产生现实意义的同时，起到普适性推广作用。

目前学界对居民生活心态方面关注较少，更多学者关注社会心态[149]或医学领域，以及古代文人墨客生活中的创作心态[150]。对生活心态的研究主要为某类群体在生活中表现出的社会心态，以弱势群体和青少年居多[151]，如秦洁[152]对城市劳动力在面对不公正待遇时"忍"的生活心态进行了深度访谈；杜鹏[153]将中国农民的闲暇当作一种生活心态，并建立了"时间消费-社会交往-仪式互动"的闲暇生活结构；刘胜枝[154]对短视频中青年文化秀及背后的社会心态进行研究。然而，目前尚未开展对旅游目的地居民日常生活心态的研究，仅少数学者将心态与生活满意度结合进行研究[155]。因此，以下内容从居民生活心态角度探讨旅游对居民的影响，我们分析了居民对旅游发展的满意度和支持度，根据居民生活心态反映，提出黄山旅游的优化方向。创造人民美好生活，需要以人为本，了解居民对美好生活的真正需求，提升居民获得感、安全感和幸福感[156]。因此研究黄山汤口镇居民感知和生活心态，有助于提升黄山居民的幸福感，实现黄山旅游与居民美好生活的共赢。

一、调研社区与内容框架

黄山于 2004 年被联合国教科文组织授予世界地质公园品牌，并早在 1990 年被评选为世界文化与自然双遗产。黄山世界地质公园有着独特的科学和美学价值，山体主要由燕山期花岗岩构成，垂直节理发育，侵蚀切割强烈。前山岩体节理稀疏，岩石多球状风化，山体浑厚壮观；后山岩体节理密集，多是垂直状风化，山体峻峭，形成了"前山雄伟，后山秀丽"的地貌特征。调研以黄山世界地质公园为主体，地质公园周边毗邻社区和村镇为对象，主要有南大门附近汤口社区、山岔村、东大门附近谭家桥镇、北大门附近耿城镇和西侧焦村镇。

选取黄山世界地质公园东南部，即有黄山门户之称的汤口社区，主要是沿黄山世界地质公园边界布局的居民组，包括寨西、查木岭、汤口村以及山岔村内的翡翠新村（位于翡翠谷景点内部），见图5.1，共4个数据采集点，该区域是与游客接触最多、旅游服务业最成熟的区域。汤口社区内常住人口约1463户（约4138人），汤口镇山岔村内翡翠新居与九龙新村涉及常住人口约260户（约860人），两区域共约1723户（约4998人）。该区域居民地分布集中，沿主要交通干线和黄山世界地质园边界线分布，居民就业以旅游服务业为主，少部分居民从事农业。到目前为止，汤口社区已形成了黄山最大的"旅游接待服务休闲一条龙"的旅游接待集散地，各类个体工商户近1800个，自备车辆1200余部，个体旅社200多家，床位12000张，大型宾馆51家（资料来源于汤口镇政府网站相关数据）。翡翠谷景点及翡翠新居是中国首个村民自发组织发展的旅游景区，其中"翡翠人家"为省级农家乐旅游接待示范点、全国休闲农业与乡村旅游示范点及中国乡村旅游金牌农家乐。总体而言，调研区域居民旅游参与度高，旅游业发展成熟，历时较久，旅游感知强烈，生活心态受旅游影响显著。

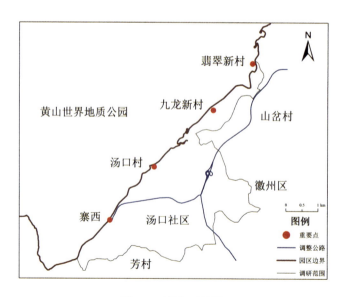

图 5.1　研究区域图

研究前期参考大量国内外文献，充分了解理论前沿，汲取前人研究经验，归纳提炼出关于居民感知与生活心态研究的主要内容与研究进展，为后续工作奠定了理论基础；中期开展实地调研，首先通过预调查对问卷修改完善，然后小组二次调研收集居民感知与生活心态数据；后期采用数理统计法，用 EXCEL 与 SPSS 软件处理获取数据，检验数据信度与效度，并进行主成分分析。软件计算各选项均值标准差及赞成率、反对率和中立率，由此得出当前黄山汤口镇社区居民旅游感知的情况与居民生活心态内涵。最后根据数据分析结果，采用归纳总结的方法，探究黄山旅游发展与社区居民之间的关系现状，发掘需要进一步完善的方面，结合黄山实际情况提出管理改善建议。

问卷题项的设计参考了前人研究成果，如章锦河[157]以黟县西递为例，从旅游的经济、社会文化、环境影响等角度分析了古村落居民的旅游感知；李伯华等[158]在对张谷英村景观价值居民感知与评价研究中，采用主成分分析法，将价值感知分为风景价值、经济价值、文化价值和精神价值4个层次；李琛等[159]对御道口森林草原风景区的居民进行实证研究，从经济、社会、环境3个方面揭示了目的地居民对正负旅游影响的感知和态度；尹寿兵等[160]以黄山市汤口镇为案例，从经济、生活环境和社会文化各自的积极和消极感知方面进行问卷分析，构建了旅游地居民感知与生活心态的模型，见图5.2。

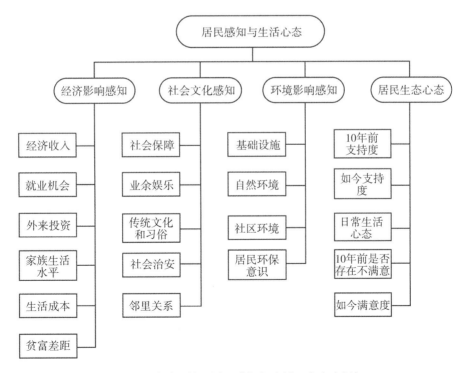

图 5.2　旅游目的地居民感知与生活心态内容框架

问卷设计分为 3 个部分：①居民人口学特征，包括性别、年龄、教育经历、职业、月收入状况和在黄山的居住时间 6 个题项；②居民对黄山世界地质公园旅游发展的感知和心态，包括经济、社会文化和环境 3 个方面，各部分具体指标如图 2 所示；③居民生活心态感知，包括日常生活心态和 10 年前后的满意度与支持度。

问卷选项设置测量尺度采用已成熟并广泛适用的 Likert5 级量表，对选项从 1 到 5 赋值，分别为"完全不同意""不同意""不确定""同意""非常同意"，能够科学合理地反映居民感知水平。在具体题目中为方便居民理解，参考了预调查居民反馈意见，选项答案因题而异，如在居民生活心态感知的调查中，将第 1 题"对本地旅游发展的整体心态"下设选项说法变为"非常不好""不好""不确定""好"和"非常好"。

二、旅游影响的居民感知特征

(一)经济影响的感知

测量居民对旅游发展的经济感知有 6 个指标，问卷分析结果见表 5.1。结果表明，6 个指标均值都大于 3.5，可判断整体居民经济感知为偏积极方向；积极选项和消极选项赞成率都大于 60%，说明旅游发展确实让社区居民经济收入增加、就业机会和外来投资增多、生活水平提高，但同样也增加了生活成本和消费，加大了贫富差距。其中"本地贫富差距增大"题项标准差较大，为 1.61，样本选项之间离散度较大，居民对贫富差距问题持不同看法。问卷调查的同时穿插了半结构式访谈，在居民填写问卷的同时与其对每个问题进行交流，以悉知不同区域居民在不同方面的感知趋势。由访谈得知，翡翠新村社区居民的社会保障和福利政策较好，每位居民每年能够分得 1.6 万元福利金，而汤口社区因旅游服务业发展的差异导致居民对贫富差距感知更强烈。

在各题项中，赞成率最高的为"旅游发展使您的生活成本和消费增加"，且该题项反对率也最低；其次为"旅游发展给您的家庭生活水平带来改善"，反对率为 7.6%。综合这两指标及在访谈中所得信息可得出，绝大部分居民认为黄山世界地质公园旅游发展导致物价上升和消费提高，同时因就业机会增加和经济收入增加而提升了生活水平。但是，"经济收入增加"和"给本地带来更多投资"题项中，反对率均大于 10%，且赞成率相对较低，表明居民对经济收入增加认同度没有生活水平和生活成本提高认同度高。目的地社区居民经济感知处于积极状态，从 Butler[137] 的旅游地生命周期理论可推断出，黄山风景区从旅游开发到如今已进入成熟阶段，居民感知也从最初的积极变得逐渐平静。

表 5.1　居民对旅游发展的经济影响感知

题　　项	均值	标准差	赞成率(%)	反对率(%)	中立率(%)
旅游发展让您的经济收入增加	3.68	0.90	74.4	10.3	15.2
旅游发展让本地就业机会增加	3.73	0.85	75.0	7.6	17.4
旅游发展给本地带来更多投资	3.62	0.91	64.6	13.1	22.3
旅游发展给您的家庭生活水平带来改善	3.82	0.80	75.6	7.6	16.8
旅游发展使您的生活成本和消费增加	3.89	0.72	76.0	4.3	19.6
旅游发展增大了本地贫富差距	3.72	1.61	60.3	8.1	31.5

注：赞成率为"非常同意"和"同意"比例之和，反对率为"非常不同意"和"不同意"比例之和。

(二)社会文化影响的感知

测量居民社会文化感知有 5 个指标，问卷分析结果见表 5.2，整体而言，其赞成率和均值不如经济与环境两类感知度好，有两项指标均值小于 3.5。对于"本地治安"，绝大多数人认同安全感更高，认为一直以来社区治安都比较好，没有更明显的改变。对"旅游发展使社会保障增强"这一问题，表示赞成的超过 50%，13.1% 表示反对，23.4% 保持中立。黄山旅游发展给当地经济带来改善，相应的社会保障，如医保、养老保险会有优惠政策，尤其是翡翠社区更明显，保持中立者未参与和享受除国家正常社保之外的其他社会保障，因此认为并无差别。

在社会文化感知方面，有两项指标赞成率低于 50%，分别为"旅游发展给您带来更加丰富的业余娱乐生活"和"旅游发展使本地邻里关系更和谐"，且反对率相对较高。前者普遍反映居民参与旅游服务业之后，相比之前闲暇时间减少，同时手机的普及占用了大家大多数的业余时间，而且社区较少组织集体活动，因此工作之余较少有更丰富的业余娱乐生活。后者邻里关系更和谐的赞成率不足 50%，由于汤口社区由曾经的乡村逐渐演变为以旅游服务业等第三产业居多的商业场所，和曾经相比，增加了个人工作的繁忙程度，需要花费更多时间和精力；同时由于竞争关系的产生和外来人口的定居，也将原有的乡邻关系打破。

对于本地传统文化和习俗方面，超过 60% 的人赞成"旅游发展使其更加发扬"，徽文化作为旅游的特色，其优秀的传统文化和习俗吸引大量游客，也赋予了当地人对本地文化传承的责任感和荣誉感，社区内随处可见的徽菜特色餐厅、徽雕徽墨的纪念品商店等，对传统美食和传统艺术等文化遗产的发扬起到了积极作用。

表 5.2　居民对旅游发展的社会文化感知

题　　项	均值	标准差	赞成率(%)	反对率(%)	中立率(%)
旅游发展使社会保障增强	3.49	0.86	57.1	13.1	23.4
旅游发展给您带来更丰富的业余娱乐生活	3.14	1.09	45.1	35.8	16.8
旅游发展使您对本地传统文化更自信,传统习俗更发扬	3.53	0.94	60.3	16.3	24.5
旅游发展使本地治安更稳定,安全感提高	4.04	0.67	88.0	3.1	29.9
旅游发展使本地邻里关系更和谐	3.36	0.97	48.3	34.1	19.0

(三)环境影响的感知

测量居民环境影响感知有 4 个指标,问卷分析结果见表 5.3。调查区域的居民环境感知整体情况较好,3 个指标均值大于 3.5,处于偏积极感知。居民对"本地环境是否越来越干净卫生"的感知均值小于 3.5,赞成率相对较低,反对率也明显相对较高,且标准差较大,这主要是因寨西露天垃圾池问题。对于"本地基础设施是否更完善",居民赞成率较高,反对率和中立率都相对较低,说明旅游发展确实为当地社区带来更好的基础设施条件,包括道路、水电和休闲娱乐设备等。在自然环境方面,63.1%的居民赞成其越来越优美,因为黄山风景区旅游开发对自然环境和生态的保护更加完善,整体环境较之前更好,调查区域的原耕地基本已退耕还林,也限制居民随意上山挖笋、采伐等活动;在问卷调查中,随机访问持中立态度的居民,得到的普遍答案是黄山环境一直保持优良,改变并不明显;而持反对意见的部分居民认为,大量游客和汽车的到来导致生活垃圾增多,对黄山自然环境和社区环境造成一定污染。对于"本地居民环保意识是否提高",64.2%的居民表示赞成,在黄山旅游发展之后,因接待游客和面向国际,需要共同营造和维护整洁的社区环境,共同保护优美的自然环境,且因居民素质提高并向往更高质量的生活,加之社区管理部门对环境卫生监管更加严格,所以居民的环保意识普遍有所提高;随机访问持中立态度的居民,他们认为环境保护意识与自身相关,不了解自身以外的其他居民环保意识是否增强,说明该问题在问卷设置中存在一定表述问题,后期研究应对其改进。

表 5.3　居民对旅游发展的环境影响感知

题　　项	均值	标准差	赞成率(%)	反对率(%)	中立率(%)
旅游发展后本地的基础设施更完善了	3.69	0.87	73.3	12.5	14.1
旅游发展让本地自然环境越来越优美	3.60	0.94	63.1	13.6	23.4
旅游发展使本地社区环境更干净卫生了	3.47	1.06	61.9	21.2	16.8
旅游发展使本地居民环境保护意识提高	3.64	0.86	64.2	11.4	24.5

三、居民生活心态与旅游支持度

测量居民生活心态方面有 5 个指标，分析结果见表 5.4。对生活心态的测量中，"最初支持度"获得了比较高的赞成率和均值反馈，且标准差小，中立者不足 10%，表明绝大部分居民在黄山旅游发展之初十分支持本地旅游业的发展，积极性高，心态较好。对应题项"目前您依然十分支持本地旅游发展"的赞成率相对较低，反对率上升，中立者增加了一倍，反映出居民对黄山旅游的支持度呈现略微下降趋势。对满意度反向提问题项"您之前(10 年前)对旅游发展有没有不满意的地方"，选择"没有"或者"一点也没有"的反而表现为满意度高，赞成率较低说明不满意的地方较少，未达到 50%。而另一问题"相比之前(10 年前)，旅游发展让您越来越满意"则表现出 62.5%的赞成率，与 10 年前相比，现如今整体满意度依然较高。居民对黄山旅游发展满意度总体积极，但如今支持度没有发展之初高。最初旅游发展尚不成熟，属于起步阶段，因此居民大力支持；而如今黄山旅游已逐渐成熟，旅游服务系统也趋向稳健，不需要再进行过多的建设，所以对旅游推进的支持度稍显下降，但对旅游发展的满意度依然处于积极状态。总体而言，居民生活心态越来越好，该题项均值接近 4，支持率 67.9%，反对率仅 10.9%，大多数居民对黄山旅游发展影响的生活心态趋向上升。

表 5.4　居民受旅游发展影响的生活心态

题　　项	均值	标准差	赞成率(%)	反对率(%)	中立率(%)
您从一开始(在此地生活或旅游业发展之初)就十分支持本地旅游业的发展	4.02	0.62	87.5	12.5	9.8
目前您依然十分支持本地旅游发展	3.52	1.01	65.2	18.5	19.6
旅游发展让您日常的生活心态越来越好	3.65	0.82	67.9	10.9	21.2

题　　项	均值	标准差	赞成率(%)	反对率(%)	中立率(%)
您之前(10年前)对旅游发展有没有不满意的地方	3.21	1.05	49.5	28.2	22.3
相比之前(10年前),旅游发展让您越来越满意	3.50	1.04	62.5	17.9	16.3

四、居民旅游影响感知结论及建议

黄山世界地质公园毗邻社区居民感知和生活心态整体呈现积极状态,但经济感知、社会文化感知、环境感知和居民生活心态分别存在消极状态。

在经济方面,黄山旅游发展让本地经济收入增加、就业机会增多、外来投资增加、生活水平提升,但同时也增加了当地居民的生活成本、提高了其消费水平。居民生活成本升高的程度大于收入增加的幅度,本地贫富差距拉大,居民之间存在利益分化现象。

在社会文化方面,社会治安优良,社会保障较好,传统文化得以保持;同时,居民生活趋向单调化,缺乏业余娱乐设施与活动场所,乡邻情感弱化,邻里关系氛围淡薄,商业竞争越来越明显。

在环境方面,基础设施和社区环境总体较好,但空间上存在差异,部分区域尚需加强基础设施建设与环境治理。自然环境未有破坏现象,居民环保意识提升。

在生活心态方面,旅游发展让居民日常生活心态越来越好,居民10年前与如今对旅游满意度都呈现较高水平,而且如今满意度比10年前更高,旅游发展更成熟稳定。但是目前居民对黄山旅游发展的支持度不如最初强烈,积极性略显下降,反映出居民对旅游发展的热情降低。

根据以上结论,针对黄山世界地质公园的管理提出以下建议:

首先,发挥管理者角色和作用。黄山世界地质公园与社区管理部门统筹协调与控制社区旅游业经营,引导良好的市场风气,提升旅游服务水平,对餐厅、酒店经营、民宿管理、特产销售等开展就业培训,鼓励居民积极参与。

其次,重视居民社会文化生活。当前居民业余娱乐生活单调、邻里关系淡薄,建议社区居委会和旅游开发公司针对当地居民多开展一些集体活动、文艺汇演或者居民运动会等,既能丰富娱乐活动,又能改善社区邻里关系,还可以成为吸引游客的一种方式。

再次，从空间和时间上拓展游客活动范围与时长。对汤口社区除主干道之外的其他街道进行旅游规划和建设，从空间上延展游客活动范围，既能实现游客高峰期的分流，又能实现整个区域旅游业均衡，减小居民间贫富差距。同时，改善汤口社区目前对游客的吸引度不高、"留不住游客"的情况，当前社区仅作为休憩点，游客在本地停留和食宿外的消费较少。黄山世界地质公园以自然风光为主，山下社区徽文化表现力不足，除了部分纪念品店的徽雕、徽墨和餐馆的徽菜，缺乏更多更具有人文色彩的旅游吸引物。因此建议对周边社区注入更多文化元素，将其打造为徽文化旅游特色旅游小镇，实现游客"山上游览，山下体验"，延长游客停留时间。

最后，增强居民保护意识和保护能力。对居民加强地质公园科普和地质遗迹保护教育，使居民对黄山世界地质公园产生共同责任感，在与游客接触时能主动介绍地质公园。此外，"各级科普教育工作"也是世界地质公园的核心，黄山管理者可与高校对接，大力推进研学旅行、科研探索等活动，在能够吸引更多游客的同时可以科普和传播地质公园旅游文化。

第二节　黄山汤口社区居民对多重品牌的认知

"品牌"通常指用以识别产品或服务的元素组合，"品牌建设"实质是将一个普通的产品品牌变成有市场竞争力的著名品牌的过程[161]，而旅游目的地品牌则不同于一般的商品和服务，其始终是与地理名称紧密联系在一起[162]。作为旅游目的地，从"无名"到"知名"再到"著名"，比工业产品要复杂得多。王亚辉、明庆忠等[163]以焦点游客为对象利用品牌关系理论构建旅游目的地品牌，李翠玲等人提出旅游目的地品牌知晓度、知名度、信任度及忠诚度等议题[164]。

游客或旅游消费者一直是旅游目的地品牌认知的核心[165-166]。然而，许多遗产型旅游地原本就是居民们世代生活的家园，旅游部门及国家组织普遍认为社区居民是遗产保护与地方发展中不可缺少的重要利益相关者[167-170]，众多学者也对此进行了论述或佐证[171-174]。认知行为理论指出，社区居民的认知会影响他们参与旅游发展和资源保护的态度，积极的态度能够促进社区居民参与地方的可持续发展之中[175-176]。可见居民认知既影响"主客"交往中的游客体验，又关系到旅游地的长远发展。摸清当地居民的认知状态是旅游目的地品牌建设的先决步骤。

旅游目的地在生态系统、文化或自然遗产、地质遗迹等不同方向的价值逐渐被社会认知、认可，便形成了某个地方的"多重品牌"。拉姆萨尔湿地（Ramsar Site）、世界遗产、世界地质公园和世界生物圈保护区这几个国际品牌的交叉管理是国外学者的研究重点[177-180]。我国学者的研究成果集中在国家级多重品牌空间叠置的现象描述[181-182]、成因探究[183-184]和管理冲突[185-186]这几方面，也有从协同管理实践出发对国际多重品牌的研究[78]。总体而言，从社区实际出发探索多重品牌旅游地协同管理的研究成果还显得难以满足现实需求，从居民出发研究旅游地品牌认知是有益补充。

基于此，以下内容从居民的视角出发，了解黄山风景区的社区居民对多重品牌的认知情况，并分析居民认知的群体差异。以期在了解居民认知现状的基础上，一方面探寻案例地不同品牌价值的传递效果、认同程度；另一方面协助地方完善品牌管理策略，让居民更好地参与旅游地品牌建设。

一、研究思路与数据来源

品牌认定和旅游发展对社区的影响已被广泛探讨。一些研究指出，地方一旦被赋予品牌，开始发展旅游，地区的环境保护、经济发展、社会发展状况都会随之发生变化[178,187-191]，有学者将社会、经济和环境效应归纳为品牌认定或旅游发展对地方的主要效应[192]。据此，从社会、经济、环境三个维度来测量社区居民对黄山多重品牌的认知状态。参考 Wang 等[193]、谌永生等[194]、李佳倩等[195]研究成果，结合案例地实际，设计了社区居民对多重品牌认知的问卷。问卷共包括 3 个部分：受访者个人基本信息，社区居民对品牌系统的认知，社区居民对各品牌贡献度的认知。量表题项均采用 5 点李克特量表法进行度量，1~5 代表"完全不同意"到"完全同意"；社区居民对各品牌贡献度的认知采用排序赋分法进行定量化测量，排在第一顺位的赋 5 分，排在第二顺位的赋 4 分，然后依次递减。

整体研究分为两条线：其一，以"知晓度"为被解释变量，解释变量包括居民知晓的品牌数量、品牌排序、"社会、经济、环境"三个维度的效应认知；其二，以"认可度"为被解释变量，解释变量包括社会贡献、经济贡献、环境贡献三个维度的认可程度和品牌排序，以及各品牌的总体贡献度。整体研究思路可用图 5.3 示意。

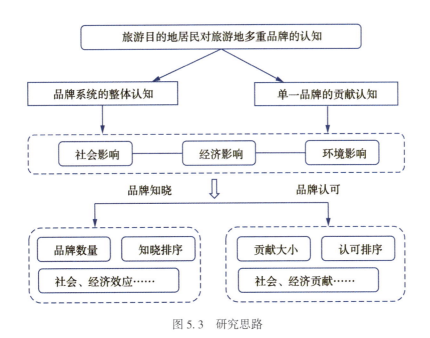

图 5.3　研究思路

2019 年，在"黄山世界地质公园扩园规划"项目研究时获取了居民对黄山世界地质公园、黄山世界遗产两个单一品牌的认知数据(空间范围重叠示意见图 5.4)。在分析该数据的基础上，根据需要设计了多重品牌居民认知的调查问卷，经过 2021 年 1 月的预调研后，修改了部分问题的提问方式，形成探索"品牌知晓度"和"品牌认可度"的正式调查问卷。2021 年 6 月 27 日至 7 月 1 日，2023 年 5 月 8 日至 11 日，两次前往汤口社区采用不重复抽样调查法，以沿途随机入户的形式发放问卷，并结合"访谈式"进行辅助性解释。共发放问卷 356 份，并现场回收。以至少知晓一个黄山品牌，且问卷填写完整的居民作为有效样本。经过信息对比、统计后，获得有效问卷 312 份，有效率为 87.6%。

根据汤口镇公布的 2017 年汤口社区在籍居民 936 户、户籍人口 2861 人进行样本规模计算：按户计算，抽样比例为 33.3%，抽样误差小于 4.62%；按社区总人口计算，抽样比例为 10.1%，抽样误差为 5.34%。两种算法都符合社会调查的抽样要求。

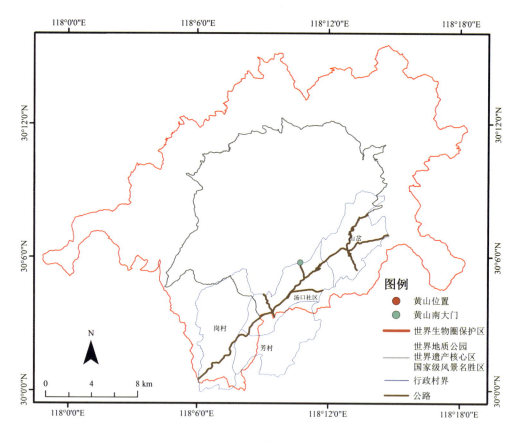

图 5.4 黄山多重品牌空间范围重叠图

调查样本的背景特征如表 5.5 所示。整体来看，受访者在性别、职业、人均年收入三个维度上分布较为均衡，而在"年龄""教育""居住年限""是否为本地人"四个题项上出现了较明显的集中趋势。受访者的年龄主要集中在 18 岁至 64 岁之间，占比为

93.6%；受访居民以本地居民为主，占比为83.9%；75.9%的居民在此地居住时间超过8年。从样本特征来看，与当地人口年龄、职业结构、收入状态较为契合，随机样本较为理想。

表5.5 社区被调查居民人口学特征

特征	分类	比例(%)	特征	分类	比例(%)
性别	男	57.1	职业	旅游从业者	54.8
	女	42.9		个体经营(非旅游)	14.1
年龄	18 岁以下	3.5		公司职员	5.4
	18~29 岁	17.9		务农	3.2
	30~44 岁	46.8		政府/事业单位	6.1
	45~64 岁	28.8		学生	12.2
	65 岁以上	2.9		其他	4.2
教育	初中及以下	28.5	居住时间	3 年以内	9.3
	高中	34.9		3~8 年	15.2
	大专	17.3		9~15 年	22.4
	本科及以上	19.2		15 年以上	53.5
人均年收入	3 万元以内	32.1	是否为本地人	是	83.9
	3 万~8 万元	33.0		否	16.1
	9 万~15 万元	26.9			
	15 万元以上	8.0			

二、居民对多品牌系统的认知特征

品牌系统认知主要是调查社区居民对黄山不同品牌的了解程度及对品牌系统效应的认知状况。其中对于前者的测度主要是基于对品牌名称知晓结果的分析。问卷中罗列出五个品牌名称，要求受访居民对其了解的品牌进行标记，再将相关数据输入 SPSS 软件中进行多重响应分析，即可得到每个品牌被选的频次及人数占比。结果表明，黄山附近的社区居民对黄山的不同品牌具备较高的熟悉度，表现在 73.4%的居民知道三个及以上品牌，44.2%的居民知道黄山的四个品牌(图 5.5)。为了进一步明晰居民对各品牌的知晓情况占比是否具有统计学上的显著差异，进行了卡方拟合优度检验，得到 $P=0.00(<0.05)$，表明居民对五个品牌的知晓情况显著不一致。知道黄山被列为世

界遗产的居民占到受访人数的90.1%，86.2%的居民知道黄山为5A级景区，76.3%的居民知道"黄山风景名胜区"这一称号，58.3%的居民知道世界地质公园，而仅有17.6%的居民知道世界生物圈保护区也是黄山的一大品牌(图5.6)。

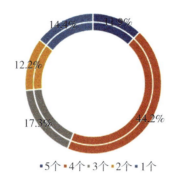

图5.5 社区居民知晓的品牌数量

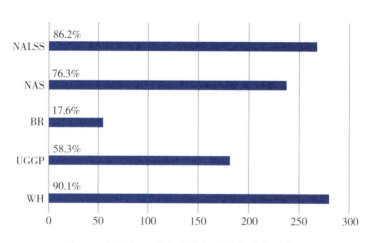

图5.6 社区居民单个品牌知晓的样本数及占比

为考察社区居民对品牌系统的认知状况，从社会效应、经济效应、环境效应三个维度出发，针对性地设计了如表5.6所示的相关题项。为考察量表问题内部的一致性，采用Cronbach's Alpha对问卷进行了信度分析，结果显示克朗巴哈α系数为0.893，其中社会发展维度的$\alpha = 0.735$，经济发展维度的$\alpha = 0.741$，环境保护维度的$\alpha = 0.849$。一般认为当信度系数大于0.7即具有相当可信度，由此可见本问卷的可信度较高，即问卷测量结果基本可靠。

表5.6　社区居民对品牌系统认知情况

项　　目	SA(%)	A(%)	N(%)	D(%)	SD(%)	M
社会效应						
多个品牌比单个品牌更能提高黄山的知名度	50.4	35.6	12.6	1.5	0	4.35
多个品牌比单个品牌更有利于区域社会发展	51.1	34.8	11.1	3.0	0	4.34
多个品牌比单个品牌更能提高黄山附近社区居民的自豪感	46.7	27.4	23.0	3.0	0	4.18
						4.29
经济效应						
对游客来说，多个品牌比单个品牌更具吸引力	50.0	38.1	10.6	0.3	1.0	4.36
多个品牌比单个品牌更能促进地区的经济发展	52.2	29.8	17.3	0.6	0	4.34
多个品牌比单个品牌更能增加地区居民的收入	39.1	33.3	20.8	6.1	0.6	4.04
						4.25
环境效应						
多个品牌比单个品牌更有利于环境保护	33.7	24.0	37.2	2.6	2.6	3.84
多个品牌比单个品牌更能使政府增加对环境保护的投入	42.0	33.7	23.4	1.0	0	4.17
多个品牌比单个品牌更有利于提高公众的环境保护意识	42.6	33.0	23.7	0.6	0	4.18
						4.06
支持度						
您是否支持授予黄山更多的品牌，例如"国家公园"？	53.5	36.2	9.0	1.3	0	4.42

注：SA 非常同意；A 同意；N 中立；D 不同意；SD 完全不同意；M 平均值。

　　大部分居民对于品牌系统带来的正向社会效应认知较为明显，表现在居民普遍赞同品牌系统的建立对提高黄山的知名度及促进当地社会发展方面均具有重要贡献。但在个体的微观认知题项"多个品牌比单个品牌更能提高黄山附近社区居民的自豪感"上，仍有23.7%的居民持中立或反对态度，代表性表达为"黄山是中国的黄山，世界的黄山，声名在外的，但是这和我们老百姓有什么关系？我们又不会因为黄山多了一块牌子得到什么好处","黄山多个牌子少个牌子和我们也没啥关系"。说明部分居民认为自身并未同等享受到品牌系统带来的红利。

在经济效应认知层面,受访居民的整体赞成度依然很高。88.1%的居民赞同多个品牌可以吸引更多的游客来黄山游览,"促进地区经济发展"的支持率达到82.0%,"增加地区居民收入"在三个选项中的支持度最低,但也达到72.4%。在居民微观认知层面,代表性观点有"牌子多了,知名度就上去了,游客就多了嘛,黄山这地方就是靠旅游吃饭的,有游客就有钱赚",也有居民提到"这些牌子都是后来的,游客来不来(黄山)的,不在乎它有多少个牌子,就因为它是黄山,在这些牌子之前黄山就已经开始搞旅游了"。由此可以看出居民认为多个品牌有利于吸引游客,拉动地方经济发展,但黄山很早就已成为知名的旅游目的地,所以品牌对它的经济影响是有限的[193]。多位受访者提到促进黄山经济发展的关键不是品牌数量的多少,而是政府如何进行品牌宣传,可见品牌知名度问题已深入人心。

在三个维度中,环境效应的认知程度最低,3个题项的算术平均分为4.06。其中"多个品牌比单个品牌更有利于环境保护"的认同度均值最低,得分为3.84,有37.2%的居民对此选项持中立态度、5.2%的居民持反对意见。在问卷调查中,对中立或反对的这部分居民进行了随机访问,得到普遍答案是"黄山过去环境一直很好",意思是品牌的加持并未对地区的环境保护产生显著影响。多数居民认为品牌的增加会使政府下拨更多的专项资金进行环境保护,不同品牌的宣传活动能更好地提升公众的环保意识。

总体来看,黄山社区居民对品牌系统的社会效应、经济效应和环境效应的认可度相对较高,三大效应的认知均值都高于4.00,其中社会效应的认知均值最高,其次为经济效应和环境效应。此外,89.7%的居民表示希望黄山能得到更多的品牌,这也体现了居民对于品牌效应的认可。

三、居民对单一品牌贡献度的认知

单一品牌的贡献度即各品牌被居民认可的程度,包括品牌的总认可度和在社会发展、经济效益、环境保护三个维度的认可度。品牌贡献度认知是在品牌系统认知调查的基础上,进一步探索居民认为哪个品牌对地区的贡献度最大,哪个品牌对地区的贡献度最小的相关问题。在调研过程中,要求居民根据不同维度对五个品牌由高到低进行排序(排第一位的赋值5,依次递减,排第五位的赋值为1),并对其排序原因作简单解释。

社会发展对于地方政府实现认定地的可持续发展至关重要,而品牌在其中发挥着一定的作用。世界遗产被居民认为是对地区社会发展贡献最大的品牌，综合得分3.94，其次是5A级景区、世界地质公园、风景名胜区，世界生物圈保护区被认为对地区社会发展的贡献最低，综合得分1.88（表5.7）。

表5.7　社区居民对不同品牌的社会贡献的认知情况

名称	一选比例(%)	二选比例(%)	三选比例(%)	四选比例(%)	五选比例(%)	综合得分	排序
WH	42.0	24.0	23.1	8.0	2.9	3.94	1
UGGp	15.1	25.0	25.3	26.6	8.0	3.13	3
BR	4.8	5.4	17.0	18.3	54.5	1.88	5
NSA	12.2	25.6	23.1	19.9	19.2	2.92	4
NALSS	26.0	19.9	11.5	27.2	15.4	3.14	2

高品质的世界文化与自然遗产资源在旅游实践中一直都是重要的旅游吸引物。世界遗产旅游的经济效应有目共睹。世界遗产是黄山获得的第一个国际品牌，至今已有30余年，受认定时间和市场的长尾效应影响[196]，居民对世界遗产经济效应的认可度以3.75的综合得分排在第一位。5A级景区作为旅游行业的"金字招牌"被评为第二个经济贡献较大的品牌，风景名胜区排在第三位，其后是世界地质公园和世界生物圈保护区。值得关注的是，没有一位受访居民认为世界生物圈保护区对地区经济贡献最大，且综合得分仅1.67（表5.8）。

表5.8　社区居民对不同品牌的经济贡献的认知情况

名称	一选比例(%)	二选比例(%)	三选比例(%)	四选比例(%)	五选比例(%)	综合得分	排序
WH	40.7	14.4	27.2	14.7	2.9	3.75	1
UGGP	8.7	23.1	21.5	34.9	11.9	2.82	4
BR	0	7.1	13.1	19.2	60.6	1.67	5
NSA	11.9	35.9	22.1	13.1	17.0	3.13	3
NALSS	38.8	19.6	16.0	17.9	7.7	3.64	2

多重品牌不仅是荣誉，更是责任，各个品牌的相关标准中也着重强调了对于认定地的环境需要采取一定的措施进行有效保护。世界遗产凭借其影响力被居民认为是对地区环境保护贡献最大的品牌，世界地质公园和世界生物圈保护区作为黄山重要的国

际品牌，它们在环境保护方面的品牌效应也得到受访者的认可，分别排在第二位和第三位，其次是风景名胜区，5A级景区在环境保护方面的认同度较低（表5.9）。

表5.9　社区居民对不同品牌的环境贡献的认知情况

名称	一选比例(%)	二选比例(%)	三选比例(%)	四选比例(%)	五选比例(%)	综合得分	排序
WH	38.1	15.1	30.1	8.0	8.7	3.66	1
UGGP	23.7	29.8	13.8	23.1	9.6	3.35	2
BR	18.6	19.9	20.5	5.8	35.2	2.81	3
NSA	6.7	20.5	23.7	24.4	24.7	2.60	4
NALSS	12.8	14.7	11.9	38.8	21.8	2.58	5

社会、经济、环境三个维度得分经算术平均后，得到社区居民对五个品牌各自的总体认可度，从高到低分别为：世界遗产（3.78）>5A级景区（3.12）>世界地质公园（3.10）>风景名胜区（2.88）>世界生物圈保护区（2.12）。社区居民对黄山五大品牌的认可程度排名可用图5.7示意。

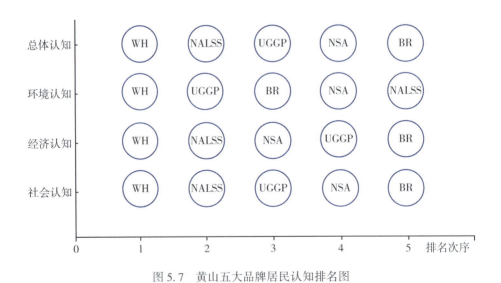

图5.7　黄山五大品牌居民认知排名图

四、居民多重品牌认知结论及建议

居民越来越被视为重要的利益相关者，他们对于品牌的认知状态在一定程度上反映了旅游目的地品牌推广、运营及地方管理的效果。从广泛的讨论和文献成果中可以了解到,品牌对地方的影响可以概括为社会、经济和环境三个方面。因此,以社会效应、经济效应、环境效应三个维度为评价框架,从居民视角出发考察社区居民对多重品牌的认知态势及认知差异符合科学逻辑。

通过对黄山风景区南大门汤口社区的居民进行"访谈式"问卷调查,得到如下研究结果:

(1)黄山社区居民对品牌的知晓度较高,有72.6%的居民知道三个及以上的品牌;但对五大品牌的知晓情况具有显著差异,知晓度从高到低分别为:世界遗产(90.1%)>5A级景区(86.2%)>风景名胜区(76.3%)>世界地质公园(58.3%)>世界生物圈保护区(17.6%)。

(2)在品牌系统认知中,社区居民普遍认为多个品牌比单个品牌更有效,更能在当地的社会经济发展及环境保护中发挥作用,有86.7%的居民希望授予黄山更多的品牌。

(3)社区居民对五个品牌各自的总体认可度为:世界遗产(3.78)>5A级景区(3.12)>世界地质公园(3.10)>风景名胜区(2.88)>世界生物圈保护区(2.12)。其中,对地区社会发展贡献程度:世界遗产>5A级景区>世界地质公园>风景名胜区>世界生物圈保护区。经济发展贡献程度:世界遗产>5A级景区>风景名胜区>世界地质公园>世界生物保护区。在环境保护贡献程度上,居民对于国际品牌的认可度要高于国内品牌,具体呈现为:世界遗产>世界地质公园>世界生物保护区>风景名胜区>5A级景区。

遗产型旅游地兼顾资源保护与旅游发展两项重要任务。从长远来看,只有获得社区居民对品牌的认可和支持,才能真正实现遗产地的可持续发展[172]。从居民视角开展的案例研究,为黄山风景区及黄山区汤口镇提出以下建议:

(1)旅游目的地居民对现有品牌的知晓度有显著差异,表现为对部分已有品牌并不知晓,却又十分想获得更多的品牌。比如,知晓世界生物圈保护区的居民不足两成,却有超过85%的居民希望授予黄山更多的品牌。这说明部分品牌的价值展示还有缺陷,居民并未形成认知。建议围绕品牌价值开展跨学科研究,探索多形式、多渠道传递品牌理念,从不同视角讲好黄山故事。

(2)基于居民对不同品牌认可度的显著差异(五级量表测算中,世界遗产的3.78远大于世界生物圈保护区的2.12),以及5A级景区在经济、社会贡献度与环境贡献度上的巨大反差,说明黄山不同品牌的个性强烈,在协同发展上仍有提升空间。目前黄山的各个品牌分属于不同的科室,品牌集合优势未得到凸显。在新的国家公园体制下,建议根据《关于建立以国家公园为主体的自然保护地体系的指导意见》[197]，对品牌管理的部门体系作出相应调整，建立一套协同管理体系来协调品牌运营。

　　此专题研究的不足之处在于：多重品牌的维护涉及众多相关主体，以上仅对居民群体进行调查，未能扩展到游客、管理部门职员等其他群体。除此之外，仅描述居民认知状态，并未深入探索影响因素，并未涉及地方依恋是否影响居民对多重品牌的认知或者在多大程度上影响居民认知。

第三节 黄山区景观格局变化及旅游影响分析

土地利用/土地覆被变化是人类活动的客观表现[198]，合理的人类活动将推进经济稳步发展，实现可持续性发展[199]。人类在发展的过程中改变下垫面条件时，会进一步影响当地生态环境，从而影响地区未来的发展潜力[200]。目前，土地利用变化的相关研究主要聚焦在土地利用变化下的环境影响[201]，城市扩张下土地利用变化分析及未来发展趋势预测[202]，以及未来土地利用发展情景下的土地利用空间分布模拟[203]。旅游业作为部分旅游城市的主要经济来源，是土地利用/覆被变化的重要驱动因素之一。旅游开发活动(诸如扩建景区周边经济体、建设交通干道、带动城镇化进程等)会直接改变旅游地及其周边区域的土地利用情况[204]。目前，关于旅游业发展和土地利用变化之间的相关关系主要集中在地市级行政区尺度[205-207]，较少对县级行政区进行相关研究。

黄山风景区作为风景名胜区、国家 5A 级旅游景区，极大地带动了当地经济增长，也改变了当地用地结构与居民收入状态。但是目前鲜见关于当地土地利用变化情况的研究报道，以及旅游发展对当地土地利用变化的影响的报道。为缩小影响范围，以黄山区为研究目标，分析该区域 2000—2020 年土地利用变化，计算景观格局指数，并结合当地公布的旅游相关经济指标分析土地利用变化与旅游经济指标之间的相关性，以辨析当地旅游发展对土地利用变化的影响。

一、范围选择及数据来源

黄山区位于安徽省黄山市，拥黄山景区全境(图 5.8)。黄山区面积约为 1750km²，总人口为 16.19 万，下面设置 9 镇 5 乡。根据《2019 年黄山区国民经济和社会发展统计公报》[208]，2019 年黄山区地区生产总值为 115.34 亿元，旅游总收入为 111.47 亿元，旅游经济是黄山区经济重要组成部分。黄山区和黄山之间的关系非常密切，黄山风景区的北门、南门、东门和西门分别位于耿城镇、汤口镇、谭家桥镇和焦村镇，辖区内的甘棠镇、仙源镇和三口等乡镇可以直接观赏黄山诸峰。位于黄山区内的黄山风景区直接带动了黄山区的经济发展。除此之外，位于黄山区西部的太平湖风景区是黄山区主要的旅游景点之一，总面积为 312.9km²，其中水域面积为 88.6km²。随着黄山区旅游开发水平的提高，该区形成以旅游业发展为主、工农业发展为辅的经济体。

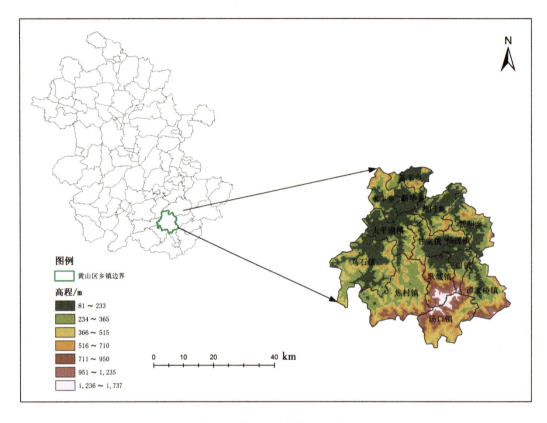

图 5.8　黄山区乡镇位置示意图

　　主要数据为黄山区乡镇边界矢量数据，黄山区 2000 年、2010 年和 2020 年土地利用数据及黄山区旅游相关经济数据。其中，黄山区乡镇边界矢量数据来源于中国科学院资源环境科学与数据中心(http：//www. resdc. cn/data. aspx？ DATAID = 203)；黄山区 2000 年、2010 年和 2020 年的土地利用数据来源于 GlobeLand30(http：//www. globallandcover. com/)；黄山区旅游相关经济数据来源于《2019 年黄山市统计年鉴》[209]。表 5.10 为通过《2019 年黄山市统计年鉴》获取的黄山区与旅游发展相关的经济数据，由于土地利用图选择的年份为 2000 年、2010 年及 2020 年，因此挑选的经济数据为 2000 年、2010 年及 2018 年。最新的经济数据年份为 2018 年，因此选用 2018 年经济数据近似表征 2020 年的经济数据，用来对应 2020 年土地利用图。

　　土地利用动态度[210]通常用来反映一段时间里某区域内某种土地利用类型(可简称地类)的变化幅度及速度，综合土地利用动态度[211]反映一段时间内综合土地利用类型的变化幅度及速度。选择单一土地利用动态度(K)及综合土地利用动态度(LC)分析黄山区内土地利用变化幅度及速度，具体计算方法见以下公式：

表 5.10　黄山区 2000 年、2010 年和 2018 年旅游经济数据

年份	旅游接待人数(人)	旅游营业收入(万元)	旅游利润总额(万元)	景区机构收益(万元)
2000	1172871	47881	8317	131.2
2010	2518346	168945	39522	463.0
2018	3380016	297389	87621	814.8

$$K = \frac{U_{后} - U_{前}}{U_{前}} \times \frac{1}{T} \times 100\%$$

$$LC = \left[\frac{\sum_{i=1}^{n} \Delta LU_{i-j}}{2 \sum_{i=1}^{n} LU_{i}} \right] \times \frac{1}{T} \times 100\%$$

式中，$U_{前}$ 和 $U_{后}$ 分别表示研究区时段末和时段初某土地利用类型的面积；T 表示研究时段的时长；LU_{i} 为时段初某土地利用类型的面积；ΔLU_{i-j} 表示某土地利用类型面积变化的绝对值。

土地利用转移矩阵[212]体现了区域内不同时期之间、土地利用之间的具体转移情况。通过统计黄山区 2000—2020 年土地利用变化情况，利用 ArcGIS10.2 软件进行土地利用转移矩阵的构建。通过构建土地利用转移矩阵，揭示该地区内 20 年间土地利用变化的方向，以判定该区域的发展方向。土地利用转移矩阵的计算方法见以下公式：

$$S = \begin{pmatrix} S_{11} & S_{12} & S_{13} & S_{14} & S_{15} \\ S_{21} & S_{22} & S_{23} & S_{24} & S_{25} \\ S_{31} & S_{32} & S_{33} & S_{34} & S_{35} \\ S_{41} & S_{42} & S_{43} & S_{44} & S_{45} \\ S_{51} & S_{52} & S_{53} & S_{54} & S_{55} \end{pmatrix}$$

式中，1 表示耕地；2 表示林地；3 表示草地；4 表示水域；5 表示城乡用地；S_{ij} 表示从 i 类土地利用转移到 j 类土地利用的面积。

景观格局指数被广泛用于定量表示景观格局的空间组成及结构特征[213-215]。为了全面反映目标区域的景观格局特征，根据目标研究区土地利用情况，在类型水平上选择斑块个数(NP)、最大斑块形状指数(LSI)及聚合度指数(AI)；在景观水平上选取边缘密度(ED)、斑块密度(PD)、Shannon 多样性指数(SHDI)及蔓延度指数(CONTAG)。通过以上 7 个指标描述目标研究区景观格局特征，具体计算方法参考相关文献[216]。

二、黄山区 2000—2020 年土地利用变化

黄山区 2000 年、2010 年、2020 年土地利用情况见图 5.9，土地利用面积统计结果见表 5.11，土地利用动态度计算结果见图 5.10。由图 5.9 和表 5.11 可以明显看出，黄山区主要土地利用类型为林地和耕地，2000 年黄山区内耕地、林地、草地、水域和城乡用地面积分别为 22941hm²、143992hm²、1456hm²、6149hm² 和 533hm²；至 2010 年，耕地、林地和草地的面积分别减少了 1.31%、1.03% 和 2.06%，水域和城乡用地的面积分别增加了 21.01% 和 98.50%；至 2020 年，保持原趋势，且变化幅度更明显。相比 2000 年，2020 年黄山区耕地、林地和草地分别减少了 9.75%、3.02% 和 6.39%，水域和城乡用地分别增加了 64.94% 和 503.00%

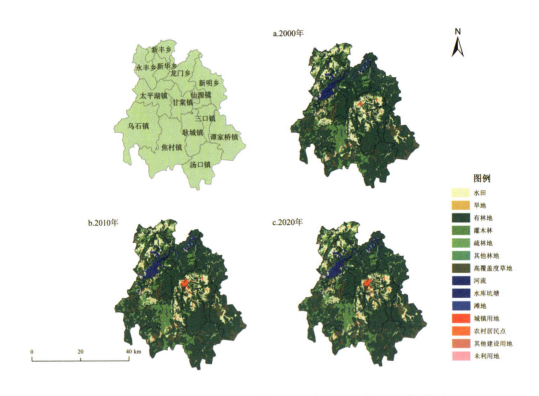

图 5.9　黄山区乡镇分布和 2000 年、2010 年和 2020 年土地利用情况

从图 5.9 可以看出，城乡区域扩张主要在黄山风景区周边的几个镇，尤其以耿城镇最为明显，而焦村镇、谭家桥镇及汤口镇在最近的 20 年里，城镇化进程也十分明显，说明旅游景区有助于推进周边地区城镇化[217-218]。

表 5.11　黄山区土地利用统计结果及变化率

土地利用类型	土地利用面积(hm²)			变化率(%)		
	2000 年	2010 年	2020 年	2000—2010 年	2010—2020 年	2000—2020 年
耕地	22941	22641	20704	−1.31	−8.56	−9.75
林地	143992	142505	139648	−1.03	−2.00	−3.02
草地	1456	1426	1363	−2.06	−4.42	−6.39
水域	6149	7441	10142	21.01	36.30	64.94
城乡用地	533	1058	3214	98.50	203.78	503.00
总计	175071	175071	175071	—	—	—

黄山区 2000—2020 年城镇化进程迅速，水域面积也得到较大的增长。从图 5.10 中黄山区土地利用动态度来看，2000—2010 年间，水域和城乡用地变化最明显，动态度分别为 2.10%和 9.85%；虽然耕地、林地、草地面积变化比较大，但是动态度比较低，分别为−0.13%、−0.10%、−0.21%。这种现象发生的原因是耕地和林地的面积基数较大，所以动态度不明显。2010—2020 年间，水域和城乡用地的动态度进一步增加，分别为 3.63%和 20.38%，说明这 10 年间，该区水域和城乡用地变化速度比前 10 年更快，而耕地、林地和草地的动态度也都相应有所提升。2000—2020 年间，该区变化最明显的是城乡用地，其次是水域，城乡用地的动态度达到 25.15%。而该时段内土地利用综合动态度变化仅为 0.09%，说明该区变化剧烈的土地利用类型在该区不占主导地位。

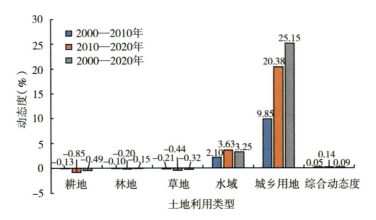

图 5.10　黄山区土地利用动态度

由表 5.12 可知，原地类转变为其他地类比例最小的土地利用类型为水域，其次为林地和城乡用地。耕地主要转变为林地和城乡用地，说明城镇发展主要侵占土地利用类型为耕地，同时退耕还林政策的实施，使得大量耕地退耕为林草地。但林地转化为耕地的面积数量比耕地转化为林地的面积更大，可能是由于在大量耕地被征用于城市发展的情况下，部分林地被返还用于耕地。草地的转变最频繁，接近 31.61% 的草地转化为林地，17.64% 的草地转换为城乡用地。水域转化为其他地类的面积较少，约 98.57% 的水域保持原来土地利用性质，且转变为水域的区域主要为林地。城乡用地约 16.57% 的区域变更为耕地，同时大量耕地、林地和草地转化为城乡用地，使得城乡用地面积从 2000 年的 531.39hm² 增加到 2020 年的 3204.85hm²。

表 5.12　黄山区 2000—2020 年土地利用转移矩阵

土地利用类型		2020 年土地利用面积（hm²）					
		耕地	林地	草地	水域	城乡用地	总面积
2020 年土地利用面积（hm²）	耕地	18016.06（78.58%）	2168.56（9.46%）	85.08（0.37%）	578.64（2.52%）	2079.01（9.07%）	22927.36
	林地	2523.81（1.75%）	137099.38（95.13%）	609.97（0.42%）	3444.25（2.39%）	446.01（0.31%）	144123.43
	草地	44.42（3.32%）	422.85（31.61%）	557.99（41.72%）	76.38（5.71%）	235.88（17.64%）	1337.53
	水域	16.15（0.26%）	59.01（0.96%）	2.55（0.04%）	6047.13（98.57%）	10.16（0.17%）	6135.01
	城乡用地	88.06（16.57%）	8.09（1.52%）	1.29（0.24%）	0.18（0.03%）	433.77（81.63%）	531.39
	总面积	20688.50	139757.89	1256.89	10146.58	3204.85	175054.71

注：由于土地利用转移矩阵由 ArcGIS 对栅格文件转换成 shp 文件后进行统计计算，相比实际值会产生细微的偏差，因此导致土地利用总面积与实际值稍有偏差。括号内为各土地利用类型所占总面积的比例。

三、黄山区景观格局指数变化

不同年份的黄山区土地利用类型水平景观格局指数的计算结果如表 5.13 所示。耕地、林地和城乡用地的斑块个数（NP）2000—2020 年间逐年增长，说明这 3 种地类在该区域总体上呈现越来越破碎的状态，人类活动越来越剧烈；而草地和水域的斑块个数（NP）则逐年减少，表明这两种地类在该区域破碎度降低，分布越来越集中。最大斑块形状指数（LSI）的增长，表示该地类的形状规则度变差。除了耕地和城乡用地的 LSI 指数逐年增加，其他地类的 LSI 指数处于逐年降低的趋势。说明城乡发展过程中，没有进行一个完整的规划，主要发展为乡镇扩张，以致该地区城乡用地的 LSI 指数逐年增加；耕地则可能由于退耕还林、城乡用地侵占等原因，使其边界更加不规则。而林地、草地和水域在发展中逐渐得到统一的规划，使其 LSI 指数逐年降低。聚合度指数（AI）反映了景观的聚散性，耕地和城乡用地的 AI 指数逐年减少，其他地类的 AI 指数逐年增加，和 LSI 指数反映的结果较为一致，说明耕地和城乡用地的聚合度逐年降低，其分布愈加分散。而林地、草地和水域的 AI 指数逐年增加，说明在发展过程中，该区的林地、草地得到一定的规划，水域面积的集中使该区的水资源量得到增长，生态保护效果较好。

　　黄山区在 2000—2020 年间景观水平的景观格局指数变化如图 5.11 所示。该区斑块密度指数（PD）呈减小趋势，而边缘密度指数（ED）呈增加趋势，表示该区域景观破碎度减少，但是边缘不规整，说明各地类之间融合出现的情况较为明显。景观蔓延度指数（CONTAG）逐年减少，说明该区域主导的景观类型连通性变差，可能是由于城乡用地零散扩张，分割了耕地和林地，使该区域的 CONTAG 指数减少。Shannon 多样性指数（SHDI）逐年增加，说明该区域景观类型异质性增强，虽然主要景观类型在其他景观扩张过程中被分散，但同时丰富了该地区的土地利用分布情况。

表 5.13　黄山区土地利用类型水平景观格局指数

土地利用类型	年份	NP	LSI	AI
耕地	2000	687	48.98	90.48
	2010	731	49.88	90.23
	2020	847	53.64	88.99
林地	2000	517	29.28	97.76
	2010	529	29.03	97.77
	2020	579	28.07	97.82
草地	2000	2400	56.64	55.79
	2010	2379	56.27	55.69
	2020	2216	51.10	58.83

土地利用类型	年份	NP	LSI	AI
水域	2000	369	20.58	92.48
	2010	251	18.97	93.49
	2020	71	17.74	94.99
城乡用地	2000	16	6.34	92.96
	2010	25	9.12	92.44
	2020	214	21.21	89.25

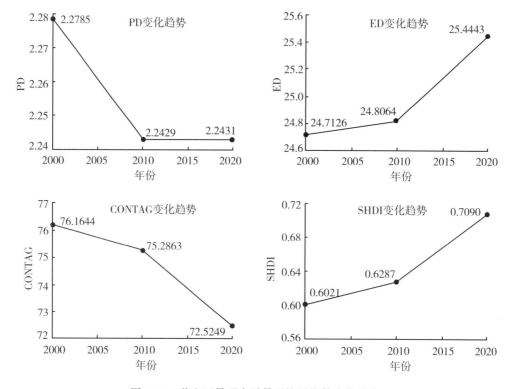

图 5.11　黄山区景观水平景观格局指数变化趋势

四、黄山区旅游经济发展与地类变化相关性分析

通过一元线性回归，逐一分析黄山区各旅游经济发展相关因子与各地类面积之间的相关性。由图 5.12 可知，该地区所有地类的面积变化与各项旅游经济因子之间的相关性都比较明显。各地类面积变化与旅游利润总额之间的相关性最高，基本在 0.9250

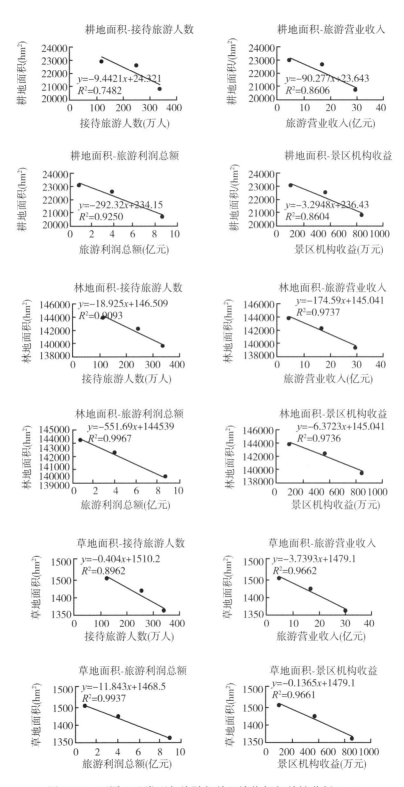

图 5.12 不同土地类型与旅游相关经济指标相关性分析(一)

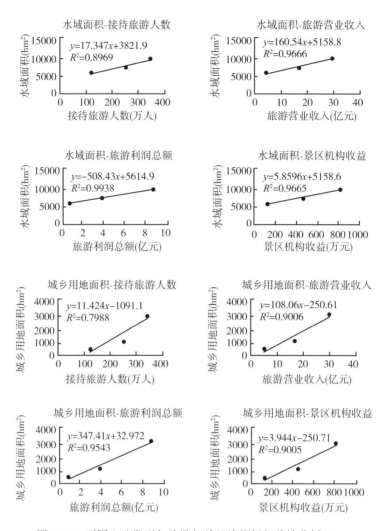

图 5.12 不同土地类型与旅游相关经济指标相关性分析(二)

以上,最高的为林地面积,相关性为 0.9967。与各地类面积相关性较差的因子为接待旅游人数,相关性介于 0.7482~0.9093。此外,各地类面积变化与旅游营业收入之间的相关性介于 0.8606~0.9737,与景区机构收益之间的相关性介于 0.8604~0.9736。

整体来说,随着近 20 年旅游业的蓬勃发展,黄山区内耕地、林地及草地的面积均呈减少的趋势,而水域、城乡用地面积呈增加趋势。该区主要的旅游业为黄山风景区和太平湖风景区,太平湖风景区的开发与保护增大了该区的水域面积,同样也对其旅游经济收益带来了正向影响。同时,旅游的发展势必会带来城镇的商业发展,从而促进了景区周边各乡镇的城镇化进程。黄山风景区作为世界文化与自然双重遗产、世界地质公园、国家级风景名胜区，对带动当地旅游经济的发展起至关重要的作用，同时也提高了周边乡镇城镇化的速度。当该地区人民获得了游客增加带来的经济效益后，可能会改变其原有的经济模式，部分人从农业经济体转移到旅游经济体之中，从而导致耕地面积随着旅游经济效益的增长而减少。

五、黄山景观格局变化及旅游影响结论

以上分析了 2000—2020 年间黄山区土地利用变化情况，并计算了不同年份之间的景观格局指数。结果表明，2000—2020 年间黄山区主要的土地利用变化为城乡用地和水域面积增加，耕地、林地和草地的面积减少，近 20 年的土地利用变化主要集中在 2010—2020 年。

通过土地利用转移矩阵分析得知，该地的城乡用地和水域均主要由耕地和林地转换而来，说明该地的经济模式由之前的农业经济逐渐向旅游经济转变。

通过景观格局指数分析发现，黄山区的人类活动使得当地景观呈现破碎化趋势，城镇在发展过程中缺少规划，其扩散区域较为零散。

随着当地旅游经济收益的不断增加，地区内水域和城乡用地面积逐年增加，而耕地、林地和草地面积逐年减少。该现象可能是当地人民的主要经济收入来源由之前的农业转变为旅游业引起的，说明旅游业的发展对当地土地利用方式有一定的影响。

第六章　名录遗产地方协同的管理机制

第一节　名录遗产保护与地方发展

名录遗产的保护涵盖了生物资源(生物多样性)保护、生态环境(野生动物栖息地生态系统健康)保护、有科学价值的地形地貌(地质遗迹)的保护、有普世意义的文化载体(文物、古迹、文明或艺术遗存等文化遗产)的保护、有重要美学价值的自然风景(自然遗产和重点风景名胜)的保护。从地方发展的视角看,名录遗产保护与传承其实是资源和环境两个层面的合理利用问题。所以,名录遗产保护归根结底依然是地方的可持续发展问题。

一、地方协同的行动者网络理论

名录遗产地不仅是一个有"保护功能"的地域空间,作为人类居住的家园或与人类社会有关联的地方,其实也是一个存在权利关系且处在动态变化中的多方行动者的网络空间。在多重名录遗产地,不同名录遗产的管理工作不仅需要向内寻求不同科室、不同专业部门的合力,还要向外寻求乡镇、社区及居民等多方行动者的助力。

名录遗产的保护,最终落脚点是某个或某类保护对象或某片空间范围,保护目标是具体空间对象的功能的持续实现或展现。目前针对单体对象的识别,意在构建基于空间信息技术的全链条遗产治理体系,通过发展大数据、人工智能新方法,进行遗产识别(遗产调查、遗产制图)、监测(遗产风险评估和风险监测)、保护(能力建设、科学报告)、评估(灾害防御、信息系统),建立数字化平台,开展有效精准管理、国际科技交流及能力建设与示范推广。在遗产环境保护中建立名录与地理环境、名录与历史文脉、名录与非名录、名录与名录等关联式集群保护,形成讲好中国故事的历史文化空间。

面向地方发展,从功能上进行整合,以三项名录遗产为纽带,建立多品牌名录遗产协同管理经验交流平台，积极参与国际自然保护地治理，扩大品牌国际影响。同时整合三项名录遗产管理指标，以协同管理应对多品牌在管理上带来的挑战，提升多品牌管理效能。针对遗产保护，从空间上进行整合，对三项名录遗产的保护目标和价值开展关联研究。

在 2023 年的第四届联合国教科文组织名录遗产与可持续发展黄山对话会便是以数字技术赋能名录遗产可持续发展为主题。可持续发展是一个长期的命题，最终是要实现人和自然科学相处，走上可持续发展的道路。2015 年，联合国发布《2030 年可持续发展议程》，提出要在 17 个领域之内用 15 年时间实现全球的可持续发展。在全球范围内，世界遗产已成为当代社会生产资源，并与各国未来发展目标深度融合，在实现消除一切形式的贫困、不平等，遏制气候变化并确保"无人落后"等方面发挥着积极作用。

遗产保护中对于景观资源的保护是为了充分展示并传递这些资源所包含的价值，并通过这种品牌的效应来反哺地方经济的发展。需要指出的是，这个过程并不是单一主体所能完成的，而是需要多方的合力。政府、地方居民、游客、旅游企业、科研团队等主体都是这个过程中的重要一环，只有在这些主体之间建立起有效的沟通和协作渠道，让他们真正有序地参与到名录遗产保护工作来，才能保证名录遗产保护网络的稳定，进而最终实现"保护资源和环境，实现可持续发展"的目标。

从空间属性上说，名录遗产地是多个品牌资源的空间集合体。基于空间利益的角度，名录遗产的保护需要在保持现有空间格局的基础上，对相关主体的发展空间和利益空间做好分配。也就是说，名录遗产保护的过程就是一个多主体相互博弈的过程。

这一过程涉及政府、企业、居民等众多主体的利益平衡。参与名录遗产保护活动的政府、企业、居民等主体作为不同的目标载体，因为有着差异显著的动机和目的，会采取不同的目标策略。由于在有限资源分配中的利益驱动性，各个目标之间存在一定的冲突和矛盾，需要进行协调和交易，但各个目标群体又彼此相互依赖，导致名录遗产保护的实践面临着越来越多的挑战、困惑、矛盾和冲突，甚至在很多地区正在毁灭名录遗产赖以存在和发展的本底资源。

名录遗产地作为自然和人文因素共同作用的产物，始终处在不断的演化和发展中。特别是在全域旅游的背景下，名录遗产地受到外围社会系统的影响，摆脱了传统的封闭性和稳定性，体现出动态发展的特性。名录遗产保护在参与主体、参与内容上也呈现动态变化的特征。

行动者网络理论作为社会科学领域重要的理论工具之一，适用于分析动态的、复杂的、涉及多元主体的网络系统。行动者网络理论中，社会和自然被看作一个整体来进行研究，系统中每一个要素都会被关注，从而研究各个要素之间是如何相互作用及各个要素间的联系。由于其动态性，随着事件的不断发展演变进行调整。

基于行动者网络理论来构筑名录遗产保护的基本研究框架，其优势体现在以下几个方面：

(1)行动者网络构筑的是一个多主体的互动网络，在这一过程中，各个参与主体间的权力关系与利益格局特征在网络范式下能够得到很好的保留。因此，运用行动者网络理论，可以更清晰地呈现出名录遗产保护过程中包括政府、管委会、社区居民、游客、景观资源、制度规范等多个参与方的关系属性，利于从整体上对不同参与主体的参与状况进行分析和把握。

(2)既往的研究总是忽视如土地、景观要素等非人类参与主体在名录遗产保护的研究中的作用，或是注意到这种作用，却只是把它作为人类主体可以利用的一种工具性要素进行考虑。但需要注意的是，正是这些非人类要素构成了名录遗产的价值源泉，因而将其忽略或作为人类主体的附庸，实际上并不利于名录遗产的整体保护。行动者网络提倡"普遍对称性原则"，在分析过程将非人类参与主体与人类参与主体置于同等的地位予以考虑，有利于规避这种不对等的现实，引起了人们对非人类主体的关注，能够更好地实现对名录遗产保护网络构建与运行过程中涉及要素的整体把握。

(3)作为一种社会学理论，行动者网络对于复杂的系统具有良好的解释功能，因此在将其置于当前名录遗产保护现实情境下，也具有良好的适用性。通过对名录遗产保护网络构建过程的转译，各个主体的现实状态能够得到清楚的呈现。与此同时，由于网络的构建主要是基于核心行动者的行为逻辑展开的，因此对于核心参与主体的参与情况的分析，便于我们从整体上把握名录遗产保护的整个过程，并对保护过程中出现的问题提出有效的应对措施。

二、协同发展的参与主体及角色

成功构建一个行动者网络的前提是要识别出该网络中应包含的参与主体要素，即识别出有哪些主体参与这一进程。这些主体可以是具体存在的"人"，也可以是政策、资金等物质性或非物质性要素。需要指出的是，所有被识别出的主体均以转译者的身份存在于网络中并以一定的条件相互连接[219]。一般而言，现实中的主体的参与意愿在一定程度上会受到"趋利性"的影响，因此，基于这个角度的考虑，名录遗产保护工作过程中的利益相关者理论上都应该被视为该保护网络的参与主体，进而被纳入网络体系的建构过程中。但在实际保护过程中，非营利性组织及其相关机构在名录遗产保护过程中的作用还未得到较好的凸显，而中央政府、省政府的作用发挥主要是基于对地方政府的一种单向的指令性管控，它们与其他类型主体间的关系链接较为薄弱，因此没有将这类主体纳入到相应的网络体系下。综上所述，将名录遗产保护网络的人类参与主体归纳为旅游企业、地方政府及管理机构、旅游者、社区居民等，而非人类主体既包括以景观资源为代表的具有实体形态的物质性要素，又包括法律政策、社会风俗等非物质性要素（表6.1）。

表 6.1　黄山名录遗产保护行动者网络构成要素

类型	类别	具体组成
人类行动者	旅游企业	旅游投资企业及宾馆酒店等服务型企业
	政府	地方政府
	管理机构	相应的风景区管理机构
	旅游者	景区游客
	社区居民	涉旅居民、非旅居民
	科研团队	名录遗产保护领域的专家学者
非人类行动者	非物质性要素	非正式规范(文化传统、道德伦理)；正式规范(法律、制度、政策)
	物质性要素	自然景观、市场

在行动者网络理论体系中，着重强调了核心行动者的关键作用。核心行动者的存在，能够将网络体系下的各个相关行动者的行动联系起来，并最终统一到网络整体目标实现的进程中。但考虑到网络的动态性及不同阶段下参与主体的角色和利益可能发生的变化，因此很难对核心利益者作出一个比较确定的概念界定。可以确定的是，名录遗产保护必然是一个涉及多主体的复杂事务，其保护工作会受到具体名录遗产类型、名录遗产所处地理位置及名录遗产所在地法律规范等诸多方面的影响。由于不同的名录遗产在保护理念、保护对象上存在差别，因而在保护过程中根据具体任务安排的不同，其核心主体也可能会发生变化。基于这点考虑，我们对于名录遗产保护过程中核心主体的确定不能一概而论，而需要结合不同的实践情境来具体分析。

1. 地方政府：代表公共利益的调控者

在名录遗产保护的过程中，政府所起到的作用不可忽视。在大多数情况下，政府需要对名录遗产的整体保护起到一个引领作用，在自然保护地规划、建设、管理、监督、保护和投入等方面都需要起到核心作用。就角色特性而言，政府需要承担监管者和参与者的双重身份，既要保持名录遗产地发展的大方向，又要投身参与具体的保护项目。

2. 名录遗产管理机构：代表公共利益的引导者

作为名录遗产地的代为管理者，风景区管理机构对名录遗产地行使管辖权，在很多时候，风景区管理机构是作为一个"中间商"的角色而存在的，在名录遗产保护的过程中，既需要贯彻上级的文件精神，同时又要与地方保持联系，保证名录遗产保护工作的内在一致性。

3. 旅游企业：代表商业利益的活跃参与者

根据利益划分，名录遗产保护中的旅游企业可以泛指与政府、风景区管理机构有商业往来及参与名录遗产地规划设计、建设施工、维护运营等过程的规划设计机构、房地产开发公司、项目运营团队等对象，其中以旅游投资公司为主要对象。旅游开发项目的方向和要求主要依靠政府及风景区管理机构的决策，但在项目的具体实施中则由旅游公司进行。由于名录遗产保护项目属于地方旅游发展的重要内容，政府在财政列支和资金保障上从来都是积极响应、处理，与政府合作就意味着低风险、高收益，所以旅游企业出于逐利本能，始终在名录遗产保护中扮演着积极的参与者角色。

4. 社区居民：代表多元利益的政策承受者

在名录遗产保护过程中，以涉旅居民为主要代表的社区居民是最重要的利益群体，是名录遗产保护效果的最终承受者。由于群体成分复杂，而且人数众多、分布广泛、价值观存在差异，所以利益需求也极为多样。

5. 科研团队：代表外部力量的联络协助者

科研团队是名录遗产保护中最具有创造力的一股力量，泛指独立于政府和开发商之外的，具有一定的专业服务水平的高校专业团队、规划设计协会。他们的工作内容主要集中在开展名录遗产资源价值科普、开展学术交流、科研科普等方面。他们可以依托自身专业技术，为名录遗产的保护提供决策支持和方案协助，在一定程度上保障了名录遗产保护过程的推进。

6. 游客：代表外部力量的协同评价作者

游客是名录遗产保护中最不可忽视的一股力量。名录遗产地的发展，本质上是依靠旅游的助推作用而实现的，而游客恰恰就是旅游活动的消费者，是旅游经济利益的主要来源。与此同时，由于游客总是追求一种高质量的旅游体验，因此在游览的过程中会不自觉地形成对名录遗产地的评价，由于不好的评价会对旅游活动带来不好影响，因此这又助推了其他相关主体对名录遗产地做更好的保护和管理工作。

7. 非人类行动者：物质载体及约束性力量

作为名录遗产范围内的物质载体，景观资源在名录遗产保护中发挥着十分重要的作用。景观资源作为自然资源的一部分，同时具备自然属性和社会经济属性，分别蕴含了生态价值和经济价值，是构成旅游吸引物的基础。名录遗产资源的价值能否实现关键是看景观资源能否有效转化为经济效应。实质上，对名录遗产的保护，也就是对名录遗产范围内景观资源的保护。

作为非物质要素的社会制度可分为正式制度和非正式制度。正式制度是指受到权力机构约束，为了特定目的而有意识地建立起来并被正式确认的各种制度的统称，包括政策、规章、法律、法规等。名录遗产保护涉及的正式制度包括国家层面的《风景名胜区保护条例》及地方政府制定的相关政策法规。非正式制度是指人们在长期社会交往过程中逐步形成，并得到社会认可的约定成俗、共同恪守的行为准则，包括价值信念、风俗习惯、文化传统、道德伦理、意识形态等。

需要注意的是，行动者网络理论视角下，名录遗产保护的网络建构不是一成不变的，而是处在不断更新的动态过程中。名录遗产保护涉及的各个参与主体通过相关利益的赋予，被核心行动者招募到网络系统中。各个主体所期望实现的目标和面临的问题都有所不同，随着网络中利益格局的变化，新的参与主体不断加入，原有的主体可能退出或者被赋予新的角色，从而维持网络系统的稳定。

三、名录遗产保护行动者网络的转译

建构一个成功的行动者网络，包括三个阶段：第一，明确行动者网络的各个行动主体，并确定强制通行点；第二，对转译的过程进行分析；第三，在网络形成后，对其运行结果进行检查[220]。其中，需要明确，转译是一个动态的角色界定的过程。如果没有转译，各个行动者将无法被整合在一起；只有通过转译过程，稳定的关系才能在行动者之间建立，转译的完成标志着行动者网络建立成功。

转译的逻辑过程可用图 6.1 示意。

1. 问题呈现

问题呈现作为名录遗产保护行动者网络构建的第一个步骤，包括呈现问题、界定问题和认同问题三个环节，需要明确名录遗产保护过程中有待解决的问题，涉及行动者和代言人(即核心行动者)的选定[221]。

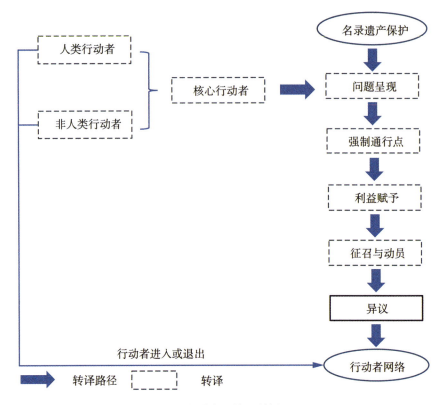

图 6.1　行动者网络的转译过程

2. 强制通行点

各行动者在实现自身目标的过程中，所面临的问题和障碍不同，通过核心行动者，确定网络中各行动者目标实现的强制通行点，并将其变成整个网络联盟所有行动者的共同目标。在黄山名录遗产保护的过程中，不同参与主体依据自身的利益诉求，提出经由网络联盟想要实现的目标，由于不同行动者主体所面临的问题和需要实现的目标不同，需要核心行动者进行协调，进而明确实现总体目标的强制通行点。

3. 利益赋予

利益共享的环节包括规则建立、利益分配和行动分配，需要保证各行动者之间的互动平衡与稳定。核心行动者通过利益赋予来稳定网络联盟，使各个行动者在黄山名录遗产保护网络中扮演由核心行动者赋予他们的新角色（图 6.2）。"利益赋予"这一阶段也需要通过强制通行点，各行动者围绕强制通行点和自己的利益需求形成网络联盟，以避免不同行动者在黄山名录遗产保护的过程中因利益发生分歧、产生冲突而影响网络的稳定性。通过制定政策、下放权力、分配资源等方式为名录遗产保护网络中各行动者赋予新的角色，充分发挥其作用，促进整体网络目标的实现。

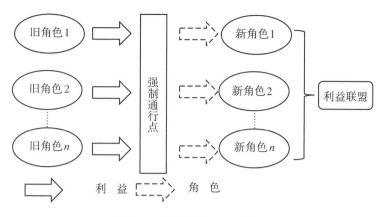

图 6.2　利益赋予过程示意图

4. 征召与动员

征召过程强调策略的构建，将共同的利益转化为潜在的联盟。通过征召这一阶段，能够充分调动各行动者的积极性，使其广泛地参与名录遗产保护过程中。利益相关化是征召的重要前提。名录遗产保护行动者网络中，需要招募的对象既有人类行动者，还有非人类行动者。不同主体被征召到网络中，成为网络中的一员，需要接受由核心行动者赋予的任务和规定的利益。

动员，即保障机制的建立，确保代言人能够上升到整个网络联盟，预期结果得到广泛的支持。通过转译，人类行动者和非人类行动者被紧密联系在一起，形成稳定的网络系统。动员是转译过程的关键一步，只有动员阶段的完成，名录遗产保护行动者网络才算基本构建成功[222]（表 6.2）。

5. 异议

由于参与主体间的异质性特质，导致不同主体的利益诉求存在一定差异，如果这种差异性的利益诉求长时间存在而得不到满足，就会让主体对网络的存在产生异议。异议是影响网络稳定运行的障碍[223-224]，因此，在构建网络的过程中，需要尽可能地在最大程度上协调多方参与主体的权益，以做到在源头上规避异议的产生。

表 6.2　"转译"的步骤与内涵

步骤	环节	解释
问题呈现（提议者通过向不同的行动者介绍重点关注的对象的问题和特征，从而和新加入网络的行动者结成利益联盟）	呈现问题 界定问题 认同问题	名录遗产过程中有那些问题需要解决？相关行动者是哪些？是否能够选出核心行动者？

步骤	环节	解释
利益赋予(行动者对问题进行争议和提出自我利益,核心行动者制定相关计划,确定其他参与主体在网络中的角色及利益实现机制)	规则建立利益分配行动分配	相关行动者是否对于提出的解决问题的方案感兴趣?"承诺条件"是什么?如何使他们相信自己的利益能够得到保障?
征召(其他行动者成为核心行动者计划中的参与者,他们的利益被转译到核心行动者所采用的计划中来)	策略构建	共同利益如何能转化成潜在的联盟?不同行动者是否会接受他们的角色?
动员(核心行动者上升为联盟的代言人,保证其他主体完成任务并获得权益)	保障机制建立	预期的结果是否有广泛的支持?代言人是否真实有效地代表了各自的选区?如何能使行动者网络联合融入更广泛的背景?

表格来源:据张瑜茜,2020 年改绘。

四、名录遗产地多方参与的一般路径

从行动者网络视角来看,名录遗产保护就是行动者网络组构、利益联盟网络形成、发展和更新的过程。落实到具体问题上的研究思路主要有三个方面:

(1)名录遗产保护所涉及的行动者有哪些?他们都代表了什么利益?

(2)他们是如何构成名录遗产保护行动者网络的?

(3)什么力量推动名录遗产保护行动者网络利益联盟形成?

因此,基于行动者网络理论,对当前名录遗产保护的路径从参与目标、参与形式和依据、参与内容及保障机制几个方面进行探析,如图 6.3 所示。

(一)参与目标

名录遗产地不仅是一个保护空间,其实也是一个存在权利关系且处在动态变化中的行动者网络空间。在重复指定的背景下,名录遗产的管理工作不仅需要向内寻求合力,还要向外寻求助力。多方参与已经成为未来名录遗产保护工作的必由之路。

名录遗产的保护,最终落脚点是对于景观资源的保护,而对于景观资源的保护是为了充分展示并传递这些资源所包含的价值,并通过这种品牌的效应来反哺地方经济的发展。需要指出的是,这个过程并不是单一主体所能完成的,而是需要多方的合力。政府、地方居民、游客、旅游企业、科研团队等主体都是这个过程中的重要一环,只

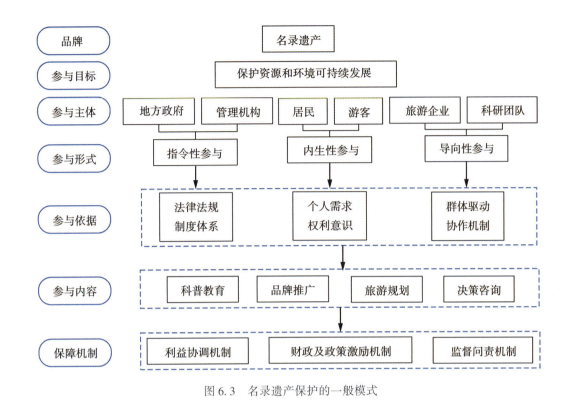

图6.3 名录遗产保护的一般模式

有在这些主体之间建立起有效的沟通和协作渠道，让他们真正有序地参与名录遗产保护工作，才能保证名录遗产保护网络的稳定，进而最终实现"保护资源和环境，实现可持续发展"的目标。

(二)参与形式

名录遗产保护涉及一个对多方利益协调的过程，通过多主体间的协商、合作，明确共同的目标，从而对名录遗产进行保护。在多方参与现实情境下，名录遗产保护各方参与的形式主要可以分为以下类型：

1. 指令性参与

这种参与形式是比较传统的一种模式，其实质上是一种自上而下的制度性安排，即通过相应的法律法规、政策制度对主体的参与行为作出规定或约束。虽然这一模式已不能完全适应现如今涉及众多主体、复杂多变的名录遗产保护工作，但在某些时候还是需要政府及管委会这样具有一定权威的领导机构对保护工作的方向作出有效引导。在多方参与的协同保护网络中，虽然政府及管委会已不是唯一的主体，但依然处于统筹平衡、综合考虑各主体利益的重要位置。政府及管委会还是可以通过政策、制度、规划等在资源保护与旅游发展方面综合布局，为其他主体指明参与的路径，从而更好地发挥联动作用，提高名录遗产保护的效率。

2. 内生性参与

与指令性参与相反，这种参与模式是一种自下而上的推进，这种参与行为的发生主要是受到参与主体的个人需求的驱动。这一过程主要依托对于个体保护意识和责任意识的培养。当主体感知到名录遗产保护带来的与自身息息相关的外部正向效应时，就会自然而然地认识到名录遗产保护的重要性，从而自觉地加入名录遗产保护的事项中。

3. 导向性参与

导向性参与和上面两种方式不同，是指包括参与景区规划的专业人员、高校研究团队、社会工作队伍、志愿者服务队伍等多元主体围绕着一个具体的目标，通过多元互动及集体行动与其他主体产生关联，进而达到协作参与的目的。

(三) 参与内容

名录遗产保护与名录遗产地的地方发展所涉及内容庞杂。单从名录遗产的可持续利用这一个角度出发，包括名录遗产地的价值科普、品牌推广、旅游规划、决策咨询等方面。

1. 价值教育

价值教育是名录遗产保护中的一个重要功能。名录遗产设立的目的就在于让人们了解"遗产"背后蕴藏的价值。多主体的参与，能够增进各个主体对这些"遗产"的认识、理解和保护，有利于提高科普价值，扩大科普范围，进一步提升民众素质，促进生态环境的保护，进而最终实现对名录遗产的保护。

2. 品牌推广

品牌推广的意义在于更有效地传播名录遗产的核心价值观，让更多的人去了解和喜爱名录遗产。而多方主体的参与，一方面能够提高品牌传播的效率，另一方面也更易促成品牌价值的经济转化，为名录遗产保护带来更多的动力。

3. 旅游规划与国土空间规划

在国土空间规划中，名录遗产应作为重要的空间资源进行合理的规划和利用。这需要通过科学的评估和调查，了解名录遗产的价值、状况和保护需求，并制定相应的保护措施。同时，需要考虑名录遗产地周边环境的规划，避免对其造成负面影响。

旅游规划与国土空间规划的同步化与名录遗产保护密切相关。具体来说，同步化是指将名录遗产的保护要求纳入国土空间规划的制定过程，确保名录遗产地方的保护与整体国土空间规划协调一致。需要在规划过程中充分考虑名录遗产的特殊性和保护需求，确保其与国土空间开发之间的平衡。首先，同步化意味着将名录遗产保护纳入国土空间规划的全过程。在制定国土空间规划时，应识别和确认名录遗产及其周边区域，明确其保护范围和限制条件。这包括对名录遗产的文化、历史、环境等方面进行专门评估，确定其特殊的保护要求。其次，同步化需要将名录遗产保护与国土空间规划的各项政策和措施相衔接。在规划过程中，应将名录遗产保护的要求融入国土空间利用总体布局、功能区划、土地利用政策等方面。例如，在名录遗产周边区域，可以限制或禁止高强度开发活动，保护其独特的环境和文化价值。此外，同步化还需要建立有效的沟通机制和协调机制。名录遗产保护涉及多个部门和利益相关方，例如文物保护部门、规划建设部门、地方政府等。名录遗产地方管理机构可以提供专业的建议和技术支持，确保规划中对遗产地的保护措施得以有效实施。在规划过程中，应促进各方之间的沟通与合作，形成共识和协调。例如，可以设立联络机制或定期召开会议，就名录遗产保护的问题进行讨论和决策。最后，同步化还需要强化监测和管理措施。通过建立名录遗产保护的监测和管理机制，可以及时了解其受到的威胁和风险，并采取相应的防范和保护措施。这包括加强对国土空间开发项目的审批和监管，确保其符合名录遗产保护要求。

国土空间规划的同步化与名录遗产地方协同是一种综合性的管理方式，旨在实现国土空间规划与名录遗产地保护与利用相统一，实现可持续发展和文化遗产的传承。名录遗产的理念除了强调保护，也强调了地区的发展，而旅游则是名录遗产助推发展的重要手段。在旅游行业中，做好旅游规划十分重要。名录遗产保护的一个重要内容就是要让各方主体参与旅游规划过程，让规划能够做到充分协调广大群体的利益需求，确保规划后期有效落地实施，也能更好地实现当地经济效益、社会效益和生态效益的统筹协调推进，进而更充分地实现名录遗产理念。

4. 决策咨询

名录遗产的保护工作离不开良好的制度环境，而良好的制度环境的维持离不开众多主体的支持。让更多的主体参与决策的咨询工作，能够让相应的保护决策更能体现民间的心声，变得更加科学和民主，也能得到更多人的理解与支持，从而保障名录遗产保护决策的落地。

5. 资源本底调查、分级、分类

国土空间是一个复杂的系统，各种要素、结构、关系、现象及其相互作用过程十分纷繁复杂。如果不能通过识别各类要素和各种关系之间的相似性、差异性和联系性，将大量杂乱无章的信息通过分类或分区改造成易于理解、处理的状态，国土空间用途管制将可能变得无从入手。因此，国土空间用途管制的制度设计，必须建立在国土空间分类和分区的基础上。国土空间规划分区功能整合是指将不同区域的功能进行整合和优化，以实现资源的合理配置和利用。在分区功能整合的过程中，资源本底调查、分级和分类的一致性是非常重要的，以确保规划的准确性和可行性。

为了将名录遗产的保护与利用纳入更大范围的规划和决策体系中，实现名录遗产与国土空间的协调发展，实现名录遗产保护与利用工作有机衔接和整体协调。这需要不同部门之间的密切合作和信息共享，以确保各项工作的一致性和协同性。在制定国土空间功能分区规划时，应充分考虑和融合名录遗产的保护要求和空间分布，确保名录遗产在规划中得到合理的定位和保护。

资源本底调查、分级、分类的一致性是指在名录遗产地方保护工作中，进行资源调查和评估时需要与分类分级一致。资源本底调查是对名录遗产的自然和人文资源进行全面了解和系统梳理，以便科学制定保护措施。在进行资源分级和分类时，应根据调查结果和相关标准，将名录遗产按照其价值和重要性进行划分和分类，确保不同级别的遗产得到相应的保护和管理。

要实现这种一致性，需要建立统一的调查标准和分类体系，并确保在名录遗产地的保护与利用工作中，资源本底调查的数据与国土空间规划、功能分区等相关决策和规划的数据保持一致。同时，各部门之间要加强沟通和协调，共享数据和信息，确保资源本底调查的结果能够被准确反映和纳入国土空间规划和功能分区的制定过程中，并且得到审核和监测机制的支持。这样可以增强资源调查和分类的科学性和可操作性，为国土空间规划提供准确的资源基础数据和科学的分级分类依据。

6. 国土空间开发风险评价

名录遗产的保护与国土空间的开发是一个与可持续发展密切相关的重要问题。国土空间开发风险评价的整体化和名录遗产地方协同可以相互关联和协同，为规划和开发项目提供全面的风险管理和可持续发展的方案。首先，国土空间开发风险评价需要将名录遗产纳入考虑范围。在进行国土空间开发规划和项目审批时，应充分考虑名录遗产及其周边区域的特殊性和敏感性，并将其作为评估的一部分。这包括对名录遗产的文化、历史、环境等方面进行评估，识别潜在的开发风险和影响。其次，整体化的评价需要跨部门协调和合作。名录遗产的保护涉及多个部门和领域，例如文物保护、环境保护、规划建设等。在进行国土空间开发风险评价时，需要各相关部门共同参与，形成横向和纵向的协调机制。这样可以确保对名录遗产相关风险的评估和管理具有整体性和综合性。此外，整体化评价还需要综合考虑不同类型的风险因素。国土空间开发可能涉及的风险包括自然灾害、文化遗产破坏、环境污染等多种因素。在评价过程中，应将这些风险因素综合考虑，分析其相互关系和影响。特别是对于名录遗产，需要重点关注文化、历史和环境风险等方面的评估。最后，整体化评价需要建立有效的监测和管理机制。通过对国土空间开发风险的整体评价，可以识别潜在的问题和危险，并制定相应的管理措施。监测机制可以跟踪评价结果的实施情况，及时调整和改进管理策略，确保名录遗产与国土空间开发之间的协调和平衡。

例如，在规划和开发名录遗产时，可以进行全面的风险评价，考虑自然灾害、文化遗产保护、社会经济影响等各个方面的风险，并制定相应的风险管理措施。同时，可以促进名录遗产地方协同，共同保护和管理遗产，实现可持续发展的目标。

第二节　黄山世界地质公园扩园方案的行动者网络构建

本书选取了"黄山世界地质公园扩园方案"（后文简称"扩园方案"）作为典型案例，以期从"行动者网络构建"全过程展现多主体识别、多主体协同分析、多方利益赋予及多方参与机制的架构。案例选择依据包括：①世界地质公园扩园的具体要求与黄山的现实情况体现不同名录遗产保护的内在联系；②扩园成果面向社区发展，在多重名录遗产地的地方可持续发展方面具有可推广性。

世界地质公园的一个重要理念就是保护与发展，强调的是一种"保护性发展"。通过黄山地质公园扩园行动，更多的社区居民被纳入地质公园网络体系，促进了地质多样性和自然资源保护相关知识的传播与扩散，进而推进了旅游资源的整体保护。也就是说，扩园本意上是对世界地质公园这种保护性发展理念的具象化表达，通过扩园，世界地质公园的这种理念在完整的社区空间的范围上得到良好的实践印证。

教科文名录遗产包括世界地质公园、世界生物圈保护区及世界遗产，随着对准入规则理解的加深及对各自保护区内价值的纵向挖掘，其中一个地区被重复指定的现象越来越普遍，甚至出现名录遗产范围完全重合，给名录遗产的管理造成困难。因此，现阶段名录遗产操作指南对相应规则作出调整，要求明确区分不同名录遗产的范围。黄山世界地质公园扩园（以下简称黄山扩园）就是对相应规则的积极回应。而黄山扩园的方案，在黄山周边地区发展和地质遗迹保护问题上取得了平衡，是地质公园"二次创业"的成功典范，其经验值得推广。

一、网络参与主体的识别

扩园方案主要针对的是地质公园边界范围的调整，因此在作出相应的调整方案之前，就必须首先关注世界地质公园的管理理念。依据《教科文组织世界地质公园操作指南》的相关规定，地质公园在对区内具有国际意义的地质遗产类自然资源进行有效的保护的同时，还需要充分发挥这些地质遗产类资源的价值，为地区的可持续发展服务。因此，在进行地质公园范围调整的过程中，首先要注意不破坏现有的对这类地质资源的保护格局，同时也要考虑边界调整对社区发展的作用。居民作为社区生活的主体，是受边界调整影响最大也是公园理念中强调的理应受益群体，所以在进行地质公园范围调整的过程中，需要充分听取相应社区范围内居民的意愿，并对他们提出的合理诉求进行充分考虑。方案的审核、落地实施离不开黄山管委会的协调与推进，也离不开黄山区人民政府(以下简称黄山区政府)的资金和政策等方面的支持。此外，作为方案的制定者，专家团队在其中作用同样不可忽视。

黄山世界地质公园扩园行动者网络中的人类主体主要包括黄山管委会、黄山区政府、以中国地质大学(武汉)团队为代表的科研院所、社区居民、游客，而非人类主体主要是黄山世界地质公园内的自然景观资源要素(表6.3)。

表6.3　黄山扩园方案设计网络行动者构成及定位

行动者	定位	成员
人类行动者	核心行动者	科研团队
	共同行动者	黄山风景区管理委员会
		黄山区政府
		社区居民
		游客
非人类行动者		地质景观资源

在方案设计的过程中，这些参与主体在网络中分别扮演了不同的角色，承担着不同的责任，并通过一定的条件产生了利益关联，最终在彼此的共同行动下推动了设计方案的落地。

二、多主体协同的问题及关键点

是否能做好转译过程，首先取决于对主体面临的现实问题或障碍的把握。只有清晰梳理出相应网络中所涉及的所有主体在目标实现过程中遇到的问题，网络中的核心利益者才能更容易地找到那个能够满足所有主体要求的强制通行点(OPP)，并据此将所有主体串联起来，构成相应的网络。由于主体的趋利性，各个主体在通过强制通行点之前都会试图利用自身具备的资源和权力禀赋去和其他主体竞争，以放大自己在未来网络中的权益空间[223]，如果不加以控制，这种无序竞争的格局最终会危及网络的稳定，而强制通行点就是平衡各方利益的重要节点。它将各方的利益综合后放置于一个共同的目标之下，通过共同目标的实现来保证个体权益的获得，从而维持了网络的稳定性，这也是强制通行点存在的意义。具体到此次方案的设计上，不同参与主体在这一过程中遇到的问题也不相同，这些主体各自所遇到的问题分别呈现为：

(1)科研团队。团队希望增进对名录遗产重叠地的理解，从价值观念上对两个名录遗产作出有效区分，从而更好地服务于地质公园边界调整。

(2)黄山管委会。现有的世界地质公园边界范围与世界遗产边界范围完全重合，不符合操作指南的相关规范，极有可能对下次地质公园的再评估结果产生影响；另一方面，由于两个名录遗产在理念、标准方面存在诸多不同，并分属不同的部门管理，边界范围的重叠也给相应的管理造成不便。

(3)黄山区政府。目前，旅游市场竞争日趋白热化，同质化旅游产品的大量出现客观上压缩了当地旅游的发展空间，旅游发展受到一定程度的阻碍，其对地区的经济带动作用趋于弱化。

(4)社区居民。社区居民虽然强烈渴望通过地质旅游发展提升生活品质，但只能维持原有的生活方式，缺乏与游客的互动体验，也无法从地区旅游发展过程中受益。因为在现有的旅游发展格局下，这些社区处于边缘位置，没有融入地区旅游发展的整体格局，导致居民群体在涉旅事务上缺乏足够的话语权。

(5)游客。随着人们对于美好生活品质的追求，人们对于旅游过程中的服务体验的要求也日趋严格。但是当前主体景区容量不足的问题依然存在，而周边部分社区又没有良好的旅游配套服务设施，无法完全达到"山上游、山下住"的要求，给游客的旅游服务体验造成不好的影响。

(6)地质景观资源。世界地质公园除了强调保护功能外，还特别强调了教育功能和发展功能，即要充分利用园内的地质遗产，提高我们对地质过程、地质灾害、气候变化等方面的科学认识。但现阶段这一价值还没有得到充分的挖掘，也没有很好地传达给社会大众。

虽然上述主体在方案设计中的诉求大不相同，但也可以找到一个结合点。如果把上述所有主体遇到的问题统一到黄山世界地质公园扩园方案设计的过程中，就是要考虑"怎样设计黄山地质公园的扩园方案才能在最大程度上满足所有主体的合理诉求"这个关键问题。换句话说，只要把这个问题解决了，就能在最大程度上消除扩园方案推进过程中可能遇到的阻碍。而当所有主体在黄山世界地质公园范围的扩大能够为他们带来好处的问题上达成共识时，就会自然而然地加入"黄山世界地质公园扩园"的网络中，此时，"黄山世界地质公园扩园方案设计"就成为了网络中的强制通行点（图6.4）。

三、多方利益赋予、征召及动员

在确定了强制通行点之后，就需要对各个主体通过强制通行点的路径进行有效的

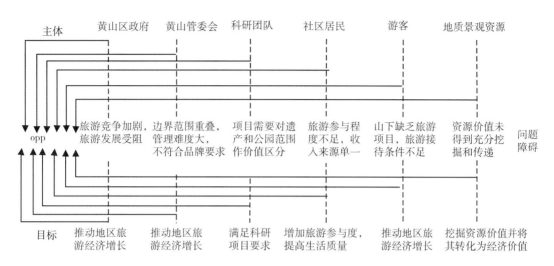

图 6.4 黄山世界地质公园扩园的行动者与强制通行点

安排，使得在实现整体目标的同时又能满足各个主体相应的需求，达到网络的整体平衡，这一过程就被称为利益赋予。利益赋予强调对参与网络的主体的利益进行有效协调[225]，其本质上是一种利益分配的过程。在这一过程中，由于参与主体的合理利益得到充分的保障，因此也激发了他们参与和维系网络的动力和热情，最终促成网络中整体目标的实现。

在此次扩园方案设计的网络中，各个主体的权益主张通过利益赋予得到不同程度的满足，并最终关联到世界地质公园扩园的整体目标上，推动了地质公园扩园方案的最终落地。具体来说，世界地质公园扩园方案设计作为一个科研项目，以其作为强制通行点的网络必然是围绕科研需求而展开的，作为关键参与者，科研团队从扩园的项目中获得了充足的经费支持，在项目推行的过程中积累了实践经验，提升了自我对于项目的理解和实践能力。而扩园的实施，有利于解决黄山风景区容量不足、地貌类型不全等问题，增加了美学观赏的构成内容，丰富了游客的旅游体验，也有利于旅游客源市场的进一步扩展。此外，边界范围的扩大，意味着更多的社区被包含在旅游发展的大格局内，利于在社区居民与游客之间建立起广泛的互动关系，让居民主体享受到旅游发展更多的红利，增加了他们的主观幸福感。与此同时，社区居民由于在旅游发展中的话语权增加，其主人翁意识也逐渐苏醒，开始频繁地与游客发生互动并主动向他们传播地质公园的保护理念，客观上促进了游客对地质多样性和自然资源的认识、理解和保护，在更加有效地保护地质公园核心区域的同时，扩大了科普受众的范围、提高了科普效率，进而提升了民众的整体素质。

1. 多方征召

征召，是网络中各个主体通过强制通行点的关键一步[224]，其实际上是对于主体工作内容的一种安排。网络的存在，保证了主体成员权益的给付，同时也规定了参与者需要承担的相应义务，这种义务就表现为需要完成适配的工作任务。事实上，由于主体间的异质性，这种征召与被征召的形式在具体的操作过程中也会有所不同[226]。按照征召对象要素来划分，黄山扩园方案设计中涉及的征召方式主要可以归纳为以下几种形式：

(1)科研团队征召。此次方案设计是基于黄山扩园的横向项目，解决两个名录遗产边界重叠的现实情况构成项目的关键诱因，因此要求科研团队深化对两个名录遗产关联性和区别的认识，挖掘出更多自然地质类景观资源的价值，并通过最终的方案设计将这种价值进行有效的呈现与传递，为其他有类似情况的地质公园面积调整工作提供经验借鉴，这也是项目对科研团队的潜在要求。另一方面，项目需要专家学者对管理人员、社区居民进行相应的培训，培养他们的资源保护意识和科普能力，并为这些群体参与园区资源保护和科普活动提供实践指导。

(2)管理部门征召。黄山管委会在网络中扮演着管理者的角色。首先，黄山管委会需要参与扩园项目的全过程，包括前期的项目申报、项目立案、科研团队安排，中期的项目推进、项目监督及后期的项目方案落地实施。黄山区政府在此过程中承担协调功能，主要负责提供政策支持及相应的制度安排。此外，他们两者还需要共同协助科研团队完成地质遗迹和文化景观资源调查、社区走访工作，以及针对管理人员和社区群众进行的专项培训。

(3)居民征召。居民是扩园方案中涉及的关键群体，也是地质公园发展理念中强调的对象要素。对于涉及社区的居民征召，主要包含两个方面的内容：一是征召他们成为旅游活动的服务对象，为游客提供餐饮、住宿服务；二是征召他们成为科普教育活动的主体，参与各类科普教育培训活动，成为地质公园理念的传播者和践行者。

(4)游客征召。由于地质公园评价的一个重要方面是对于地方社区的带动作用，而在大多数情况下这种带动作用主要是以旅游活动作为载体来实现的，因此作为旅游活动的直接体验者，游客群体的评价对于地质公园十分重要。实际对于游客群体的征召过程采用了直接和间接两种不同的形式。一方面，科研团队的相关人员在黄山管委会工作人员的配合下，采用问卷和访谈的形式直接对游客群体展开了调查，了解他们在旅行过程中的实际感受，邀请他们对当前黄山世界地质公园内的旅游活动作出评价，并为扩园方案实施后可能增加的旅游服务内容提供相应的建议。另一方面，科研团队在扩园方案设计之初，就利用现有的信息化系统对园区内的游客数据进行了采集，分析游客的旅游偏好，并结合周边地区经济文化和景观资源信息选定了扩园区域的初步范围，从而实现了对游客的间接征召。

（5）空间征召。为了回应地质公园评估的反馈意见，在边界上与世界遗产的范围作出有效区分，管理机构决定通过扩园形成新的边界。这样就有一部分地理空间作为整体要素被纳入地质公园园区内，在空间上增加了园区的旅游范围。而新增空间内的景观要素形成了对原有景观要素的补充，增加了科普科研、美学观赏的内容，从而构成对空间范围内景观要素的征召。

就此，对所有行动者的征召过程就已经完成，扩园涉及的相关主体在网络中都有了相应的任务安排，从而成为网络中的节点，这些节点通过一定的利益关系彼此关联到一起，为扩园行动者网络的最终形成奠定了有利基础。

2. 多方动员

是否能做好对于不同主体的动员工作，是衡量一个网络能否取得成功的重要标准[227-230]，因为只有当参与网络构成的所有行动者都被动员起来，自觉地在网络中扮演被分配的"角色"并主动去执行自己被分配的任务，相应的网络才能有序地运转起来，进而推动共同目标的实现。

在扩园方案设计网络中，黄山管委会通过合作签订品牌共享机制的形式，运用制度力量"动员"黄山区政府参与扩园方案设计，为网络其他成员提供资金、技术、政策服务。科普团队利用景观要素"动员"游客参与设计网络。他们之间相互配合，运用经济力量动员居民转变身份，参与到旅游事务和科普事务。一个由"政府和管委会引导、科研团队主导、社区居民配合、游客参与"的多方参与网络格局就产生了。

3. 多方异议处理

但需要指出的是，行动者网络本身并不是一成不变的[229]，它的构成会因为网络中参与主体的加入或退出而发生变化。在大多数情况下，网络中主体的退出是因为自己的某些利益没有得到满足而与其他参与主体产生分歧，进而对网络的存在产生了异议。例如，黄山管委会希望通过扩园，让社区居民完成从居民到旅游经营者的角色转换，实现旅游增收的目的，但部分居民可能并不乐意接受这样的改变，因为他们认为这样的转换会打乱自己原有的已经习惯了的生活模式，或是认为这种转换所需要付出的代价过大。科研团队希望通过发展旅游来带动公园品牌知名度的提升，并促进公园保护理念的传播，但区政府可能更关注旅游的投入。因为区政府并不希望投入过多的资金来完善旅游基础设施，给财政造成负担。

四、扩园方案的行动者网络

1. 网络构建结果

在黄山管委会的邀请下，科研团队的专家首先对地质公园管理者和相关社区进行了培训，介绍了世界地质公园扩园的要求和经验。通过培训和研讨，初步选定了扩园区域的大致范围。接着，又对黄山世界地质公园周边的五个乡镇开展地质遗迹和文化景观资源调查。随后，科研团队在黄山区政府、黄山管委会工作人员的配合下，一方面，对列入重点的谭家桥镇、汤口镇开展社会经济条件调查和居民走访；另一方面，利用信息化系统对园区内的游客时空数据进行了采集，并对游客开展了实地调查。在综合考虑各方诉求及地质公园理念的基础上，最终确定了地质公园的扩园范围。在"以实现黄山地质公园扩园为抓手，更好地践行地质公园保护性发展理念"的共同目标下，各个主体有序地连接在一起，形成了地质公园扩园方案设计网络同盟。

在这一过程中，科研团队作为核心行动者，以科研项目为契机，自下而上地对相关主体作出任务安排和利益允诺，各个主体则为了得到既定的利益而去完成相应的任务，一个彼此利益相关的多元主体网络就此形成，如图6.5所示。

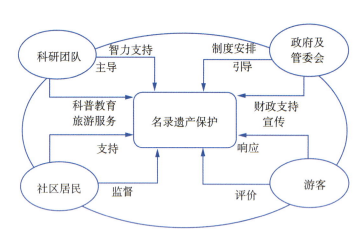

图 6.5　多方参与网络构建图

由于结成了利益统一体，网络中的黄山区政府、黄山管委会、科研团队、居民、游客这些人类主体自发地彼此动员，并利用既有的信息、资本、技术等要素为网络整体目标实现服务。而景观资源作为主要的非人类行为主体，是构成旅游吸引物的基本要素，在一种保护性利用原则的指导下，它被有序地加工成旅游产品面向市场，从而与游客形成消费关系。这种消费关系又转换为与其他主体之间的一种经济联系，从而促成了相关人类主体旅游资源保护意识的形成及旅游资源保护行为的落实。不同的主体交织在一起，最终形成了"科研团队主导、政府和管委会引导、社区居民配合、游客参与"的多元网络体系，并基于这个网络设计出黄山地质公园扩园方案。

2. 扩园方案呈现

科研团队在充分考虑周边乡镇行政边界、地质公园游客活动现状、交通地理条件、居民区的分布状态及地形等因素的基础之上，结合公园未来发展方向及实地走访调查得来的居民和游客意向，与黄山区政府、黄山管委会、相关社区等众多行动者经过多轮协商和调整，最终确定选取位于黄山世界地质公园东南部，包含在黄山风景区范围以外的汤口居委会部分及位于山岔村、紧邻黄山风景区九龙瀑和翡翠谷东南部的聚落作为拟扩园区域，并按所在地行政管理范围、主要交通道路来施划地质公园边界。其中，东南部新增区域边界线一部分按照汤口居委会行政边界划分；位于山岔村、紧邻黄山世界地质公园与汤口居委会的另一部分则沿居民聚落外围的山脊线环绕，于翡翠谷景点东部与原边界汇合，其他区域保持原状不变（见前文图1.17）。地质公园的地质遗迹资源没有变化，但包含了更多的社区、人口和文化资源。

五、行动者网络的成效检验

方案的呈现，并不意味着网络的闭环，异议的出现还是会影响整体网络的运行，因此，还需要对网络是否能成功运行作出一个整体性评价。由于利益是主体参与网络的直接动因，是相关主体被征召与行动的关键，因此只有在相关主体的利益都得到满足的情况下，网络才能持续稳定地运行下去。而网络构建的一个重要目的就是推动某个整体目标的实现，因此，网络运行是否能取得成功，还需要检验网络是否推动了这个整体目标的实现。基于以上分析，参考学者王璐[226]的思路，分别从行动者利益满足情况及方案实施后的整体效应两个维度对扩园方案的行动者网络进行综合评价。由于主要探讨的是资源保护过程中的多方参与情况，因此在整体效应分析维度主要讨论的是网络构建与资源保护目标实现的关联，即网络能否推进资源保护目标的实现。

1. 网络参与主体的利益满足成效

黄山地质公园扩园方案将区政府、管委会、科研团队、社区居民等主体通过网络构建的形式被连接在一起，形成一个利益共同体，即黄山世界地质公园扩园行动者网络。在推动黄山扩园方案落地的过程中，网络中各个参与主体的利益均得到有效满足，具体阐述如下：

（1）黄山区政府。拟扩园区域中的汤口居委会已形成黄山最大的集体旅游接待服务休闲一条龙的旅游接待集散地，而山岔村拟扩园区域内则有正在规划建设的九龙新村，并且其为九龙瀑与翡翠谷的直接关联区域。这两个区域的旅游服务业态成熟，旅游基础设施较为完备，不需要额外进行旅游基础投入，节约了建设成本和管理成本。此外，扩园提高了黄山旅游服务接待能力，在更大范围带动皖南区域旅游发展升级，带动了地方经济发展，为黄山市乃至安徽省发展起到典范作用。

(2)黄山管委会。新增园区面积为 12.83km^2，面积调整比例为 7.3%，增加了社区发展区域，对评估反馈意见作出了积极回应，消除了在下次评估可能出现的潜在障碍。此外，原汤口居委会行政边界被黄山世界地质公园一分为二，使得汤口社区一部分被纳入公园范围内，而另一部分不属于地质公园，从而导致分界线附近的寨西、查木岭等地出现管理主体不明、管理权限模糊等问题，给社区的管理工作造成极大困难，也造成景区管理委员会与社区居委会二者之间交流的时间成本高，服务效率降低。扩园完成后，汤口居委会被完整包含在地质公园范围，从而为行政管理方面带来极大便利。

(3)科研团队。此次扩园是基于两个名录遗产边界重叠的背景，因此对科研团队提出了更高的要求，即在边界范围的调整上需要体现两个名录遗产的价值差异。边界调整的过程也是科研团队不断学习的过程，在这一过程中，科研团队不仅获得了充足的经费支持，满足了自身的科研需求，也加深了对于公园品牌理念的理解，提升了自我对于项目的理解和实践能力，为后续同类项目的开展奠定了良好的基础。

(4)社区居民。拟扩园区域目前是黄山世界地质公园最大的游客集散中心和最完善的旅游服务区域，具备了发展旅游的成熟条件，但目前该区域只实现旅游服务功能，尚未开发其作为旅游目的地的游览观光的属性，游客停留时间短。扩园能够将该地向着更高水平的游玩与食宿一体的旅游社区方向转变，推动社区走向大众视野，成为新兴旅游目的地，带动社区更好发展，让居民能够从旅游发展过程中受益，从而提高居民生活水平和幸福感。同时，从扩园的最初方案设计到最终方案的确定都听取了居民的意见和建议，彰显了居民的主人翁地位，提高了他们在旅游事务中的话语权。

(5)游客。扩园区的功能定位为集游玩与食宿一体的旅游社区，更强调休闲和娱乐功能，与现有的以自然风光为旅游吸引物的主体园区互为补充，给游客带来了新的旅游目的地，为游客提供了新的旅游线路选择，在一定程度上丰富了游客的旅游体验，提升了游客的感知价值。此外，社区的存在，强化了游客与居民之间的互动，为游客带来良性的情感体验。

(6)地质景观资源。边界调整后，虽然地质公园的资源种类在数量上没有发生变化，但由于园区范围内包含了更多的社区和人口，为园区注入了更多的文化元素和发展活力，更便于开展各级科普教育活动。社区的积极参与及居民与游客之间的良性互动又推动了地质公园理念的传播，促进了这两个群体对地质多样性和自然资源的认识、理解和保护，使得地质景观资源的价值在更大范围内得到较好的展示与传递。

2. 网络整体目标的成效评估

从旅游效应来看，扩园方案设计前后，整体外部效应的变化趋势呈现利好。具体来看，相较方案设计前，无论是在经济维度、生态维度，还是在社会文化维度，方案设计后都出现了较为明显的正向外部效应（表6.4）。

表 6.4　扩园前后外部效应对比

外部效应	方案设计前	方案设计后
经济效应	扩园区域只起到旅游服务功能，尚未开发游览观光的属性，游客停留时间短	①该区域拟发展成为集游玩与食宿一体的旅游社区，能增大黄山世界地质公园的吸引度，带动社区经济发展；②更多居民参与旅游发展体系，为游客提供餐饮、食宿等服务，增加了自身收入
生态效应	环保意识薄弱，乱扔垃圾的现象时有发生，对景观环境造成了一定影响	①环保意识增强，景区及社区环境均得到美化；②扩园区域位于主体景区范围之外，其开发对于主体景区内部景观不构成影响，不会对景区内部的自然景观资源和生物造成影响，保持了自然景观的原真性
社会文化效应	管委会对地质公园地质景观资源价值以及世界地质公园的理念有一定了解，但社区居民和游客了解不深。游客与居民互动少，对当地文化了解不多	①与世界遗产在价值上作了有效区分，更好地展示世界地质公园的景观价值和管理理念；②增强了网络中各个参与者对于景观价值的理解；③社区居民的幸福感、荣誉感和责任意识增强；④范围内包含更多社区人口，社区参与度更高，科学教育对象更加丰富。在更加有效地保护核心区域的同时扩大了科普范围，提高了科普价值，进一步提升了民众素质。⑤线路连接更多社区，游客与居民互动的频次增多，对地方文化进一步了解

从资源价值的链条来看，景观资源的价值过程主要包含三个基本要素：价值源、价值实现和价值分配。景观资源位于价值链条中的初始位，是价值产生的源头。外部效应产生的过程，实质上就是资源价值的实现过程。而资源价值得到实现后变为可供主体感知的经济、生态、社会文化三个维度的正向外部效应，这些外部效应使得主体的利益得到满足，进而意识到景观资源的重要价值，产生了保护景观资源的主体动力。这些动力因素包括以自我行为约束为主要特征的内生动力，以政策法规为主要推力的

外援动力及以地方情感、道德联系为表征的规范性力量。这三类动力因素交织在一起,共同推进了以居民为代表的相关主体资源保护意识的产生和保护行为的落实(图6.6)。

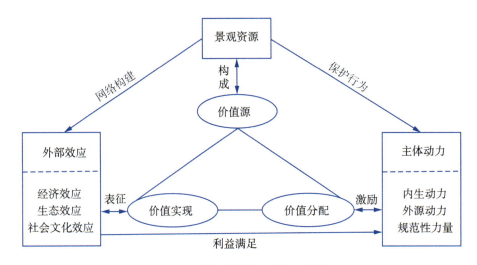

图 6.6　景观资源保护过程概念性框架

在黄山扩园行动者网络形成后,旅游景观资源价值得到进一步凸显。黄山地质公园的吸引度增强,游客数量增加,旅游业得到进一步发展,包括黄山区政府、黄山管委会、居民群体都从中获得不同程度的经济性收益,这就是经济维度的正向效应。

其次,在网络构建的过程中,各个群体的环保意识增强,地方环境进一步美化,自然景观的原真性得到很好的保留与呈现,对游客产生更大的吸引力,这是生态效应维度的正向效应。

最后,网络构建后,地质公园的景观价值和管理理念得到更好的传播,游客与地方的互动性增强,居民主体荣誉感和参与感、游客的地方依恋感增强,构成了社会文化维度上的正向效应。由于从景观资源的本底价值转换为经济价值的过程中获得了实质性利益,以地方政府、黄山管委会为主的管理机构通过政策、条例等指令性或规范性文件强化了对于景观资源的保护,居民个体也因为获益而自发产生了保护意识。

此外,对于地方的情感联系使得包括游客在内的各个群体对于资源破坏产生了道德负罪感,这也在一定程度上促进了对景观资源的保护。

由此可见,设计的方案在赋予不同行动者相关利益的同时也带来了一定的经济效应、环境效应和社会文化效应,既维护了扩园行动者网络的稳定性,又最终推动了资源保护这个网络整体目标的实现。

第三节　黄山地方协同体制与对话机制

一、区域管辖制度协同

1. 利益协调机制

名录遗产保护是一个利益协调的过程，通过名录遗产这一载体，多元主体在参与保护的过程中相互交流、互动。在这一过程中必然会出现因利益分配不均衡引发的冲突，因此需要建立多元主体利益协调机制。完善的协调机制要以集体利益为基础，虽然网络中的每个行动者都有自己的利益诉求，但总体上还是要以集体利益为重。因此，需要探索和设计利益协调网络来制衡和促进各利益相关者的协同合作。

2. 财政及政策激励机制

建立财政政策保障，拓宽资金筹集渠道。要积极争取和落实上级政府对于名录遗产保护的资金投入和补贴，同时争取相关部门对于名录遗产保护和旅游发展等的补贴，积极利用各种有利于名录遗产保护的财政资金和政策。同时，招商引资，鼓励、吸引更多的资本进入名录遗产保护事项。发挥政府财政资金的引导作用，撬动金钱和社会资本更多地倾向于名录遗产保护的同时，也要优化财政供给结构，推进民间众筹资金与社会资金统筹相互衔接整合，增加名录遗产地的自主统筹空间。

3. 监督问责机制

对名录遗产保护过程要建立相应的监督问责机制，通过多元主体之间相互监督，实现权力的均衡状态。监督机制不仅局限于多元主体的内部监督，还包括社会公众、游客参与的外部监督，使名录遗产保护工作高效开展。

4. 名录遗产保护多方参与机制

构建一个多元而具有活力的网络，是对共建共享的时代诉求的一种结构化表达，也是当前解决复杂问题的有效途径。网络是主体的聚合，正因为有了网络的存在，各个特性相异的主体才能够被有序地凝结起来，成为"最大同心圆"中的一分子。

黄山扩园之所以能够在保护和发展的双向要求中取得成功，就在于把诉求不同的各个主体统一到一个整体的网络中，使每个主体都成为整体网络中的利益共同体，围绕着整体目标的实现而聚起合力、协同联动。因此在对待资源保护问题时，要认识到其中的复杂性和系统性，要学会摒弃传统的"一元模式"，构筑起网络化的思维模式，将过程中可能涉及的政府、科研团队、居民、非营利组织等人类行动者与政策、资本、技术、景观要素等非人类行动者通过利益网有效连接起来，促成资源保护过程中的多主体协同参与(图6.7)，在最大程度上发挥集体智慧和集体力量。

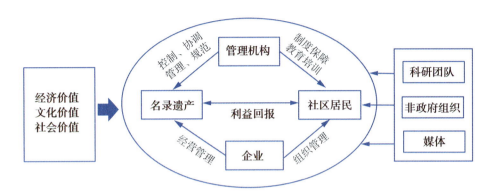

图 6.7　名录遗产保护的多方参与机制架构

二、部门定期对话机制

部门定期对话机制是指在保护和管理世界遗产名录上的各方机构之间建立有效的沟通和合作机制。这种机制旨在促进各方之间的交流、协商和合作，以确保名录遗产的可持续发展和保护。该机制的核心是建立一个多部门参与的协作平台，包括文化遗产管理部门、数据中心、规划部门、博物馆、旅游部门等。这些部门代表着名录遗产地方保护与利用涉及的不同方面利益和权责，通过定期会议、工作组和联络协调等方式，共同讨论、决策和推动名录遗产地的管理与保护事宜。

以公园办、遗产办等为主的品牌中心，挖掘黄山价值，进行资源普查、数据填报、保护开发等工作，将信息上报给数据中心，在数据库中进行登记建档。以博物馆和旅游部门为核心的营销中心，致力于推广黄山的科普教育和研学培训，将黄山的价值传播给更多人。为了更好地与数据库对接，协同处理相关事务。同时数据中心进行共享，汇集名录遗产的最新情况、问题和需求，加强信息交流与沟通，确保各部门在决策和行动中充分了解彼此的工作。

通过以上措施能够加强各方之间的合作，实现黄山的全面管理和保护。数据的共享和整合将有助于提高工作效率和信息准确性。博物馆和旅游部门的努力将推动黄山的知名度和吸引力，促进其可持续的发展和保护。

具体来说，部门定期对话机制的主要功能包括：

（1）信息共享与沟通：各部门之间建立信息共享平台，使各方能够及时了解有关名录遗产地方的最新信息、政策。

（2）协同决策与规划：各部门共同参与名录遗产的规划和决策过程，协商并达成共识。通过制定跨部门的规划指导方针和政策，确保名录遗产地方保护与利用的目标和措施得到协调与整合。

（3）资源整合与协同行动：各部门在名录遗产地方保护与利用中的职责和工作互相配合与整合。通过共享资源、技术与经验，加强合作、协同开展各项工作，提高工作效率与成效。

（4）问题解决与评估监测：部门对话机制提供了一个解决名录遗产地方保护与利用过程中的问题与纠纷的平台。同时，该机制也有助于对名录遗产地方的管理效果进行评估与监测，及时发现问题并采取相应的措施加以解决。

总体而言，部门对话机制是一种跨部门的合作机制，通过强化不同部门之间的沟通与协调，实现名录遗产地方保护与利用工作的协同推进，提升管理效能，确保名录遗产地方得到有效保护与可持续利用。

三、共同的行动计划

1. 坚持目标导向思维，注重主体利益联动实现

由于网络成员的复杂性和多元性，以及网络成员诉求的多样性，导致网络并不总是一成不变的，而是处于一种相对的均衡状态中。正是这种不确定性，成为影响网络稳定的不安定因素。一个相对确定的目标，可以成为协调各方主体行动和利益的准绳，从而消除这种不安定因素，促成网络的稳定，从而在一个相对有序的状态下达成整体目标和主体利益共同实现的结果。

在黄山扩园方案设计网络构建之初，就明确了需要通过调整地质公园范围，实现对地质景观资源更大范围的保护及促进社区发展的共同目标，网络成员都是围绕这一共同目标"招募"而来的，这些主体虽然有着多样化的诉求，但都可以统一到共同目标的实现的过程中，也就是说，其利益诉求会随着整体目标的实现而得到不同程度的满足。扩园的过程是主体利益协调的过程，这种协调又最终促成了扩园目标的实现。因此，在资源保护的网络构建中，要坚持目标导向思维，明确资源保护的最终目的是什么，围绕着这个目标来招募相应的成员，尽可能地排除网络中可能出现的"异己"，从而更好地将个体利益的满足统一到整体目标实现的过程中，以整体目标的达成促成主体利益的联动实现。

2. 关注非人类行动者，引导资源价值共创行为

"普遍对称原则"[226,231-234]是行动者网络理论中强调的一个重要准则，基于这一准则，在强调关注网络中现实存在的具体行为人的同时，也应该对等地重视以其他形态存在的非人类主体。尽管它们无法向人类主体一样用语言直接表达自己的诉求，但它们在网络中的作用同样不可忽视。

在黄山扩园的实践过程中，景观资源作为非人类主体参与了网络的构建，并对于网络的稳定起到重要作用。首先，景观资源是旅游业发展的基础，是地方旅游的重要吸引物。其次，旅游的本质其实是对于景观资源价值的"变现"。景观资源的价值在区政府、管委会等管理机构及居民的共同努力下，变成可观可感的旅游产品供游客消费，并通过这种消费关系转化为一定的经济利益回馈给这些群体，达到各方利益的满足，进而形成一个稳定的网络闭环。而在特定的情境下，诸如资源、制度、技术、政策等非人类主体的存在，也会成为网络整体目标实现与主体利益满足过程中的促进或制约因素。因此，在资源保护的网络体系中，我们同样需要关注非人类主体的存在，以这些非人类主体作为牵引，引导相应人类主体共同参与到价值共创体系，推动资源保护的最终目的的实现。

3. 找准主体角色定位，强调主体的主观能动性

在一个富有张力的网络体系中，必然存在多元化的异质性主体，整体目标的实现离不开这些多元主体的共同推进，网络中任何一个主体的角色缺位，都会对网络整体目标的实现产生较大影响。

在黄山扩园网络中，在关键行动者——科研团队的统筹安排下，各个主体有序参与网络中，最终形成了"科研团队主导、政府和管委会引导、社区居民配合、游客参与"的多元网络体系。在这一过程中，各个主体都被赋予相应的角色和任务安排，能很好地调动其主观能动性，从而成为推动扩园方案落地、实现资源保护与社区发展目标的重要推力。因此，在资源保护的网络体系下，不仅要重视各类主体的参与状况，还要在不同具体情境下识别出关键行动者，通过关键主体的协调，将其他各个主体招募到网络中，既要赋予他们相应的角色，又要给予他们充分的空间去发挥自身的主观能动性，增强他们的参与感和荣誉感，最终推动"有力网络"的形成。

第七章　黄山多重名录遗产地协同管理模式的总结

第一节　黄山多重名录遗产地协同管理目标

一、地方的可持续发展作为一致的目标

环境保护和可持续发展是教科文三项名录遗产的共同目标。教科文组织作为致力于促进全球和平与自由，实现可持续发展的机构，一直在保护地球资源方面作出努力。为阻止地球的退化，以可持续的方式进行消费和生产，管理地球的自然资源，使地球能够满足今世后代的需求，教科文组织制定了各项对地球资源保护的计划。其中以《保护世界文化和自然遗产公约》《人与生物圈计划》及《国际地球科学和地质公园计划章程》为代表，三个计划分别对应了世界遗产、世界生物圈保护区与世界地质公园三大名录遗产。在行动目标方面，三大名录遗产都致力于保护地球资源与环境，推动人类可持续发展，在保存生物基因、传承与展示自然与文化遗产，保留具有国际意义的地质遗迹并向人类传播、科普地球的发展演化等方面作出杰出贡献。因此，尽管在品牌内容上存在区别，但这些品牌在联合国教科文组织的统一领导下表现出共同的愿景，都强调保护和可持续发展的理念(表 7.1)。

表 7.1　教科文组织三品牌理念目标

	世界遗产	世界生物圈保护区	世界地质公园
宗旨来源	《世界遗产公约》	《教科文组织人与生物圈方案》	《教科文组织世界地质公园操作指南》
保护理念	最大限度地保护与保存世界自然与文化遗产	保护生态环境、生物多样性以及文化多样性	对具有国际地质意义的地质遗迹进行管理

续表

	世界遗产	世界生物圈保护区	世界地质公园
发展目标	①加强能力建设与研究；②提高民众对遗产保护重要性的意识；③加强世界遗产在社会生活中的作用；④提高地区及全国民众，包括原住民，对遗产保护与展示的有效参与	①促进建设人类与生物圈和谐相处；②促进生物多样性和可持续性科学、教育发展和能力建设；③支持缓解和适应气候变化和全球环境变化的其他方面	①提高人类对地球演化中重大问题的认识，进行各级科普教育；②带动地方社区的经济与文化可持续发展；③增进完善国家对地质遗迹保护的相关立法以及管理机制

对拥有三大名录遗产的黄山风景区来说，其总体目标始终都是实现区域可持续发展。围绕地方的可持续发展，黄山市及黄山风景区制定了《黄山风景区可持续发展政策》《黄山风景名胜区可持续发展风险评估》《黄山风景区可持续发展行动方案（2017—2025 年）》。在可持续发展总体目标之下，根据世界遗产、世界地质公园、世界生物圈保护区的不同理念和侧重点，进行专项具体工作。在区域可持续发展总体目标下，分别按照《保护世界文化与自然遗产公约》及行动指南、《国际地球科学和地质公园计划章程》及行动指南、《生物多样性公约》等对黄山风景区进行专项管理，注重不同品牌之间的协同和合作，充分利用各自平台体现具体目标对可持续发展总体目标的贡献。为了增强分目标的协调性，还从法律和规划层面进行的统一部署。如：安徽省人大常务委员会 2014 年 7 月 1 日第四次修订实施的《黄山风景名胜区管理条例》从共同目标出发，保障地方的可持续发展；《黄山风景名胜区总体规划》《黄山地质公园规划》《黄山世界遗产保护规划》及其他专项规划和详细规划从各自不同专业角度出发，保障各自关注的侧重点，体现各自的具体目标；黄山于 2016 年启动的 Earthcheck 可持续目的地认证工作，是中国大陆首个完成该项目认证的目的地，其在目的地可持续发展上作出的努力得到了 UNESCO、UNWTO、GSTC、PATA 等国际组织的认可。

随着相关品牌的认定，多重名录遗产迎来更多的挑战。由于管理对象的交叉，工作任务冗杂繁重，人员协作不足，不能发挥品牌优势，黄山因此开始了对名录遗产协同管理的探索。这种探索实践由来已久，大致分为三个阶段。第一阶段：文化与自然遗产协同管理探索阶段（从 20 世纪 80 年代黄山申报世界遗产开始到 2004 年），联合保护世界遗产的自然景观保护和文化景观，开创景点封闭轮休制度先河。第二阶段：混合遗产与地质公园协同管理的探索阶段(从 2004 年黄山加入全球首批世界地质公园网络至 2018 年),先后承办了三次联合国教科文组织名录遗产可持续发展黄山对话会,发布了《黄山宣言》《黄山倡议》《黄山共识》。第三阶段:三大名录遗产品牌协同管理探索阶段(从 2018 年黄山加入世界生物圈保护区网络至今),制定可持续发展目标,探索建立三大名录遗产协同管理机制,确定协同管理工具,与众多高校开展跨学科研究等。这一系列探索促进名录遗产的协调发展,最终为实现地方的可持续发展目标提供支持。

由此可见,地方的可持续的发展不仅是三大名录遗产一致的目标,也是黄山多年来所作努力希望达成的目的。

二、多方主体共同认可管委会的主导地位

在组织架构方面,根据《黄山风景名胜区管理条例》,黄山风景区管理委员会(简称"黄山管委会")是黄山市市政府的派出机构,统一负责黄山风景区范围内的保护、管理和发展。黄山管委会统筹一切,统领资源保护部门、党政管理部门、行政职能部门,负责风景名胜区的保护、利用和统一管理工作,围绕景区中心工作,组织调查研究,提供决策和各类重大事项组织协调、监督管理的指导服务。

各部门在黄山管委会的统一管理下开展工作,其工作计划和资金预算都要经过管委会同意讨论和审核。比如在黄山三大名录遗产的管理中,黄山管委会规划土地处根据三大名录遗产管理要求,结合黄山实际情况先后以召开座谈会、发函、专家研讨等形式征求管委会相关单位和黄山名录遗产协同管理专家咨询委员会部分专家的意见建议。

黄山管委会于 2022 年 1 月发布了《黄山风景区三大名录遗产协同管理工作机制(试行)》,为优化工作机制、提升协作关系、解决黄山名录遗产管理问题,从 12 个方面对名录遗产协同管理作出制度安排。黄山管委会在管理系统中的主导地位毋庸置疑,各部门在黄山管委会的统一领导下相互配合、密切合作,其组织架构如图 1.14 所示。

在多方群体中,黄山管委会起到关键的引导组织作用。作为名录遗产所在地,黄山风景区不仅是一个有"保护功能"的地域空间,还是人类生存和生活的场所,这些人类主体和非人类主体之间存在普遍的权利和利益关系,用行动者网络理论来说,他们共同构成黄山风景区多方行动者网络空间。这些主体有各自的利益诉求,也具备不同的资源和权力禀赋,但都对黄山名录遗产的管理具有至关重要的作用。从空间属性上

说，名录遗产地是多个品牌资源的空间集合体。基于空间利益的角度，名录遗产的保护需要在保持现有空间格局的基础上，对相关主体的发展空间和利益空间做好分配。也就是说，名录遗产保护的过程就是一个多主体相互博弈的过程。

这一过程涉及政府、企业、居民等众多主体的利益平衡。参与名录遗产保护活动的政府、企业、居民等主体作为不同的目标载体，因为有着差异显著的动机和目的，会采取不同的目标策略，各个目标之间存在一定的冲突和矛盾，需要进行协调和交易。在实际的行动当中，黄山管委会充当了核心行动者，发挥了核心行动者的关键作用，能够将黄山风景区体系下的各个相关主体(如政府、管委会、社区居民、游客、旅游企业、科研团队等)的行动联系起来，运用制度力量为网络其他成员提供资金、技术、政策服务，进行具体事务的处理安排。各类主体也在黄山管委会的引导下，平衡各自利益关系，进而参与名录遗产的管理。

三、目标制定得到居民和社区的广泛参与

《国际地球科学和地质公园计划章程》的第五条中提到：地方社区和土著居民作为利益攸关方应参与世界地质公园的管理，并在指定与实施规划章程中考虑社区居民的需求，保护其生活的自然环境与文化环境的原真性，并对其经济与教育的发展作出贡献。

名录遗产地不仅是一个保护空间，也是一个存在权利关系且处在动态变化中的行动者网络空间。在重复指定的背景下，名录遗产的管理工作不仅需要向内寻求合力，还要向外寻求助力。多方参与已经成为未来名录遗产保护工作的必由之路。需要指出的是，这个过程并不是单一主体所能完成的，而是需要多方的合力。政府、地方居民、游客、旅游企业、科研团队等主体都是这个过程中的重要一环，只有在这些主体之间建立有效的沟通和协作渠道，让他们真正有序地参与名录遗产保护工作，才能保证名录遗产保护网络的稳定，进而最终实现"保护资源和环境，实现可持续发展"的目标。

在黄山协同发展的多方参与路径中，扩园方案的行动者网络构建实现了居民和社区的广泛参与。居民成为旅游活动的服务对象，为游客提供餐饮、住宿服务，同时也成为科普教育活动的主体，参与各类科普教育培训活动，成为地质公园理念的传播者和践行者。扩园将该地向着更高水平的游玩与食宿一体的旅游社区方向转变，推动社区走向大众视野，成为新兴旅游目的地，带动社区更好发展，让居民能够从旅游发展过程中受益，从而提高居民生活水平和幸福感。同时，从最初的方案设计到最终方案的确定都听取了居民的意见和建议，彰显了居民的主人翁地位，提高了他们在旅游事

务中的话语权。

　　在关键行动者——科研团队的统筹安排下，各个主体有序参与网络中，最终形成了"科研团队主导、政府和管委会引导、社区居民配合、游客参与"的多元网络体系。在这一过程中，各个主体都被赋予相应的角色和任务安排，其主观能动性也得到很好的调动，从而成为推动扩园方案落地、实现资源保护与社区发展目标的重要推力。因此，在资源保护的网络体系下，不仅要重视各类主体的参与状况，还要在不同具体情境下识别出关键行动者，通过关键主体的协调，将其他各个主体招募到网络中，既要赋予他们相应的角色，又要给予他们充分的空间去发挥自身的主观能动性，增强他们的参与感和荣誉感，最终推动"有力网络"的形成。

第二节　协同管理部门的组织架构

一、基于绿色名录的系统管理体系

IUCN 是世界上规模最大、历史最悠久的全球性非营利环保机构，1400 多个成员组织的经验、资源、影响力及 18000 多名专家的投入，使其成为自然保护方面的全球权威。"IUCN 自然保护地绿色名录"（简称"绿色名录"）由 IUCN 世界自然保护地委员会和 IUCN 秘书处共同领导，旨在增强和维持自然保护地保护成效，实现生物多样性保护和确保人类与自然的可持续发展。

IUCN 与联合国教科文组织名录遗产关系密切，是自然环境保护与可持续发展领域唯一作为联合国大会永久观察员的国际组织；也是联合国教科文组织世界遗产委员会关于自然的官方顾问，提供技术建议，帮助世界遗产委员会就自然遗产作出明智的决定[80]；而 IUCN 总干事（或其代表）是世界地质公园理事的当然成员，参与新成立的国际地球科学与地球公园计划的协商。

"IUCN 自然保护地绿色名录全球标准"（简称"IUCN 绿色名录标准"）是"绿色名录"的核心，设定了保护地被成功列入名录所必须实现的绩效水平[81]。IUCN 绿色名录标准采取在全球层面上制定标准框架，各国在框架基础上细化本国标准的模式，实现了国际标准与国家标准的统一。中国作为第一批参与绿色名录试点的国家，相应地制定了《IUCN 自然保护地绿色名录中国标准》，根据全球统一的准则，进一步细化制定指标，并说明每个指标的一个或多个验证方法，使得标准既符合中国国情，又与国际保护管理的评估体系保持一致[82]。

IUCN 作为联合国教科文组织的合作机构，与名录遗产有着一定的共同愿景、价值基础及实践基础。另一方面，绿色名录标准兼顾国际、国家两个层面，国际标准层面汇集了众多组织与专家的经验，具有前瞻性与权威性；国家标准层面可兼顾区域特色，利于国家实际操作。

在参考《IUCN 自然保护地绿色名录中国标准》维度与准则的基础上，结合《关于建立以国家公园为主体的自然保护地体系的指导意见》及黄山工作实际，建立具有黄山特色的联合国教科文组织名录遗产协同管理体系[241]，如图 3.6 所示。具体包括六大职能：系列研究、综合规划、战略统筹、监测系统、展示系统、交流平台。以期在顺应国际组织生态保护要求以及落实我国生态文明建设的基础上，提升名录遗产协同管理效能。

二、内部"事务-岗位"协同步骤

1. 步骤一

基于扎根理论，提取出世界遗产、世界地质公园、世界生物圈保护区三大名录遗产所需要完成的事项工作，然后将事务按照属性分为相似性事务、重复性事务以及独立性事务三类，共计46项。结合名录遗产协同管理体系六大职能，在事务属性三分法的基础上进行事务重分类，形成"职能-事务"分类表，明确每个职能下需要完成的事务，将此作为岗位设置的基础，如表7.2所示。

2. 步骤二

在事务重分类的基础上再设计出协同工作分工，本着专业人干专业事的原则，由相关职能负责人列出每个职能下所需要的岗位数量、岗位职责等，如表7.3所示。

表7.2　"职能-事务"分类表

事务类别＼职能名称	相似性事务	重复性事务	独立性事务	事务数量合计
研究系列化	D1 资源摸底；D2 登记建档；D7 科学研究；D29 资源管护	D30 节能减排	—	5
规划综合化	D6 保护工作；D10 边界划定；D15 分区管理；D18 规划工作	D19 环境管控；D21 基础建设	—	6
战略统筹化	D25 应急救援；D40 头衔认证（联合）	D16 工作协调；D37 旅游市场管理；D38 社区带动；D41 品牌推广；D45 事务性工作；D42 人员配备；D46 统筹保护发展	D20 机构设置；D32 评估工作；D39 人员配备（专项）；D43 头衔认证（专项）	13

事务类别 \ 职能名称	相似性事务	重复性事务	独立性事务	事务数量合计
监测系统化	D5 监测工作	D36 游客管理；D44 巡查管理	—	3
展示交互化	D12 出版物发行；D3 信息化建设；D28 科普解说系统	D4 科普教育；D8 旅游产品开发；D13 导游管理；D17 公众参与	—	7
信息共享化	D22 交流合作（联合）；D24 举办讲座；D34 主办会议；D35 举办培训（专项）	D11 参加会议；D26 交流合作；D31 举办培训；D33 信息共享	D9 参加培训（专项）；D14 参加会议（专项）；D23 交流合作（专项）；D27 举办培训（专项）	12
事务数量合计	18	20	8	46

表 7.3　岗位设置示例

"展示交互化"岗位	人数要求	学历要求	专业要求	岗位职责
A 岗	2	本科及以上	文物与博物馆学、经济学、地理科学类、地质学、旅游管理等相关专业	（1）负责旅游相关产品的开发与推广；（2）负责科普解说体系的构建；（3）负责机构刊物的审核与发行
B 岗	2	本科及以上	新闻学、市场营销学等相关专业	（1）负责建立机构信息系统和决策系统；（2）负责相关品牌的科普教育工作；（3）协助开展其他类科普活动

3. 步骤三

经此，便理出"事务-岗位"联动协同方式，明确每个职能下需要完成的具体工作，需要协同的事务，以及对工作人员的专业要求等，之后可按照"相似性事务一起做、重复性事务轮流做、独立性事务分头做"的协同模式进行工作，如表7.4所示。

表 7.4 "事务-岗位"协同示例

"展示交互化"岗位	原始工作	原始工作数量	协同事务	协同事务数量	专业要求
A	生态旅游产品；生态旅游路线；整合文化资源；开发地质旅游路线；打造品牌节事；旅游产品开发	6	旅游产品开发	3	文物与博物馆学、经济学、地理科学类、地质学类、旅游管理等相关专业
	地质公园电子书；科普解说系统；建立多方参与的解说志愿者；解说系统；科普纪录片；解说手册	6	科普解说系统		
	出版物发行；发表相关文章；在 GGN 发表信息；发表研究论文；与香港世界地质公园合作；网站更新；解说牌更新；地质博物馆更新	8	出版物发行		
B	地质遗迹数据库；数据库建设；信息化建设；一体化平台；数据库平台	5	信息化建设	3	新闻学、市场营销学等相关专业
	解说人员队伍培训	1	导游管理		
	普遍价值展示；完整性展示；多方面展示和解说；教学研究实践基地；"四进校园"活动；暑期实习讲解服务；研学旅行示范基地；标准化的研学旅行；编制研学旅行课程；招募志愿者；展示与解说；遗产教育方案；温泉真实性保护；入选教科书；科普教育基地；"四个一"科普活动；"国土资源科普基地"；纪录片播放；广播播放；讲解服务；科普主题活动；研究温泉历史文化	22	科普教育		

据此，总结出名录遗产协同管理的实现路径(图 7.1)：在自下而上的扎根分析过程中，对三大名录遗产的具体工作事务进行层层编码剖析，并对事务进行属性分类，同时总结出协同工作模式；建立名录遗产协同管理体系，明确协同管理的基本职能；

结合事务属性和名录遗产协同管理体系职能，自上而下地进行分析补充，实现"事务-岗位"联动协同。

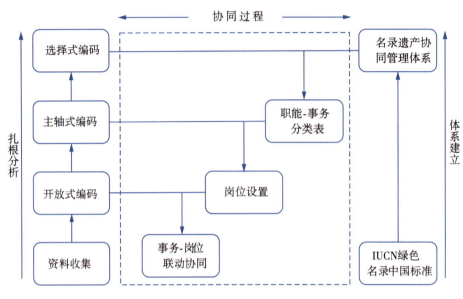

图 7.1　名录遗产协同管理实现路径

三、名录遗产保护的内部组织架构

顺应联合国教科文组织对名录遗产的管理要求、落实四中全会精神，推动名录遗产管理体系和管理能力现代化、提升名录遗产管理效能，是多重名录遗产地协同管理所期望达到的目标。同时，为了解决管理工作问题(品牌运营的具体事项)、提高品牌显示度，黄山对多重名录遗产协同体制进行探索，并致力于建立具有黄山特色的教科文名录遗产协同管理体系。

这种协同管理体系可以更好地协调相关部门之间的合作，建构一种新的制度性办事框架，将组织内部的所有成员按照一定的结构体系串联起来，形成一个相对稳固的工作模式。

结合黄山风景区管理委员会的实际管理需要，构建了如图 7.2 所示的协同办事框架。具体来看，该办事框架主要有四个层次：

(1)战略决策层。主要包括处于决策核心地位的黄山风景区管理委员会及以外部专家学者为班底组建的协同管理专家委员会。黄山风景区管理委员会的主要任务是从整体利益出发，对整个机构实行统一指挥和综合管理，并制定组织目标及实现目标的一些大政方针，他们一般的工作内容是对各部门提交的工作方案进行统筹把握，并对各个下级机构的工作内容进行整体评价。协同管理专家委员会则是作为一种外部辅助机构，主要是对黄山风景区管理委员会内部出现的各种问题展开学术研究并提供针对性政策建议。

（2）管理层。他们处于决策层的下端，执行层的上端，由具体的职能部门——名录遗产地管理中心和其他部门组成。主要负责分目标的制订、拟定和选择计划的实施、步骤和程序，分配部门资源，协调下级的活动，以及评价组织活动成果和制订纠正偏离目标的措施等。管理层上对决策层负责，负责具体管理方案的报备及具体工作的汇报，下对执行层负责，将具体的工作方案交予执行层来执行，并对执行层出现的问题进行及时纠正。

（3）中间层。是由相对独立的监督评估部门所构成。主要负责对协同管理的具体实施过程进行实时监督并对管理协同效应进行实时评价和反馈。

（4）执行层。是围绕品牌相关核心事项组成的相互协调且独立的业务部门。其工作内容主要是按照既定的计划和程序来协调基层员工的各项工作，完成各项计划和任务。

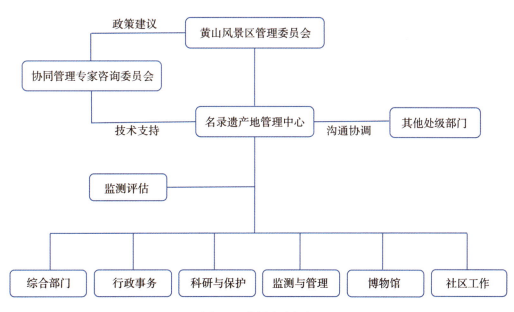

图 7.2　协同办事框架

第三节　与地方的协同管理机制

一、与黄山区的协管机制

以习近平新时代中国特色社会主义思想为指导，为进一步践行"绿水青山就是金山银山"的理念，顺应新时代区域协调发展要求，共同打造"共建共治共享"的市域社会治理现代化样板，黄山风景区与黄山区经协商制定《黄山风景区与黄山区关于进一步强化协作联动工作机制的意见》，探索具有时代特征、景区特色的社会治理新模式，完善山上山下协同、周边居民参与的区域化市域社会治理体系。

遵循共建共治共享原则，构建"黄山风景区与黄山区 1+8 协作联动工作机制"，即"1 个协作联动统筹工作机制和 8 个专项协作联动工作机制"。8 个专项协作联动工作机制分别是：生态环境保护、规划建设管理、全域旅游发展（文旅经济发展）、突发事件管理、社会治安稳定、特色农产品供应、食品药品安全管理和汤口地区专项治理。通过进一步完善体系、整合资源，促进协作更高效、治理更有效，共同打造区域化市域社会治理现代化样板。

（一）联动统筹

成立黄山风景区与黄山区主要负责同志为组长的协作联动工作机制领导组，高位统筹推进各项工作顺利开展，研究确定工作机制的总体思路、长效机制、实施方案和考核机制，协调解决工作中遇到的困难和问题。

组长由黄山风景区党工委、管委会主要领导、黄山区区委、区政府主要领导担任，常务副组长由黄山风景区管委会分管领导、黄山区区委副书记担任，副组长由黄山风景区管委会分管领导、黄山区分管领导组成，各相关单位负责人为组内成员，黄山风景区综执局（综治办）、黄山区政法委作为领导组办公室，承担领导组日常工作。

（二）专项协作

8 个专项协作工作均实行"双组长"制度，各专项协作工作组组长所在单位作为各自牵头单位，承担各专项协作工作组的日常工作。

1. 生态环境保护

以"绿水青山就是金山银山"理念为指引，通过同向发力、一体推进，构建生态环境持续改善、生态安全总体可控、山上山下绿色发展新格局。

组长由黄山风景区管委会园林局局长、黄山区林业局局长担任，成员由黄山风景区管委会园林局防火科、资保科、环保办和温泉、东海、芙蓉、钓桥管理区负责人，以及黄山区林业局、应急管理局、生态环境分局和五镇一场负责人组成，负责森林防火、松材线虫病防控和环境保护等方面工作。

2. 规划建设管理

强化规划管理、重大项目联动协作，形成"规划衔接有序、审查监管有效、相互支持有力"的良好局面，构建山上山下和谐发展新格局。

组长由黄山风景区管委会规土处处长、黄山区自然资源局局长担任，成员由黄山风景区管委会办公室、园林局、经发局、交通局负责人，以及黄山区发改委、交通局、住建局、林业局、生态环境分局和五镇一场负责人组成，负责规划管理、重大项目建设谋划等方面工作（如应急水源和黄山四个大门的优化升级等）。

3. 全域旅游发展（文旅经济发展）

通过市场营销和举办赛事活动，丰富旅游产品供给，提升"大黄山"旅游品牌影响力；深化依法治山、依法治旅，推进诚信体系建设，持续优化旅游市场环境；提升环黄山道路通行能力，改善出行体验，打造一流全域旅游目的地。

组长由黄山风景区管委会经发局局长、黄山区文旅体局局长担任，成员由黄山风景区管委会政治处、宣传部、综执局（综治办）、公安局、市场监管局、交通局、集团公司和股份公司负责人，以及黄山区文旅体局、公安分局、交通局和五镇一场负责人组成，负责旅游市场营销、旅游市场管理、旅游线路交通组织、文化遗产保护利用、文旅节庆赛事活动举办和国家全域旅游示范区创建等方面工作。

4. 突发事件管理

建立反应灵敏、运转高效、目标一致的联合处置机制，消除突发事件风险隐患，全力保障人民群众生命财产安全，维护山上山下和谐稳定。

组长由黄山风景区综执局（综治办）局长（主任）、黄山区应急管理局局长担任，成员由黄山风景区管委会办公室、政治处、园林局、公安局、消防救援大队负责人，以及黄山区政府办、卫健委、公安分局、消防大队和五镇一场负责人组成，负责应急救援联动、医疗急救和公共卫生联动、驴友管理等方面工作。

5. 社会治安秩序

提高整体防控水平，共同防范化解社会不安定因素，维护社会良好治安秩序，提高人民群众获得感、幸福感、安全感。

组长由黄山风景区公安局局长、黄山区公安分局局长担任，成员由黄山风景区公安局指挥中心、国保支队、治安支队、刑警支队、交警支队、警卫支队、网安支队、情报中心、森林警察支队、南门派出所、北大门派出所负责人，以及黄山区公安分局指挥中心、国保大队、治安大队、刑警大队、交警大队、耿城派出所、焦村派出所、谭家桥派出所、仙源派出所负责人组成，负责社会治安秩序方面工作。

6. 特色农产品供应

发挥政府引导作用，畅通农产品购销渠道，支持特色优势农产品产业发展，促进农业增效、农民增收。

组长由黄山风景区管委会办公室主任、黄山区农水局局长组成，成员由黄山风景区管委会工会、市场监管局、集团公司、股份公司负责人，以及黄山区扶贫开发局、商务局、市场监管局、总工会负责人组成，负责特色农产品供需方面工作。

7. 食品药品安全管理

进一步保障公众身体健康和生命安全，维护公共利益和社会秩序，促进经济社会全面、协调、可持续发展。

组长由黄山风景区食安办、药安办主任，黄山区食安办、药安办主任担任，成员由黄山风景区政治处、经发局、综执局、公安局负责人，以及黄山区卫健委、农水局、教育局、公安分局和五镇一场负责人组成，负责食品和药品安全管理。

8. 汤口地区专项治理

遵循"守土有责，守土有方，守土有效"原则，按照"总体设计，统筹协调，整体推进，督促落实"工作要求，通过区域合作、联动发展，合力推进汤口地区社会治理工作，营造共建共治共享新局面。

组长由黄山风景区公安局局长、黄山区政法委书记担任，成员由黄山风景区市场监管局、交通局、南大门综治组、汤口旅游管理综合执法大队、消防救援大队负责人，以及黄山区政法委、法院、检察院、汤口镇人民政府和相关部门负责人组成，在汤口镇人民政府下设领导组办公室，负责汤口地区社会治理工作。

(三)工作机制

(1)建立会商制度。领导组每年至少召开一次联席会议，专项工作组根据工作需要随时召开联席会议，互相通报工作情况，解决存在的问题。

（2）建立联络员制度。领导组联络员由黄山风景区综合执法局(综治办)、黄山区政法委工作人员担任，具体负责日常事务联络工作；各工作组联络员由各组组长所在单位工作人员担任。

（3）建立考核机制。各专项工作组每年3月底前拟定双方工作协议(含工作目标、工作内容、工作责任、协作形式等内容)，经各自上级领导审定后报领导组备案，每年12月底上报工作总结。

（4）建立经费保障机制。各相关单位应落实协作联动工作机制经费，纳入预算。

二、与汤口镇的品牌共享机制

(一)品牌共享范围

品牌共享的地理范围为汤口居委会在黄山风景区范围外的部分，以及位于山岔村的九龙新村，位于黄山世界地质公园东南。该区域与黄山南大门相连，且为重要景点的旅游接待地。面积共 12.83km^2。

(二)品牌共享原则

按照市委、市政府有关部署，在现在黄山风景区与黄山区联动协作机制的基础上，立足于黄山世界地质公园和黄山区长远发展利益开展合作共享，需遵循以下原则：

（1）平等协商原则。双方在上述范围内开展品牌共享合作涉及双方权益时，应充分考虑对方合理诉求，充分尊重对方意见，平等协商相关事项。

（2）优势互补原则。将黄山品牌优势和旅游吸引力与品牌共享区域生态供给和民俗文化充分结合，拓宽居民就业渠道。

（3）合作共赢原则。以地质公园品牌促进社区经济发展、提升居民素质，以社区进步彰显地质公园品牌价值。

（4）长远合作原则。双方应着眼于长远发展目标，在上述范围内开展保护和管理工作，建立长期密切合作关系。

(三)品牌共享内容

1. 共享权益

（1）共享品牌标志。上述范围内依法经营的厂家商家、合法生产的农户，经黄山

215

风景区管委会许可，可使用黄山世界地质公园相关标识，共享黄山世界地质公园品牌效益。许可办法由双方协商后另行制定。

（2）共享旅游效益。上述范围内依法经营的厂家商家、合法生产的农户可利用黄山世界地质公园品牌效益，组织开展相关旅游营销活动。同时，黄山世界地质公园将结合黄山区相关规划优先考虑在上述范围内引进高校和科研机构的研学活动。

（3）共享人力资源。上述范围内的居民或旅游相关产业经营户可参加黄山世界地质公园举办的相关培训会和旅游推介会。

（4）共享信息成果。上述范围内的居民或经营户可以使用黄山世界地质公园导游图、宣传折页和科普图书等资料，共享黄山世界地质公园相关科研及其转化成果。

2. 非限制因素

（1）不改变现有行政管辖范围和管辖权限。

（2）不改变生态保护红线范围和保护等级。

（3）不影响上述范围内的规划和建设。

（4）不影响社区居民生产生活方式。

（四）合作机制

1. 联系工作机制

（1）成立协作机构。成立"黄山世界地质公园"品牌共享机制领导组。组长由双方分管领导担任，副组长及成员由双方自然资源部门、林业部门、地质公园管理部门和品牌共享乡镇主要行政负责人及相关人员担任。

（2）建立会商机制。规划土地处会同黄山区相关职能部门每年年初与年底分别组织开展一次工作座谈会。年初重点沟通黄山世界地质公园工作计划和共享区域社区发展规划衔接问题，制订年度协同发展计划；年底重点对当年双方规划计划落实情况进行总结，对下一年规划建设工作的初步意见进行通报。

（3）强化检查考核。将该共享机制纳入现有保护黄山工作目标管理考核体系，抓好考核奖惩兑现。

（4）及时进行总结。每年由规划土地处会同黄山区相关职能部门，对当年地质公园品牌共享机制落实情况进行总结，并对下一年度工作提出意见。

2. 常态化工作机制

（1）注重规划编制。规划土地处与黄山区相关职能部门结合黄山风景名胜区总体规划、黄山地质公园规划、有关乡镇规划共同组织编制黄山世界地质公园规划。

（2）开展地质公园理念宣传。规划土地处会同黄山区相关职能部门每年以汤口镇为重点开展一次世界地质公园理念宣传活动；汤口镇党政主要负责人人事变动后，规划土地处主动上门宣传黄山世界地质公园理念和规划。

（3）提供培训支持。根据世界地质公园建设要求，结合品牌共享区域社区群众意愿，每年开展涉及导游讲解、研学接待等方面的培训，在社区居民中培养黄山世界地质公园讲解员。

（4）加强氛围营造。在共享区域制定一定数量的解说牌，解说牌的形式与现在的黄山世界地质公园内保持一致，内容和数量由黄山地质公园业务部门会同汤口镇协商制定。

（5）提升特色农产品供应。在黄山世界地质公园与黄山区原有特色农产品供应机制的基础上，对符合条件的特色农产品授权使用"黄山世界地质公园"产地 LOGO，相关办法另行制定。

（6）推动人才交流。通过互派挂职、座谈交流等多种方式双方地质公园相关管理人员能较清楚地掌握对方涉及地质公园的工作的要求，深化相互了解，促进友好协作。

3. 监督管理机制

（1）品牌共享项目建设审批程序不变，需要协商的依据黄山风景区与黄山区规划协作机制执行。

（2）世界地质公园内的管理机构不得直接参与出售地质物品，例如化石、矿物、抛光岩石以及通常在地质公园范围内的所谓"岩石商店"出售的观赏石。

（3）在世界地质公园评估期间，黄山风景区管委会将邀请黄山区相关负责人参与评估，双方根据政务接待协作机制落实专家考察接待工作。

三、与周边区共管协议

本着"社区共建、资源共管、成果共享"的互惠互利原则，经友好协商，与周边社区达成如下共管协议：

（一）共管范围

划入黄山生物圈保护区的过渡区内属于黄山区人民政府行政管辖范围的部分，即汤口镇的冈村、山岔村、汤口居委会、芳村村；谭家桥镇的中墩村、新洪村、长罗村；三口镇的汪家桥村；焦村镇的陈村村、上岭村、汤刘村；耿城镇的辅村、沟村；黄山区黄山国有林场。

(二)共管机构

黄山风景区管理委员会与黄山区人民政府联合设立的"黄山世界生物圈保护区主管委员会"。负责共管范围内的资源保护管理、监测科研、宣传教育、业务培训等相关工作的统筹协调和组织实施。

(三)共管事项

1. 保护管理——确保景观、生态系统、物种资源得到系统完整保护

(1)严防森林火灾。社区应建立防火组织，完善防火设施，与黄山风景区实行联防联动联控：落实巡查措施，严管炼山、祭祀等野外无序生产生活用火，健全生产用火许可制度，用火信息与保护区互通互报；加强防火法规宣传，强化对智力障碍、精神病、流浪等特殊人员和驴友及其向导的监管，严防他们进入保护区，确保不发生火灾。

(2)严防林业有害生物侵入。重点是防控松材线虫病传入，社区要建立并落实松木及其制品的管控措施，支持配合林业站、森检站开展森林植物检疫管理工作。加强社区防控宣传，教育村(居)民自觉遵守防控法规，不从疫区调入松属植物及其制品，发现松材线虫病等危险性有害生物疫情及时报告当地和生物圈保护区主管部门。

(3)加强生态环境保护。社区要结合"美丽乡村"建设，做好封山育林、植树造林、环境整治和绿化美化等工作。加强村(居)民生态环境教育，提高他们"既要金山银山、更要绿水青山"的环境意识和生态保护意识，教导村(居)民不违规砍伐、不违法狩猎、不向水体排污、不乱扔乱倒垃圾。

(4)生物圈保护区主管部门每年对社区的保护工作(森林防火、松材线虫病防控等)进行综合考评，考评合格的予以物质奖励。

(5)社区与生物圈保护区主管部门应共同配合，通过开展联合调查、协同办案、集中行动等形式，依法查处和打击破坏资源与环境的违法违规行为。

2. 建设发展——促进经济发展并保持文化、社会和生态的可持续性

(1)社区内禁止建设污染环境或者破坏生态、景观的工厂和设施。

(2)生物圈保护区主管部门应对社区的建设发展提供政策、资金、项目、技术等多方面支持、扶持，改善社区基础设施和条件，尽快建立生态补偿机制，提高社区经济发展水平。

(3)生物圈保护区主管部门应面向社区开展技能培训。加强社区居民对就业政策

的了解，掌握社区居民的就业和培训需求。通过资本引导、社会引导、市场引导和政策引导等，实现社区居民向旅游服务业、传统文化相关产业的就业转移。

（4）生物圈保护区主管部门要积极提供公益性岗位和工作就业机会。在资源保护、生态监测、护林防火、病虫害防控、游客行为管理、垃圾转运、旅游向导、科普解说等工作中，面向社区村（居）民进行选拔聘用，增加村（居）民劳动收入，提高生产生活水平。

3. 监测科研与文化教育——为监测科研、培训教育及信息交流提供保障服务

（1）社区应积极开展生物圈保护区相关知识的普及宣传和培训教育，将黄山生物圈保护区的建设理念、管理要求、发展愿景等对村（居）民进行深入普及和宣传。

（2）社区应为科学监测研究、教学实习和标本采集、研学培训教育等活动提供便利条件和必要支持。

（3）社区应做好生物多样性和文化多样性保护工作，加强生物多样性资源的巡护保护和监测调查，加强对文化多样性资源的发掘和继承，会同当地和保护区主管部门联合打击对自然资源和历史文物的破坏行为。

参 考 文 献

[1]廖启鹏，刘超，李维. 游客记忆视角的景观关注度研究——以黄山风景区为例［J］. 人文地理，2019，34（6）：129-135.

[2]贺小群. 重复指定下五大连池风景区经营管理体制研究［D］. 重庆：西南大学，2011.

[3]朱里莹，徐姗，思仁. 中国国家级保护地空间分布特征及对国家公园布局建设的启示［J］. 地理研究，2017，36（2）：307-320.

[4]Toshinori T. A comparative analysis of national networks of international conservation institutions：World Heritage Convention，Ramsar Convention，UNESCO MAB Programme，and Global Geopark Network［J］. Japanese Journal of Ecology，2016，66（1）：155-164.

[5]Mclnnes R，Ali M，Pritchard D. Ramsar and World Heritage Conventions：Converging towards success［M］. Gland：Ramsar Convention Secretariat，2017：8-9.

[6]王欢欢. 三江并流多种保护区重叠的法律对策［J］. 河海大学学报（哲学社会科学版），2009，11（2）：63-67，92.

[7]Falcomammone F，Prideaux B. Valuing tourism in the Wet Tropics World Heritage Area［J］. CAUTHE 2007：Tourism-Past Achievements，Future Challenges，2007.

[8]Aoki T，Hibino T. Joint management of geopark and biosphere reserve：The case study in the Hakusan Tedorigawa National Geopark in Japan［J］. Atlantic Geology，2014.

[9]Chung G S，Hwang K S. Suggestions for efficient management of the protected areas with multiple international designations on Jeju Island［J］. World Environment and Island Studies，2015，5：43-52.

[10]Megerle H E，Pietsch D. Consequences of overlapping territories between large scale protection areas and Geoparks in Germany：Opportunities and risks for geoheritage and geotourism［J. Annales de géographie. Armand Colin，2017，（5）：598-624.

［11］Deguignet M，Arnell A，Juffe-Bignoli D，et al. Measuring the extent of overlaps in protected area designations［J］. PloS one，2017，12(11)：e0188681.

［12］McInnes R，Ali M，Pritchard D. Ramsar and World heritage Conventions：Converging towards success［C］//Ramsar：Ramsar Convention Secretariat. 2017.

［13］Tanaka T，Wakamatsu N. Analysis of the governance structures in Japan's biosphere reserves：perspectives from bottom-up and multilevel characteristics［J］. Environmental management，2018，61(1)：155-170.

［14］Pavlova I. Disaster risk reduction at UNESCO global geoparks and biosphere reserves［J］. Journal of World Heritage Studies，2019.

［15］UNESCO. Huangshan declaration［EB/OL］.［2014-05-29］.［2022-02-20］. http://www.unesco-hist.org/uploads/2017/File_20171116153857.pdf.

［16］UNESCO. Convention concerning the protection of the World Cultural and Natural Heritage［EB/OL］.（1972-11-21）［2022-02-20］. https：//whc. Unesco. Org/archive/convention-en.pdf.

［17］UNESCO. Statutes of the international Geoscience and Geoparks Program［EB/OL］.［2015-12-14］.［2022-02-20］. https：//unesdoc. Unesco. Org/ark：/48223/pf0000234539.

［18］UNESCO. A new roadmap for the Man and the Biosphere（MAB）Program and its world network of Biosphere Reserves［M］. Paris：UNESCO，2017：12-16.

［19］IUCN. Using the IUCN Green List Standard for integrated management of UNESCO multi-designation areas-lessons from Huangshan，China［EB/OL］.［2022-01-28］.［2023-07-28］. https://www.iucn. org/news/protected-areas/202201/using-iucn-green-list-standard-integrated-management-unesco-multi-designation-areas-lessons-huangshan-china.

［20］任唤麟，吕彬，罗海燕. 民国时期黄山景区建设经费概算与筹措研究［J］. 黄山学院学报，2020，22(4)：16-20.

［21］黄林沐，桂剑峰，吴俊，等. 黄山保护与发展简史［J］. 人与生物圈，2017(5)：48-52.

［22］哈肯. 协同学导论［M］. 北京：原子能出版社，1984.

［23］哈肯. 信息与自组织［M］. 成都：四川教育出版社，2010.

［24］哈肯. 协同学——自然成功的奥秘［M］. 上海：上海科学普及出版社，1988.

[25]李曙华. 从系统论到混沌学：信息时代的科学精神与科学教育[M]. 桂林：广西师范大学出版社，2002.

[26]黄润秋，许强. 斜坡失稳时间的协同预测模型[J]. 山地研究，1997(1)：7-12.

[27]赵丽丹. 基于协同理论的生物产业发展系统分析[J]. 统计与决策，2011(4)：65-68.

[28]李刚，孟亚云，董王英，等. 基于协同理论的信息物理能源系统多流建模与分析[J]. 电力建设. 2018，39(5)：1-9.

[29]姜璐，郭治安，沈小峰. 协同学与社会学的结合——定量社会学简介[J]. 社会学研究，1986(3)：84-88.

[30]李源泉. 生态文明教育和大学生思想政治教育的嵌合研究——基于协同学理论[J]. 佳木斯大学社会科学学报，2019，37(4)：70-73.

[31]曹峰."一带一路"背景下区域经济与港口协同——基于哈肯模型的实证分析[J]. 商业经济研究，2019(14)：157-160.

[32]赵力. 历史街区与现代旅游协同发展研究[D]. 南宁：广西大学，2006.

[33]张炜. 历史文化名城保护与旅游协同发展探索[D]. 重庆：重庆大学，2008.

[34]张健. 县域养生旅游与新型城镇化协同发展研究[D]. 南宁：广西师范学院，2017.

[35]马宁. 山西省新型城镇化与旅游业协同发展研究[D]. 太原：山西财经大学，2016.

[36]钟家雨. 旅游业与城镇化协同发展研究[D]. 长沙：中南大学，2014.

[37]钟家雨，柳思维. 基于协同理论的湖南省旅游小城镇发展对策[J]. 经济地理. 2012，32(7)：159-164.

[38]张凯丽. 京津冀旅游产业整合模式与协同发展机制研究[D]. 秦皇岛：燕山大学，2017.

[39]郑旗. 长株潭城市群旅游协同发展研究[J]. 湖南社会科学，2013(3)：148-151.

[40]李琳，郑刚，徐洁. 环洞庭湖经济圈旅游产业协同发展探析[J]. 资源开发与市场，2013，29(2)：199-202.

[41]马春野. 基于协同动力机制理论的中国旅游产业发展模式研究[D]. 哈尔滨：哈尔滨工业大学，2011.

[42]王苏洁. 长江三角洲城市旅游联合发展研究[D]. 无锡：江南大学，2006.

[43]伍百军. 协同视阈下生态旅游系统非线性机制研究[J]. 生态经济，2013(3)：

152-155.

[44]李金玲. 我国滨海旅游业的演化的动力机制研究[D]. 青岛：中国海洋大学，
2013.

[45]吕红艳，韦福安，戴宏军. 协同学视阈下的桂西南边境民俗旅游发展研究[J]. 黑
龙江史志，2014(18)：42-45.

[46]谢经良. 体育旅游产业集群协同创新模式研究[D]. 曲阜：曲阜师范大学，2015.

[47]刘慧媛. 世界遗产地无形资产协同运营机制研究[D]. 天津：天津大学，2011.

[48]赵世钊，吕宛青. 民族地区旅游扶贫机制的协同学分析——以贵州省郎德苗寨为
例[J]. 贵州民族研究，2015，36(1)：152-155.

[49]侯兵，张慧. 基于区域协同视角的大运河文化旅游品牌体系构建研究——兼论
"千年运河"文化旅游品牌建设思路[J]. 扬州大学学报(人文社会科学版)，
2019，23(5)：81-92.

[50]易帆. 协同学视角下的山岳型景区发展初探——以夹山风景区为例[J]. 福建建
材，2019(1)：27-29.

[51]潘开灵，白列湖. 管理协同机制研究[J]. 系统科学学报，2006(1)：45-48.

[52]潘开灵，白烈湘. 管理协同理论及其应用[M]. 北京：经济管理出版社，2006.

[53]陈向明. 扎根理论的思路和方法[J]. 教育研究与实验，1999(4)：58-63.

[54]徐迪. 杭州西溪国家湿地公园从政府一元管理到多元治理的初步研究[D]. 杭州：
浙江工商大学，2018.

[55]杨茹岚. 基于多元主体参与的工业遗产保护与再利用策略研究[D]. 苏州：苏州
科技大学，2016.

[56]王彦凯. 国家公园公众参与制度研究[D]. 贵阳：贵州大学，2019.

[57]Teri D Allendorf. A framework for the park-people relationship：insights from protected
areas in Nepal and Myanmar[J]. International Journal of Sustainable Development &
World Ecology，Taylor & Francis，2010，17(5)：417-422.

[58]Venter A K，Breen C M. FORUM：Partnership Forum Framework：Participative
framework for protected area outreach[J]. Environmental management，1998，22(6)：
803-815.

[59]Tracey Morin Dalton. Beyond biogeography：A framework for involving the public in
planning of U. S. Marine Protected Areas[J]. Conservation Biology，2005，19(5)：
1392-1401.

［60］詹晨，李丽娟，张玉钧. 美国国家公园志愿服务管理经验及其对我国的启示［J］. 世界林业研究，2020，33(4)：105-111.

［61］王金凤，刘永，郭怀成，等. 新西兰自然保护区管理及其对中国的启示［J］. 环境保护，2006(5)：75-78.

［62］谢屹，莫沫，温亚利. 香港米浦沼泽湿地自然保护区管理现状探析［J］. 林业资源管理，2007(1)：47-50.

［63］王萌. 三江源国家公园社区共管模式研究［D］. 哈尔滨：东北林业大学，2022.

［64］World Heritage Centre. World Heritage and Ramsar Convention on Wetlands［EB/OL］.［2021-07-10］. http://whc.unesco.org/en/activities/920.

［65］IUCN. IUCN World Conservation Congress［EB/OL］.［2021-07-10］. https://2012congress.iucn.org/mem-ber_s_assembly/index.html.

［66］UNESCO. Huangshan Dialogue on Space Technologies for World Heritage sites, Biosphere Reserves, potential Geoparks［EB/OL］.［2021-07-10］. https://whc.unesco.org/en/events/1135/.

［67］IUCN. International Workshop-Final Report：Harmonizing the integrated management systems of areas with multiple international designations［EB/OL］.［2021-07-10］. https://www.iucn.org/backup_iucn/cmsdata.iucn.org/downloads/final_report_idas_workshop_jeju.pdf.

［68］IUCN. Little Sydney Summary of discussions Protecting Nature in Europe［EB/OL］.［2021-07-10］. https://www.iucn.org/downloads/ls_summary_final.pdf.

［69］UNESCO. The 2nd Huangshan Dialogue on UNESCO Sites and Sustainable Development［EB/OL］.［2021-07-10］. https://whc.unesco.org/en/events/1309.

［70］UNESCO. Summary records（of the Executive Board at its 200th session, 4-18 October 2016)［EB/OL］.［2021-07-10］. https://unesdoc.unesco.org/ark:/48223/pf0000245703_chi.

［71］UNESCO. Summary records（of the Executive Board at its 202nd session, 4-18 October 2017）［EB/OL］.［2021-07-10］. https://unesdoc.unesco.org/ark:/48223/pf0000260921？8=null&queryId=9015ac97-e8a3-4bb8-b2ee-e19751212f79.

［72］UNESCO World Heritage Centre, Workshop on the Integrated Management of UNESCO Designations at the International Academy on Sustainable Development［EB/OL］.［2021-07-10］. https://whc.unesco.org/en/events/1396.

［73］UNESCO. The 3rd Huangshan Dialogue on UNESCO Sites and Sustainable Development held in Huangshan［EB/OL］.［2021-07-10］. http://www.unesco-hist.org/index.php?r＝en/article/info&id＝1498.

［74］UNESCO. World Heritage Centre, Report of the World Heritage Centre on its activities and the im-plementation of the World Heritage Committee's Decisions［EB/OL］.［2021-07-10］. https://whc.unesco.org/en/documents/167851.

［75］Schaaf T, Rodrigues D C. Managing MIDAs：Harmonising the management of multi-internationnaly designated areas：ramsar sites, world heritage sites, biosphere reserves and UNESCO Global Geoparks［M］. IUCN International Union for Conservation of Nature and Natural Resources, 2016.

［76］Robert McInnes, Mariam Kenza Ali, Dave Pritchard. Ramsar and World Heritage Conventions：Converging towards success［M］. Ramsar Convention Secretariat. 2017.

［77］UNESCO. Statutes of the International Geoscience and Geoparks Programmer［EB/OL］.［2021-07-10］. https://unesdoc.unesco.org/ark:/48223/pf0000260675.

［78］王睿, 刘超, 李维, 等. 多重认定下联合国教科文组织名录遗产协同管理探索——以黄山为例［J］. 山地学报, 2022, 40(5)：741-752.

［79］费小冬. 扎根理论研究方法论：要素、研究程序和评判标准［J］. 公共行政评论, 2008(3)：23-43, 197.

［80］Terms of reference purpose and objectives IUCN—WCPA World Heritage Network［EB/OL］.［2022-08-09］. https://www. IUCN. org/sites/default/files/2022-10/world_heritage_network_tor_2017-2020. Pdf.

［81］IUCN. IUCN green list of protected and conserved areas：Standard, version 1.［M］. Gland：IUCN, 2017：15-23.

［82］张琰, 刘静, 朱春全. 自然保护地绿色名录：内容、进展及为中国自然保护地带来的机遇和挑战［J］. 生物多样性, 2015, 23(4)：437-439.

［83］王琨, 郭风华, 李仁杰, 等. 基于 Tripadvisor 的中国旅游地国际关注度及空间格局［J］. 地理科学进展, 2014, 33(11)：1462-1473.

［84］刘超, 胡梦晴, 林文敏, 等. 山岳型景区旅游形象感知研究：基于 2014—2016 年黄山网络游记分析［J］. 山地学报, 2017, 35(4)：566-571.

［85］杨彬彬, 张建国. 基于网络文本分析的天目山旅游形象感知研究——以携程网游记与点评为例［J］. 福建林业科技, 2017, 44(4)：118-125.

[86]吴恒，陈燕翎. 基于 UGC 文本挖掘的游客目的地选择信息研究——以携程蜜月游记为例[J]. 情报科学，2017，35（1）：101-105.

[87]郭风华，王琨，张建立，等. 成都"五朵金花"乡村旅游地形象认知——基于博客游记文本的分析[J]. 旅游学刊，2015，30（4）：84-94.

[88]原欣伟，窦天苗，李延，等. 在线用户社区成员持续参与意愿的影响因素研究——基于"认知—情感—意动"理论视角[J]. 现代情报，2018，38（5）：45-52.

[89]缪章伟，陆峥岚. 酒店顾客满意度评价体系研究——基于 tripadvisor. cn 的杭州高星级酒店评论数据[J]. 旅游研究，2021，13（1）：73-84.

[90]陈航，王跃伟. 基于旅游者情感的目的地品牌评价研究——以互联网旅游日记为例[J]. 人文地理，2018，33（2）：154-160.

[91]胡传东，李露苗，罗尚焜. 基于网络游记内容分析的风景道骑行体验研究——以318 国道川藏线为例[J]. 旅游学刊，2015，30（11）：99-110.

[92]王硕，曾克峰，童洁，等. 黄金周风景名胜区旅游客流量与网络关注度相关性分析——以庐山、华山、八达岭长城风景名胜区为例[J]. 经济地理，2013，33（11）：182-186.

[93]王君怡，吴晋峰，王阿敏. 旅游目的地形象认知过程——基于扎根理论的探索性研究[J]. 人文地理，2018，33（6）：152-160.

[94]刘逸，保继刚，朱毅玲. 基于大数据的旅游目的地情感评价方法探究[J]. 地理研究，2017，36（6）：1091-1105.

[95]刘逸，保继刚，陈凯琪. 中国赴澳大利亚游客的情感特征研究——基于大数据的文本分析[J]. 旅游学刊，2017，32（5）：46-58.

[96]蔡伟娜，刘超，许乐天. 基于游记语义的游客情绪空间特征研究——以安徽省黄山景区为例[J]. 旅游研究，2022，14（1）：42-60.

[97]刘超. 调查评价法在非景区型森林景观价值评估中的应用[J]. 生态经济，2012（1）：163-165.

[98]刘琦，韩思雨. 基于扎根理论的征地管理体系构建[J]. 中国房地产，2020（33）：39-46.

[99]余玉婷，王萍，黄镕玉. 新媒体下的自我呈现——基于亲密度的朋友圈印象管理模式[J]. 教育现代化，2019，6（64）：236-237.

[100]史雅楠. 社交时代自拍叙事中的理性追寻[D]. 石家庄：河北经贸大学，2020.

[101]王福顺. 情绪心理学[M]. 北京：人民卫生出版社，2018.

[102]廖启鹏，刘超，李维. 游客记忆视角的景观关注度研究——以黄山风景区为例[J]. 人文地理，2019，34(6)：129-135.

[103]白凯，郭生伟. 入境游客情绪体验对忠诚度的影响研究——以西安回坊伊斯兰传统社区为例[J]. 旅游学刊，2010，25(12)：71-78.

[104]梁嘉祺，姜珊，陶犁. 基于网络游记语义分析和GIS可视化的游客时空行为与情绪关系实证研究——以北京市为例[J]. 人文地理，2020，35(2)：152-160.

[105]王少春，闻一平. 人体生物节律与田径运动员创优异成绩的关系研究[J]. 体育科学，2002，22(6)：75-78.

[106]熊茂湘. 情绪周期理论在田径中小周期训练中的运用[J]. 武汉体育学院学报，2000(5)：101-103.

[107]肖军凡. 运用情绪周期理论提高乒乓球训练效果的研究[J]. 四川体育科学，2002(3)：20-25。

[108]Sun J, Zhang J H, Zhang H, et al. Development and validation of a tourism fatigue scale[J]. Tourism Management, 2020, 81: 104121.

[109]Lepp A, Gibson H. Tourist roles, perceived risk and international tourism[J]. Annals of Tourism Research, 2003, 30(3): 606-624.

[110]Li Z, Cheng Y N, Xiao R. Electroencephalogram Experiment Based Analysis of Aesthetic Fatigue on Chinese Traditional Garden[J]. Neuroquantology, 2018, 16(5): 356-362.

[111]Zheng W, Liao Z, Qin J. Using a four-step heuristic algorithm to design personalized day tour route within a tourist attraction[J]. Tourism Management, 2017, 62: 335-349.

[112]Salman Y. Travel burnout: Exploring the return journeys of pilgrim-tourists amidst the COVID-19 pandemic[J]. Tourism Management, 2021, 84: 1-11.

[113]Kim H, Lee S. Period Theme Parks, Tourism, and Postmodernism[J]. International Journal of Tourism Sciences, 2005, 5(1): 19-35.

[114]Prinz J J. Is Empathy Necessary for Morality? Empathy: Philosophical and Psychological Perspectives[M]. London: Oxford University Press, 2011.

[115]Hobfoll S. Conservation of resources. A new attempt at conceptualizing stress[J]. The American psychologist, 1989, 44(3): 513-524.

[116]Dixon-Gordon K L, Aldao A, Reyes A D L. Emotion regulation in context: Examining the spontaneous use of strategies across emotional intensity and type of emotion[J].

Personality and Individual Differences, 2015, 86: 271-276.

[117] Koopman C, Gore-Felton C, Marouf F, et al. Relationships of perceived stress to coping, attachment and social support among HIV-positive persons[J]. AIDS Care, 2000, 12(5): 663-672.

[118] 宋炳华, 马耀峰, 高楠, 等. 基于网络文本的 TDI 感知探究——平遥古城实证分析[J]. 干旱区资源与环境, 2016, 30(3): 202-208.

[119] 刘智兴, 马耀峰, 高楠, 等. 山岳型旅游目的地形象感知研究——以五台山风景名胜区为例[J]. 山地学报, 2013, 31(3): 370-376.

[120] Tosun C. Host perceptions of lmpacts: A comparative tourism study[J]. Annals of Tourism Research, 2002, 29(1): 231-253.

[121] Doxey G V. A causation theory of visitor-resident lritants: Methodology and research inferences [C]//The Travel Research Association. Travel and Tourism Research Associations Sixth Annual Conference Proceedings. San Diego: Alpha Book Publisher, 1976: 195-198.

[122] John A P. Resident' Perceptions on Tourism Impacts[J]. Annals of Tourism Research, 1992, 19(4): 665-690.

[123] 戴凡, 保继刚. 旅游社会影响研究——以大理古城居民学英语态度为例[J]. 人文地理, 1996, 11(2): 41-46.

[124] 旺姆, 吴必虎. 拉萨八廓历史文化街区旅游发展居民感知研究[J]. 人文地理, 2012. 27(2): 128-133.

[125] 贾衍菊, 王德刚. 社区居民旅游影响感知和态度的动态变化[J]. 旅游学刊, 2015, 30(5): 65-73.

[126] Lee T H, Jan F H. Can community-based tourism contribute to sustainable development? Evidence from residents' perceptions of the sustainability[J]. Tourism Management, 2019, 70: 368-380.

[127] Teye V, Sirakayae, Sonmez S F. Residents' attitudes toward tourism development[J]. Annals of Tourism Research, 2002, 29(3): 668-688.

[128] Allen L R. Long P T, Perdue R R, et al. The impact of tourism development on residents' perceptions of community life[J]. Journal of Travel Research, 1988, 27 (1): 16-21.

[129] Mason P, Cheyne J. Residents' atfitudes to proposed tourism development[J]. Annals

of Tourism Research, 2000, 27(2)：391-411.

[130]陆林, 於冉, 朱付彪, 等. 基于社会学视野的黄山市汤口镇旅游城市化特征和机制研究[J]. 人文地理, 2010, 25(6)：19-24.

[131]庄晓平, 尹书华, 孙艺萌. 旅游地居民对政府信任的影响因素实证研究——以世界文化遗产地开平碉楼与村落为例[J]. 旅游学刊, 2018, 33(6)：24-35.

[132]Gursoy D, Rutherford D G. Host attitudes toward tourism：An ilmproved structural model[J]. Annals of Tourism Research, 2004, 31(3)：495-516.

[133]陈德高, 刘超, 石春光, 等. 地质公园建设中社区居民对地质遗迹资源价值感知及参与影响分析——以贵州思南乌江喀斯特国家地质公园长坝石林景区为例[C]//陈安泽. 中国地质学会旅游地学与地质公园研究分会第 32 届年会暨铜仁市地质公园国际学术研讨会论文集. 铜仁：中国林业出版社, 2017：221-228.

[134]Butler R W. The concept of a tourist area cycle of evolution：Implications for management of resources[J]. Canadian Geographer, 2010, 24(1)：5-12.

[135]Maslow A H. Moivation and personality[J]. Quarterly Review of Biology, 1970(1)：187-202.

[136]彭兆荣. 旅游人类学[M]. 北京：民族出版社, 2004.

[137]Akis S, Peristianis N, Warner J. Residents' attitudes to tourism development：The case of cyprus[J]. Tourism Management, 1996, 17(7)：481-494.

[138]Garcia F A, Vazquez A B, Macias R C. Residents' attitudes towards the impacts of tourism[J]. Tourism Management Perspectives, 2015, 13(1)：33-40.

[139]张大钊, 曾丽. 旅游地居民相对剥夺感的应对方式理论模型[J]. 旅游学刊, 2019, 34：29-36.

[140]楚晗, 谢涤湘. 常江地方发展变迁与居民地方感关系研究——以广州荔枝湾涌历史文化街区为例[J]. 人文地理, 2019, 34(4)：54-62, 72.

[141]路幸福, 陆林. 边缘型地区旅游发展的居民环境认同与旅游支持——以泸沽湖景区为例[J]. 地理科学, 2015, 35：1404-1411.

[142]吴丽敏, 黄震方, 谈志娟, 等. 江南文化古镇居民旅游影响感知及其形成机理——以同里为例[J]. 人文地理, 2015, 30(4)：143-148.

[143]卢松, 张捷, 李东和, 等. 旅游地居民对旅游影响感知和态度的比较——以西递景区与轨寨沟景区为例[J]. 地理学报, 2008(6)：646-656.

[144]李德山, 韩春鲜, 杨玲. 旅游地居民对旅游影响感知研究综述及中外研究比

较[J]. 人文地理, 2010, 25(5): 142-147.

[145]韩磊, 乔花芳, 谢双玉, 等. 恩施州旅游扶贫村居民的旅游影响感知差异[J]. 资源科学, 2019, 41(2): 381-393.

[146]Jordan E J, Spencer D M, Prayag G. Tourism Impacts, Emotions and tress[J]. Annals of Tourism Research, 2019, 75: 213-226.

[147]唐晓云. 古村落旅游社会文化影响: 居民感知、态度与行为的关系——以广西龙脊平安寨为例[J]. 人文地理, 2015, 30(1): 135-142.

[148]Rahmani K, Gnoth J, Mather D. Hedonic and Eudaimonic Wel-being: A Psycho-linguistic View[J]. Tourism Management, 2018, 69: 155-166.

[149]王俊秀. 社会心态理论: 一种宏观社会心理学范式[M]. 北京: 社会科学文献出版社, 2014.

[150]贾文胜. 陈继儒仕隐生活及心态浅论[J]. 浙江社会科学, 2007(4): 201-205.

[151]王佳鹏. 从政治嘲讽到生活调侃——从近十年网络流行语看中国青年社会心态变迁[J]. 中国青年研究, 2019(2): 80-86.

[152]秦洁. "忍"与农民工身份认同研究——基于对重庆"棒棒"城市生活心态的深度访谈[J]. 开放时代, 2013(3): 153-167.

[153]杜鹏. 情之礼化: 农民闲暇生活的文化逻辑与心态秩序[J]. 社会科学研究, 2019(5): 137-143.

[154]刘胜枝. 商业资本推动下直播、短视频中的青年秀文化及其背后的社会心态[J]. 中国青年研究, 2018(12): 5-12, 43.

[155]林曾, 王晓磊. 主观成就心态对居民生活满意度的影响研究——以 CSSR2014 数据为例[J]. 中国地质大学学报(社会科学版), 2016, 16: 95-103, 156.

[156]赵中源. 新时代社会主要矛盾的本质属性与形态特征[J]政治学研究, 2018(2): 55-65, 126.

[157]章锦河. 古村落旅游地居民旅游感知分析——以黟县西递为例[J]. 地理与地理信息科学, 2003, 19(2): 105-109.

[158]李伯华, 杨家蕊, 刘沛林, 等. 传统村落景观价值居民感知与评价研究——以张谷英村为例[J]. 华中师范大学学报(自然科学版), 2018, 52: 248-255.

[159]李琛, 葛全胜, 成升魁. 国内旅游目的地居民旅游感知实证研究——以御道口森林草原风景区为例[J]. 资源科学, 2011, 33(9): 1806-1814.

[160]尹寿兵, 刘云霞. 风景区毗邻社区居民旅游感知和态度的差异及机制研究——以

黄山市汤口镇为例[J]. 地理科学，2013，33(4)：427-434.

[161]蔡清毅. 品牌建设理论模型研究[J]. 武汉理工大学学报，2009，31(23)：177-181.

[162]Cai Liping. Cooperative branding for rural destinations[J]. Annals of Tourism Research，2002，29(3)：720-742.

[163]王亚辉，明庆忠，王峰. 基于品牌关系的旅游目的地品牌构建研究[J]. 资源开发与市场，2011，27(7)：663-666.

[164]李翠玲，秦续忠，赵红. 旅游目的地品牌忠诚度与整体印象影响因素研究——以新疆昌吉州为例[J]. 管理评论，2017，29(7)：82-92.

[165]连漪，姜营. 区域旅游品牌发展及品牌价值提升策略——基于桂林旅游地品牌建设的思考[J]. 企业经济，2013(2)：122-126.

[166]张广瑞. 关于旅游业的21世纪议程(一)——实现与环境相适应的可持续发展[J]. 旅游学刊，1998，13(2)：49-53.

[167]中华人民共和国国务院. 风景名胜区条例[EB/OL]. [2006-09-19]. [2021-07-10]. http://www.gov.cn/flfg/2006-09/29/content_402774.htm.

[168]UNESCO. Convention concerning the protection of the World Cultural and Natural Heritage[EB/OL]. [2021-07-10]. http://whc.unesco.org/en/conventiontext/.

[169]UNESCO. Statutes of the international geoscience and geoparks program[EB/OL]. [2021-07-10]. https://unesdoc.unesco.org/ark:/48223/pf0000260675.

[170]UNESCO. A new roadmap for the Man and the Biosphere (MAB) Program and its World Network of Biosphere Reserves[EB/OL]. [2021-07-10]. https://unesdoc.unesco.org/ark:/48223/pf0000247418.page=7.

[171]金一，严国泰. 基于社区参与的文化景观遗产可持续发展思考[J]. 中国园林，2015，31(3)：106-109.

[172]宋章海，韩百娟. 强化社区参与在我国遗产旅游地中的有效作用[J]. 地域研究与开发，2007，26(5)：89-92.

[173]陈珂，陈雪琴，王秋兵，等. 沈阳棋盘山旅游开发区社区居民利益研究[J]. 地域研究与开发，2011，30(4)：89-93.

[174]张园园，路紫. 文物旅游地/遗产旅游地社区居民权利保障研究综述[J]. 地域研究与开发，2013，32(3)：61-64.

[175]蔡寅春，杨振之. 民族地区旅游地居民内隐态度与行为意向关系[J]. 贵州民族

研究，2016，37（7）：39-42.

［176］何思源，魏钰，苏杨，等.基于扎根理论的社区参与国家公园建设与管理的机制研究［J］.生态学报，2021，41（8）：3021-3032.

［177］Schaaf T, Rodrigues D C. Managing MIDAs：Harmonising the management of multi-internationally designated areas：Ramsar Sites, World Heritage Sites, Biosphere Reserves and UNESCO Global Geoparks［M］. IUCN International Union for Conservation of Nature and Natural Resources, 2016.

［178］Megerle H E, Pietsch D. Consequences of overlapping territories between large scale protection areas and Geoparks in Germany：Opportunities and risks for geoheritage and geotourism［J］. Annales de géographie, 2017,（5）：598-624.

［179］Chung G S, Hwang K S. Suggestions for efficient management of the protected areas with multiple international designations on Jeju Island［J］. World Environment and Island Studies, 2015, 5（1）：43-52.

［180］Mcinnes R, Ali M, Pritchard D. Ramsar and World Heritage Conventions：Converging towards success［M］. Ramsar Convention Secretariat, 2017.

［181］杨振，程鲲，付励强，等.东北林业系统自然保护区、森林公园和湿地公园的空间重叠分析［J］.生态学杂志，2017，36（11）：3305-3310.

［182］马童慧，吕偲，雷光春.中国自然保护地空间重叠分析与保护地体系优化整合对策［J］.生物多样性，2019，27（7）：758-771.

［183］曹新.遗产地与保护地综论［J］.城市规划，2017，41（6）：92-98.

［184］陈耀华，黄朝阳.世界自然保护地类型体系研究及启示［J］.中国园林，2019，35（3）：40-45.

［185］张丽荣，孟锐，潘哲，等.生态保护地空间重叠与发展冲突问题研究［J］.生态学报，2019，39（4）：1351-1360.

［186］张晓.世界遗产和国家重点风景名胜区分权化（属地）管理体制的制度缺陷［J］.中国园林，2005，21（7）：9-16.

［187］国家旅游局.关于印发《旅游景区质量等级管理办法》的通知［EB/OL］.［2012-04-16］.［2021-07-10］. http：//zwgk. mct. gov. cn/zfxxgkml/zcfg/gfxwj/202012/t20201204_906214.html.

［188］Rao K S, Maikhuri R K, Nautiyal S, et al. Crop damage and livestock depredation by wildlife a case study from Nanda Devi Biosphere Reserve, India［J］. Journal of environmental management，2002，66（3）：317-327.

［189］Jimura T. The impact of world heritage site designation on local communities—A case study of Ogimachi，Shirakawa-mura，Japan［J］. Tourism Management，2011，32（2）：288-296.

［190］Abdullahi M B. Local communities and sustainable management in Maladumba Lake and Forest Reserve Nigeria［J］. Asian Journal of Biological Sciences，2012，5（2）：113-119.

［191］Qian C，Saski N，Shivakoti G，et al. Effective governance in tourism development—An analysis of local perception in the Huangshan Mountain area［J］. Tourism Management Perspectives，2016，20：112-123.

［192］Mathieson A，Wall G. Tourism，economic，physical and social impacts［M］. Longman House，1982.

［193］Wang Z，Yuan B. Harmonizing the branding strategy of World Natural Heritage in China：visitors' awareness of the multiple brands of Wulingyuan，Zhangjiajie［J］. Geoheritage，2020，12（2）：1-11.

［194］谌永生，王乃昂，范娟娟，等. 主社区居民对旅游效应的感知研究——以敦煌市为例［J］. 地域研究与开发，2005，24（2）：73-77.

［195］李佳倩，刘超，孟彩娟，等. 黄山世界地质公园毗邻社区居民感知与生活心态研究［J］. 河北师范大学学报（自然科学版），2021，45（5）：530-540.

［196］谭必勇，陈艳. 文化遗产的社交媒体保护与开发策略研究——基于"长尾效应"的讨论［J］. 情报科学，2018，36（3）：20-25.

［197］中华人民共和国中央人民政府. 中共中央办公厅、国务院办公厅印发《关于建立以国家公园为主体的自然保护地体系的指导意见》［EB/OL］.［2019-06-26］.［2021-11-20］. http://www.gov.cn/zhengce/2019-06/26/content_5403497.htm.

［198］Liu J，Kuang W，Zhang Z，et al. Spatiotemporal characteristics，patterns，and causes of land-use changes in China since the late 1980s［J］. Journal of geographical sciences，2014，（24）：195-210.

［199］Sterling S M，Ducharne A，Polcher J. The impact of global land-cover change on the terrestrial water cycle［J］. Nature climate change，2013，3（4）：385-390.

［200］Zhou D，Xu J，Lin Z. Conflict or coordination？ Assessing land use multi-functionalization using production-living-ecology analysis［J］. Science of the total environment，2017，577：136-147.

[201]白娥，薛冰.土地利用与土地覆盖变化对生态系统的影响[J].植物生态学报，
2020，44(5)：543-552.

[202]张亦汉，刘小平，陈广亮，等.基于最大熵的CA模型及其城市扩张模拟[J].中
国科学(地球科学)，2020(3)：339-352.

[203]贺正思宇，谢玲，梁保平，等.基于CA-Markov模型的漓江流域土地利用模拟研
究[J].生态科学，2020(39)：142-150.

[204]宁晓菊，张丽君，杨群涛，等.1951年以来中国无霜期的变化趋势[J].地理学
报，2015，70(11)：1811-1822.

[205]许玉凤，陈洪升，傅良同，等.喀斯特地区土地利用与旅游发展的互动研究——
以荔波樟江风景名胜区为例[J].江西农业学报，2019，31(10)：130-137.

[206]Chiu C C，Château P A，Lin H J，et al. Modeling the impacts of coastal land use
changes on regional carbon balance in the Chiku coastal zone，Taiwan[J]. Land use
policy，2019，87：104079.

[207]钟金铃.张家界市土地利用/覆被变化时空特征与驱动力研究[D].吉首：吉首
大学，2019.

[208]黄山市统计局.2019年黄山区国民经济和社会发展统计公报[EB/OL]. http://
www.tjcn.org/tjgb/12ah/36284.html，2020-04-09.

[209]黄山市地方志办公室.2019年黄山市统计年鉴[M].黄山：时代出版传媒股份有
限公司黄山书社，2019.

[210]付建新，曹广超，郭文炯.1980—2018年祁连山南坡土地利用变化及其驱动
力[J].应用生态学报，2020，31(8)：2699-2709.

[211]张冉，王义民，畅建霞，等.基于水资源分区的黄河流域土地利用变化对人类活
动的响应[J].自然资源学报，2019，34(2)：274-287.

[212]马亚鑫，丛辉，周维博，等.西安市土地利用景观格局动态演变及驱动力分
析[J].西北林学院学报，2017，32(4)：186-192.

[213]张宏锋，袁素芬.东江流域森林水源涵养功能空间格局评价[J].生态学报，
2016，36(24)：8120-8127.

[214]张晨星，徐晶晶，温静，等.基于CA-Markov模型和MCE约束的白洋淀流域景
观动态研究[J].农业资源与环境学报，2020，38(4)：1-14.

[215]孙姝博，孙虎，徐鉴尧，等.运城黄河湿地景观空间格局变化及其驱动因素[J].

水生态学杂志，42（1）：1-15.

[216]蔡婉莹. 成都市土地利用景观格局变化研究［D］. 成都：成都理工大学，2019.

[217]华雪莹. 全域旅游导向下黔东南地区旅游型小城镇发展策略研究［D］. 苏州：苏州科技大学，2019.

[218]闫静，李林峰. 典型驱动模式下就地城镇化的开发路径——基于海南全域旅游开发视角［J］. 江苏农业科学，2020，48（11）：320-326.

[219]杨兴柱，吴瀚，殷程强，等. 旅游地多元主体参与治理过程、机制与模式——以千岛湖为例［J］. 经济地理，2022，42（1）：199-210.

[220]黄河. 行动者网络视角下朗乡镇电商产业规划策略研究［D］. 哈尔滨：哈尔滨工业大学，2016.

[221]赵强. 城市治理动力机制：行动者网络理论视角［J］. 行政论坛，2011，18（1）：74-77.

[222]杨忍，徐茜，周敬东，等. 基于行动者网络理论的逢简村传统村落空间转型机制解析［J］. 地理科学，2018，38（11）：1817-1827.

[223]冯翠. 基于行动者网络理论的胶州湾海岸带旅游开发与保护研究［D］. 青岛：青岛大学，2016.

[224]赵曼云，赵玉宗. 基于行动者网络理论的街区保护与旅游利用——以青岛小鱼山历史文化街区为例［J］. 青岛职业技术学院学报，2017，30（6）：4-10，18.

[225]刘岩，马廷魁. 行动者网络理论视角下公共危机的多主体协同传播——基于新冠肺炎疫情的分析［J］. 社科纵横，2020，35（11）：70-80.

[226]王璐. ANT 视域下世界自然遗产地徒步线路设计研究［D］. 贵阳：贵州师范大学，2020.

[227]张瑜茜. 基于行动者网络理论的乡村治理研究［D］. 西安：长安大学，2020.

[228]张环宙，周永广，魏蕙雅，等. 基于行动者网络理论的乡村旅游内生式发展的实证研究——以浙江浦江仙华山村为例［J］. 旅游学刊，2008（2）：65-71.

[229]梁瑞静，朱晓辉. 基于行动者网络理论视角的乡村旅游专业合作社对策研究［J］. 云南农业大学学报（社会科学），2020，14（2）：109-115.

[230]赵西梅. 杭州梦想小镇创新发展的行动者网络建构与机制分析［D］. 郑州：河南大学，2019.

[231]Jarno Valkonen. Acting in nature：Service events and agency in wilderness guiding［J］. Tourist Studies，2009，9（2）：164-180.

[232] Walsham G. Actor-network theory and IS research: Current status and future prospects[J]. Boston: Information Systems and Qualitative Research, Springer, 1997: 466-480.

[233] Ferdinand N, Williams N L. The making of the London Notting Hill Carnival festivalscape: Politics and power and the Notting Hill Carnival [J]. Tourism Management Perspectives, Elsevier, 2018, 27: 33-46.

[234] Heeks R, Stanforth C. Understanding e-Government project trajectories from an actor-network perspective[J]. European Journal of Information Systems, 2007, 16(2): 165-177.